1

ANTONIO CONSELHEIRO

(ANTONIO VICENTE MENDES MACIEL)

APONTAMENTOS DOS PRECEITOS DA DIVINA LEI DE NOSSO SENHOR JESUS CRISTO, PARA A SALVAÇÃO DOS HOMENS

Copyright © 2017 É Realizações

Editor: Edson Manoel de Oliveira Filho
Produção editorial: É Realizações Editora
Projeto gráfico da capa e do box: Daniel Justi
Projeto gráfico do miolo: Nine Design Gráfico | Mauricio Nisi Gonçalves
Preparação de texto: Mariana Cardoso
Revisão: Jane Pessoa
Imagem da capa e do box: Guerra de Canudos – J. Borges

Reservados todos os direitos desta obra. Proibida toda e qualquer reprodução desta edição por qualquer meio ou forma, seja ela eletrônica ou mecânica, fotocópia, gravação ou qualquer outro meio de reprodução, sem permissão expressa do editor.

CIP-Brasil. Catalogação na Publicação
Sindicato Nacional dos Editores de Livros, RJ

C766a

    Conselheiro, Antonio, 1830-1897
    Apontamentos dos preceitos da divina lei de nosso senhor Jesus Cristo, para a salvação dos homens / Antonio Conselheiro. -- 1. ed. -- São Paulo : É Realizações, 2017.
    542 p. ; 23 cm. (Cadernos de Antonio Conselheiro)

    Inclui bibliografia
    ISBN: 978-85-8033-285-8

    1.Vida espiritual. 2. Espiritualidade. I. Título. II. Série.

17-39362

CDD: 248
CDU: 2-584

É Realizações Editora, Livraria e Distribuidora Ltda.
Rua França Pinto, 498 · São Paulo SP · 04016-002
Caixa Postal: 45321 · 04010-970 · Telefax: (5511) 5572 5363
atendimento@erealizacoes.com.br · www.erealizacoes.com.br

Este livro foi impresso pela Pancrom Indústria Gráfica em fevereiro de 2017. Os tipos são da família DTL Elzavir ST, Trajan e Dear Sarah. O papel do miolo dos livros é o Luxcream 70 g, e o da capa dos livros, cartão Supremo 250 g.

ANTONIO CONSELHEIRO
VOLUME 1
APONTAMENTOS DOS PRECEITOS DA DIVINA LEI DE NOSSO SENHOR JESUS CRISTO, PARA A SALVAÇÃO DOS HOMENS

Apresentação, Transcrição e Notas Explicativas
Pedro Lima Vasconcellos

É Realizações
Editora

SUMÁRIO

Apresentação: Dos Escombros à Luz 9

Apontamentos dos Preceitos da Divina Lei de Nosso Senhor Jesus Christo, para a Salvação dos Homens 31

Bibliografia 536

Que Conselheiro? O Conselheiro.
Não lhe ponha nome algum,
que é sair da poesia e do mistério.
Machado de Assis

Conheci ontem o que é celebridade. Estava comprando gazetas a um homem que as vende na calçada da Rua de S. José, esquina do Largo da Carioca, quando vi chegar uma mulher simples e dizer ao vendedor com voz descansada:
— Me dá uma folha que traz o retrato desse homem que briga lá fora.
— Quem?
— Me esqueceu o nome dele.
Leitor obtuso, se não percebeste que "esse homem que briga lá fora" é nada menos que o nosso Antônio Conselheiro, crê-me que és ainda mais obtuso do que pareces. A mulher provavelmente não sabe ler, ouviu falar da seita dos Canudos, com muito pormenor misterioso, muita auréola, muita lenda, disseram-lhe que algum jornal dera o retrato do Messias do sertão, e foi comprá-lo, ignorando que nas ruas só se vendem as folhas do dia. Não sabe o nome do Messias; é "esse homem que briga lá fora". A celebridade, caro e tapado leitor, é isto mesmo. O nome de Antônio Conselheiro acabará por entrar na memória desta mulher anônima, e não sairá mais. Ela levava uma pequena, naturalmente filha; um dia contará a história à filha, depois à neta, à porta da estalagem, ou no quarto em que residirem.
Esta é a celebridade. Outra prova é o eco de Nova Iorque e de Londres onde o nome de Antônio Conselheiro fez baixar os nossos fundos. O efeito é triste, mas vê se tu leitor sem fanatismo, vê se és capaz de fazer baixar o menor dos nossos títulos. Habitante da cidade, podes ser conhecido de toda a Rua do Ouvidor e seus arrabaldes, cansar os chapéus, as mãos, as bocas dos outros em saudações e elogios; com tudo isso, com o teu nome nas folhas ou nas esquinas de uma rua, não chegarás ao poder daquele homenzinho, que passeia pelo sertão, uma vila, uma pequena cidade a que só falta uma folha, um teatro, um clube, uma polícia e sete ou oito roletas, para entrar nos almanaques.
Machado de Assis

APRESENTAÇÃO

Dos Escombros à Luz

O episódio envolvendo o arraial do Belo Monte, mais conhecido como Canudos, resultou num dos momentos mais dramáticos e truculentos de nossa história. É um daqueles que, não fosse um lance acidental, teriam caído na vala comum das manifestações populares reprimidas violentamente pelas elites de vários matizes, cujos interesses o Estado sempre tem tratado de encampar. Foi pela escrita de *Os Sertões: Campanha de Canudos*, que o referido episódio foi imposto à consciência nacional. Por outro lado, Euclides da Cunha, que por essa obra logo se tornaria membro da Academia Brasileira de Letras, com sua escrita poderosa, acabou por fazer desse acontecimento trágico da história brasileira um capítulo de sua biografia, que dessa forma acabou sendo preservado. Méritos lhe sejam reconhecidos, portanto.

No entanto, desde pelo menos 1947, quando despretensiosas entrevistas feitas com moradores da região, sobreviventes ao massacre, e algumas pesquisas no campo das Ciências Sociais começaram a colocar em dúvida não só dados objetivos como também elementos básicos da interpretação euclidiana a respeito do assunto, vem sendo estabelecida a necessidade de se abordar o Belo Monte com outros instrumentos e perspectivas. Essa demanda só ficou reforçada quando, por conta do centenário do nascimento e da destruição do arraial (entre 1993 e 1997), foram publicadas novamente obras que haviam caído no esquecimento, ofuscadas que haviam sido pela escrita genial de Euclides, e que mostravam possibilidades novas de aproximação e entendimento do episódio. Juntem-se a isso as inegáveis conquistas, teóricas e metodológicas, que os diversos campos da investigação (história, sociologia, antropologia, arqueologia, etc.) vieram alcançando nesses últimos anos, e temos um cenário bastante distinto daquele que vigorava há apenas algumas décadas quanto ao assunto.

Mas não se pode dizer que tudo tenha sido resolvido; pelo contrário, um certo silenciamento, na academia e na opinião pública, continua a pairar sobre a figura que catalisou a formação do arraial e a transformação dele numa alternativa sociorreligiosa para milhares de pessoas que deixaram suas casas, bem como as condições precárias de vida e trabalho em que viviam; ela veio a se tornar o "bode expiatório" que a todo custo teria de ser eliminado (para além da dissolução do arraial), em vistas ao bem e ao alívio da consciência nacional, para o que *Os Sertões* deu contribuição radicalmente decisiva. Refiro-me ao silenciamento sobre Antonio Vicente Mendes Maciel, o Antonio Conselheiro, na academia, e por extensão na opinião pública mais geral. A produção da ciência social brasileira dedicada ao tema, salvo honrosas exceções, tem notáveis dificuldades em lidar com o dado religioso, que impregna de sentido a experiência do Belo Monte e certamente funda o pensamento do Conselheiro, que seguramente não tinha o tom e o viés que Euclides fez tristemente célebre, ainda mais por tê-lo exposto em forma caricaturizada. Note-se que justamente nesse ponto as modernas produções sobre o assunto não escapam do modelo euclidiano, que pinta o Conselheiro como dotado de algum tipo de debilidade mental (fazendo eco a Nina Rodrigues) e anunciador contumaz de catástrofes apocalípticas, fim do mundo, rigorismos comportamentais absurdos e sem sentido, etc. Se na guerra contra o Belo Monte não era este que estava sendo destruído, mas "nossa apatia enervante, a nossa indiferença mórbida pelo futuro, a nossa religiosidade indefinível difundida em superstições estranhas, [... ainda encontrada em] restos de uma sociedade velha de retardatários",[1] para que atentar a alguém que, dominado por um "misticismo feroz e extravagante",[2] se fazia apóstolo de tal fanatismo?

Isso explica a quase nenhuma atenção dada à publicação, por obra de Ataliba Nogueira, em meados dos anos 70 do século passado, de um caderno manuscrito atribuído a Antonio Conselheiro e datado de 1897.[3] As posturas variaram, desde a declaração do caráter espúrio dessa atribuição – já que Euclides garantira que o Conselheiro não possuía dotes literários, muito pelo contrário – até o silêncio a respeito, tomando o material como pouco ou nada relevante para a pesquisa historiográfica. As abordagens que se debruçaram mais detidamente sobre ele nem sempre o fizeram com os referenciais teóricos mais adequados, concluindo o mais das vezes pela incongruência que existiria entre o ideário religioso preconizado no caderno, conservador e atrelado ao modelo católico tridentino implantado ao longo do processo colonizador, e o experimento socioeconômico implementado no Belo Monte, para desespero das elites regionais e, posteriormente, da própria República recém-proclamada. Essa é uma lacuna que precisa ser superada: se Machado de Assis tinha razão em postular que o fenômeno do Belo Monte não se entenderia senão a partir dos vínculos entre o Conselheiro e sua gente, conhecer o pensamento dele, de que o caderno é expressão eloquente, mostra-se indispensável.

Mas a barreira continua grande. Se Euclides tivesse tomado contato com esse caderno quando da produção de *Os Sertões*, certamente os contornos de

---

[1] Euclides da Cunha. *Diário de uma expedição*. São Paulo, Companhia das Letras, 2000, p. 91.
[2] Idem, *Os Sertões: Campanha de Canudos*. São Paulo, Ateliê / Imprensa Oficial do Estado / Arquivo do Estado, 2001, p. 252.
[3] Ataliba Nogueira, *António Conselheiro e Canudos: Revisão Histórica*. 3. ed., São Paulo, Atlas, 1997.

sua obra-prima teriam de ser outros. De toda forma, o fanatismo que ele divisou a partir de seu olhar, que tratava de combinar positivismo e evolucionismo – mal-entendidos os dois, diga-se de passagem –, continuou a ser percebido, a partir de outras perspectivas. Para um olhar de viés marxista – de um marxismo tosco, como infelizmente costuma reproduzir-se em muitas de nossas paragens acadêmicas e políticas –, no sertão não se encontrariam senão expressões grosseiras de misticismo que acabavam por ocultar os verdadeiros objetivos da luta que em Belo Monte se travava. De perspectivas assim enviesadas acabou por derivar o descaso, não só com a produção escrita assinada pelo Conselheiro, que compila e recompõe alteridades para responder às insistentes questões da existência individual e coletiva, no rumo de um projeto para a salvação na terra e no céu, mas também com o religioso como tecido irredutível para a construção de representações existenciais, éticas e morais, de entendimentos quanto ao estar no mundo, organizador indispensável da vida e morte de Belo Monte.

Poder-se-ia pensar em outros fatores. O momento em que Ataliba Nogueira deu a conhecer um dos cadernos do Conselheiro era também o da repressão sistemática aos movimentos populares e organizações de resistência ao regime militar, particularmente desanimador e pouco fértil para uma investigação inovadora, que revisasse o que já estava praticamente selado sobre o movimento nos sertões da Bahia.

E uma última razão, mais decisiva, que novamente nos remete a Euclides. A disponibilização de um caderno de prédicas com o nome de Antonio Vicente Mendes Maciel desmente o retrato mais famoso dele, pintado com tintas fortes pelo escritor fluminense. Com efeito, sobre as prédicas do Conselheiro, ele assim se expressa:

> Ele ali [nas latadas] subia e pregava. Era assombroso, afirmam testemunhas existentes. Uma retórica bárbara e arrepiadora, feita de excertos truncados das *Horas Marianas*, desconexa, abstrusa, agravada, às vezes, pela ousadia extrema das citações latinas; transcorrendo em frases sacudidas; misto inextricável e confuso de conselhos dogmáticos, preceitos vulgares

da moral cristã e de profecias esdrúxulas [...]. Nestas prédicas, em que fazia vitoriosa concorrência aos capuchinhos vagabundos das missões, estadeava o sistema religioso incongruente e vago.[4]

Não caberia, portanto, esperar muito de eventuais escritos do Conselheiro, e Euclides se encarrega de dissipar qualquer expectativa nesse sentido; afinal, em meio aos escombros do arraial teriam sido encontrados

pobres papéis, em que a ortografia bárbara corria parelhas com os mais ingênuos absurdos e a escrita irregular e feia parecia fotografar o pensamento torturado, eles resumiam a psicologia da luta. Valiam tudo porque nada valiam. Registravam as prédicas de Antonio Conselheiro; e, lendo-as, põe-se de manifesto quanto eram elas afinal inócuas, refletindo o turvamento intelectual de um infeliz. Porque o que nelas vibra em todas as linhas, é a mesma religiosidade difusa e incongruente, bem pouca significação política, permitindo emprestar-se às tendências messiânicas expostas. O rebelado arremetia com a ordem constituída porque se lhe afigurava iminente o reino de delícias prometido. Prenunciava-o a República – pecado mortal de um povo – heresia suprema indicadora do triunfo efêmero do anticristo. Os rudes poetas, rimando-lhe os desvarios em quadras incolores, sem a espontaneidade forte dos improvisos sertanejos, deixaram bem vivos documentos nos versos disparatados [...].[5]

A eventual descoberta de um caderno de anotações "subscrito" pelo Conselheiro deveria mesmo ter pouco efeito, a se considerar esse pano de fundo sugerido por Euclides, impresso fortemente à consciência nacional, e reforçado em elaborações posteriores. Mas ele precisa ser contestado. Em primeiro lugar, é por puro arbítrio que Euclides garante que os papéis elaborados pelos "rudes poetas", com trovas, profecias e outras expressões, registram sem mais

---

[4] Ibidem, p. 274.
[5] Ibidem, p. 318-19.

as prédicas de Antonio Conselheiro. Euclides deles fez inventário precioso e exemplar, e sabe muito bem que uma frase como aquela sobre o sertão que vira praia, e a praia que se torna sertão, compõe uma "profecia" anônima...

Em segundo lugar, como se verá adiante, tanto o caderno já publicado como este que ora se apresenta terão sido encontrados após a tomada do arraial e antes de sua destruição final pelo fogo. Euclides, apesar de sugerir o contrário, não se encontrava mais no cenário dos acontecimentos; já havia regressado a Salvador, por conta de seu estado de saúde. Não tomou contato, por conseguinte, com os cadernos quando de sua descoberta, e tudo indica não os ter conhecido no processo de escrita de *Os Sertões*.

E o mais importante: a leitura dos cadernos faz delinear um perfil para o Conselheiro totalmente distinto do que se poderia chamar de "paradigma euclidiano": aquele que o enquadra no âmbito da loucura carismática e de expectativas escatológicas de teor milenarista. As meditações publicadas por Ataliba Nogueira, estreitamente associadas ao que era a proclamação oral do Conselheiro, impactam, por sua articulação lógica, pelos conteúdos desenvolvidos, pela escrita articulada.

No entanto, os efeitos do que Euclides postulou produziram uma expressiva resistência para se olhar o líder do Belo Monte pelos seus próprios depoimentos. Continuou-se a falar da incapacidade da população do Belo Monte e de seu líder para produzir uma escrita articulada, um discurso que expressasse os anseios vividos e as dores sofridas. E se não se ignora a obra publicada por Ataliba, trata-se de desqualificá-la, questionando-lhe a autenticidade, ou desconsiderando-a como sem originalidade. Não se escapa à sensação de que o manuscrito publicado tenha desagradado e incomodado os persistentes partidários da leitura euclidiana, os doutos nos saberes teológicos (onde estaria, explicitamente, a heresia do Conselheiro?), e ainda os que desenhavam o Belo Monte apenas como um exemplo heroico da luta camponesa contra o latifúndio...

Resultado desse processo é um descaso incompreensível e inaceitável ante a produção escrita que leva o nome de Antonio Conselheiro. O problema nota-se agravado quando se fica sabendo da existência de outro manuscrito, que ora vem à tona, e também leva o nome de Antonio Vicente Mendes Maciel. Sua composição é complexa. Trata-se de um caderno de anotações, de 19 X 13 cm, dividido em duas partes absolutamente distintas, com paginação independente. A primeira, de 554 páginas, contém a transcrição dos quatro Evangelhos, do livro de nome Atos dos Apóstolos e parte da carta de Paulo aos romanos, todos textos do Novo Testamento, segundo a versão do padre Antônio Pereira de Figueiredo, única versão da Bíblia em português conhecida no mundo católico de então. Não há qualquer introdução ou apresentação dos livros, nem folha de rosto a abrir esta parte que corresponde a quase dois terços do volume. Muito menos explicação para que a transcrição do Novo Testamento não tenha sido continuada. A sensação é de uma dupla ruptura, pois também a carta aos romanos ficou truncada, faltando suas páginas finais. Estranhamente, também não há para essa parte do caderno qualquer sumário. Diferente é o que ocorrerá com a parte seguinte, de 253 páginas. Ela tem uma folha de rosto, com o seguinte título: *Apontamentos dos Preceitos da Divina Lei de Nosso Senhor Jesus Cristo, para a Salvação dos Homens*. E, logo abaixo: "Pelo Peregrino / Antonio Vicente Mendes Maciel. / No povoado do / Belo Monte, Província da / Bahia em 24 de maio de / 1895".

É desses *Apontamentos...*[6] que se apresenta aqui a transcrição e se oferece um comentário que busca avançar para além de impressões apressadas e atender às exigências éticas e epistêmicas que um documento de tal envergadura impõe ao emergir das sombras à luz. Eles se apresentam como uma coletânea de reflexões elaborada no desenrolar da experiência sociorreligiosa vivida às margens do Rio Vaza-barris. Pela avaliação de seu teor será possível avançar na identificação dos traços com que o Conselheiro terá buscado marcar a vida de seu séquito. Num contexto em que o destino após a morte se configura a partir do ideário católico mais amplo, os *Apontamentos*... permitem uma percepção bastante nítida dos termos em que essa questão crucial é enfocada, incidindo no enfrentamento das demais questões que fornecerão os temas desenvolvidos

---

[6] Assim passo a denominar o caderno assinado pelo Conselheiro, cuja transcrição é o objeto do presente volume.

ao longo dos textos. Em outras palavras: seria irrelevante que o título desta seção do caderno a indique como um conjunto de notas elaborado em vistas à "salvação dos homens"?

Mas as surpresas não param por aí. Quem, a partir das imagens estereotipadas do Conselheiro, abrir os *Apontamentos*... não saberá o que dizer diante das referências aos santos, não aqueles que constituem decisivamente o imaginário religioso típico do chamado "catolicismo popular" brasileiro, mas alguns dos mais importantes e conhecidos doutores da teologia cristã, como Santo Agostinho e Santo Tomás de Aquino, além de outros menos famosos, como João Crisóstomo. Quem foram o cardeal Hugo e Cornélios a Lapide? Como a saga do virgiliano Eneas chegou ao conhecimento do Conselheiro? E pensar que esses apontamentos registram de alguma forma palavras e teores que soaram das latadas do Belo Monte, dirigidas às milhares de pessoas que foram compartilhar seus destinos em vistas a viabilizar uma trajetória que chamou a atenção do Brasil, e resistiu a sua configuração elitista, excludente e autoritária...

A essa altura cabem as perguntas: o que significa encarar um escrito de alguém considerado incapaz de apresentar um ideário para seus atos e liderança? Haveria uma "lógica" no referido manuscrito, de alguma forma articulada com o cotidiano do arraial conselheirista? Permitiria o caderno passar ao largo do que se lê no fatídico capítulo IV da parte II de *Os Sertões*?

As dezenas de meditações evidenciam uma visão religiosa bastante coesa. Do amor de Deus expresso no dom de seu Filho morto na cruz em benefício dos homens até o chamamento reiterado para o cuidado com a própria salvação, tudo soa coerente quando inserido no quadro geral do cristianismo católico típico do contexto que viu surgir estas duas centenas e meia de páginas. Mas isso não significa, de antemão, que tais *Apontamentos*..., ao emergirem do cenário católico típico do século XIX brasileiro, careçam de originalidade. Pelo contrário, na maneira como aparecem articulados, os elementos destacados não resultam convencionais. Primeiramente, eles fornecem dados relevantes para se recolocar a questão do perfil daquele que, enfim, se responsabiliza pelo seu conteúdo: o peregrino Antonio Vicente Mendes Maciel. E, à medida que se nota aí a assimilação de temas, textos e enredos bíblicos, de um lado, e, por outro, de materiais oriundos de um livro hoje ignorado, mas àquela época de larga difusão, e conhecido como *Missão Abreviada*, compreende-se como o Conselheiro terá assumido e reelaborado conteúdos oriundos desses dois textos. E não haverá por que objetar algo ao fato de várias páginas dos *Apontamentos...* reproduzirem longas passagens do *Compêndio Narrativo do Peregrino da América*. Pelo contrário, a questão empolgante que essa constatação suscita é: como esse livro de Nuno Marques Pereira, várias vezes editado no século XVIII e depois relativamente esquecido (porque censurado), acabou por chegar às mãos de Antonio Conselheiro?

Efetivamente, o que estas páginas revelam é um crochê instigante de textos que constituem as referências bibliográficas do Conselheiro. Contudo, de maneira surpreendente, ele copia operando um complexo jogo de sentidos resultantes da combinatória de passagens de um e outro autor, contendo a supressão proposital de palavras que alteram o tom de uma ideia, de um conceito; a destituição de conteúdos dos quais ele discordava, e, portanto jamais mencionava; a contiguidade instantânea entre dois textos de estilos diversos que, com seu comando, se fundem harmoniosamente; distintos feixes que abrem a perspectiva de sua autoria e a meticulosa inserção de seu próprio argumento; a inserção de uma ou mais frases suas em meio aos textos que copia; a atenuação de algum termo que lhe pareça inadequado ou, quem sabe, rebuscado em demasia. Esse crochê cumpre claramente a função de ordenar os princípios para a intervenção convocada pela exigente atribuição que lhe é conferida por sua gente. Antonio Conselheiro está longe de ser apenas um escrevente. Ele maneja obstinadamente – ao longo de várias décadas, não só quando se põe a escrever – conteúdos de sofisticada elaboração, os quais ele ressignifica. Lida com "seus" clássicos pelos caminhos identificados por Italo Calvino: não pode ser indiferente a eles, que de alguma forma o definem no lugar que ocupa no mundo, mesmo quando precisa deles tomar distância ou mesmo se lhes opor.

Leitor de tantos livros, da vida e do mundo em suas complexidades, leitor que se faz autor, o Conselheiro cria nexos entre os dados que lê; as marcas dos textos escritos são por ele transformadas, não apenas recebidas; ele se faz um "logoteta", diria Barthes, um ladrão de textos que o precederam e seus fragmentos, e formulador, com eles, de algo novo, irreconhecível. E efetivamente, ladrão o Conselheiro foi considerado. Se, portanto, nos *Apontamentos...* se reconhecem com facilidade presenças textuais da Bíblia e de outros livros que circulavam naquele mundo católico sertanejo de meados do século XIX, cabe insistir em que a obra resultante dessas leituras, transcrições, combinações entre textos junto à elaboração de outros, ao não visar propósitos literários, almejava escopo mais ambicioso: compunha decisivamente o empreendimento Belo Monte. Na articulação entre o que pensa, lê e escreve emerge a voz poderosa e aglutinadora do Conselheiro; assim ela foi percebida, e por isso foi combatida. Os *Apontamentos...* não resultam apenas da decisão de traduzir em páginas escritas elaborações derivadas ou encontradas em tantas leituras. Eles foram delineados com o propósito de favorecer a salvação daqueles homens e mulheres. E, se para tanto, for necessário viabilizar uma aldeia rebelde, organizar seu cotidiano entre trabalhos e festas, rezas e construções, que assim seja...

E com isso avanço a um outro ponto. Se o referido caderno é uma testemunha preciosa da visão do Conselheiro no Belo Monte, sem sofrer ainda os horrores da guerra, mas já antevendo, pelas pressões que já se faziam notar, um futuro sombrio, ele se mostra indispensável e insubstituível quando se faz a pergunta pelos sentidos mais densos que a experiência vivida às margens do Vaza-barris proporcionou à gente que apostou suas vidas na acolhida das palavras e dos conselhos do peregrino de Quixeramobim. A história do arraial fica definitivamente iluminada em nova perspectiva se for considerado o lugar que os *Apontamentos...* ocupam ao longo da trajetória e no bojo da percepção que o próprio Conselheiro desenvolveu sobre o vilarejo. E ainda mais, se forem tomadas as meditações que constituem os *Apontamentos...* não apenas como expressão do pensamento do Conselheiro e de suas leituras, mas resultantes, de alguma forma, da interação que ele vivenciou com o séquito crescente que a ele se foi vinculando com o passar do tempo, até a eclosão da guerra brutal. Tragédia que se percebe de cores ainda mais pesadas à medida que se toma ciência das possibilidades representadas pelo arraial conselheirista, à luz do horizonte em que seu líder inconteste o inseria, e se superam estereótipos equivocados e inconsistentes a esse respeito, de matriz fundamentalmente euclidiana. No fim das contas, o que resulta de considerar o Belo Monte concebido, nas circunstâncias, tempos e espaços que a sua história conturbada possibilitou, como um lugar em que os "preceitos da divina lei" deveriam dar a tônica da vida, instituir as práticas e organizações e preparar a salvação?

HISTÓRIA E SOBREVIVÊNCIA DO MANUSCRITO

O ponto de partida na abordagem do caderno em questão é a data encontrada na folha de rosto que abre a seção *Apontamentos...*: 24 de maio de 1895. Antes disso temos uma transcrição interrompida do Novo Testamento, da qual algo terei de comentar. Não se sabe quanto tempo terá sido necessário para que as duas centenas e meia de páginas com as meditações tenham sido redigidas. Mas o Conselheiro data de 12 de janeiro de 1897 um novo caderno, que em parte reproduz conteúdos encontrados no manuscrito anterior, em parte os amplia e traz temas novos, além de eliminar outros; este é o que foi editado por Ataliba Nogueira.

O manuscrito de 1895 é resultado de várias mãos de escribas/copistas. Se por si só o fato de a mesma palavra aparecer escrita de forma diferente não necessariamente denuncia o trabalho conjunto de escrita, essa impressão fica reforçada por outras observações, como a diversidade de caligrafia e principalmente a percepção nítida de que uma pena vem a substituir a mão cansada de quem vinha trabalhando na escrita. Essa constatação faz recordar o depoimento de Honório Vilanova ao jornalista Nertan Macedo; segundo ele, seu padrinho escrevia até a mão se cansar, quando então seu secretário, Leão de Natuba, assumia o posto de escriba e passava a redigir o que ele ditava.

O dado seguinte a ser considerado é o da descoberta de ambos os manuscritos entre os escombros de Belo Monte, depois de seu arrasamento e antes do incêndio que haveria de consumir o pouco que dele sobrara em pé. A anotação incluída no caderno de 1897 é esclarecedora das circunstâncias em que também o de 1895 teria sido encontrado:

> No dia 5 de outubro de 1897, em que as tropas legais sob o comando do general Artur Oscar de Andrade Guimarães assenhorearam-se vitoriosa e decisivamente do arraial de Canudos, dando busca no lugar denominado Santuário em que morou o célebre Antonio Conselheiro, foi este livro encontrado, em uma velha caixa de madeira, por mim, que me achava como médico em comissão do governo estadual e que fiz parte da junta de peritos que no dia 6 exumou e reconheceu a identidade do cadáver do grande fanático. Submetido ao testemunho de muitos conselheiristas, este livro foi reconhecido ser o mesmo que, em vida, acompanhava nos últimos dias a Antonio Conselheiro.
> Bahia, março de 1898. João Pondé[7]

Buscava-se o corpo do Conselheiro para se lhe arrancar a cabeça; encontraram-se seus escritos... O manuscrito de 1895 traz as suas indicações, no verso da folha de guarda. Um anônimo registrou, peremptório: "Antonio Conselheiro infame bandido". Logo abaixo, com outra caligrafia, assim se lê: "Oferecido pelo brigada do 25º batalhão de infantaria Eugênio Carolino de Sayão Carvalho, achado em Canudos no lugar chamado Santuário, ao *Jornal de Notícias*". De mão em mão o caderno chegou ao falecido professor José Calasans, que nos anos 1980 viria a constituir, com base no valioso acervo recolhido em anos de pesquisa, o Núcleo Sertão do Centro de Estudos Baianos da Universidade Federal da Bahia, entidade que atualmente o abriga.

É de se lamentar que, nesse tempo todo, o manuscrito tenha ficado indevassado; as razões já foram aduzidas. O pouco que se andou dizendo a seu respeito não passou de uma transferência atropelada de resultados ultrapassados de análises feitas, ainda em fins dos anos 1970, sobre o caderno de 1897, incapazes de perceber como o Conselheiro se distancia, no tom e nos acentos,

---

[7] Ataliba Nogueira, op. cit., p. 60-61.

do modo e dos termos como o ensino católico básico costumava ser veiculado naquelas paragens e tempos. Mas os *Apontamentos*... são desafiadores, e não entregam seus segredos a leitores apressados. É preciso ter disposição para encará-los. Para tanto cabe mapear algo a respeito do cenário que veria a confecção deles.

NASCIMENTO, VIDA E MORTE DE BELO MONTE

No início do processo do qual sobreviria o Belo Monte, e no fim da longa trajetória do Conselheiro como pregador ambulante, estão protestos populares contra novos impostos facultados aos municípios pela nova Constituição, a primeira republicana; dessas manifestações participou gente ligada ao Conselheiro, com seu consentimento. Para rechaçá-las foi enviado um destacamento da polícia baiana que, em 26 de maio de 1893, se viu repelido. A vitória no embate de Masseté não iludiu: o estabelecimento mais ao norte, em território da comarca de Monte Santo, no longínquo Canudos, logo rebatizado como Belo Monte, e a organização da vida aí surgem como imperativo para a sobrevivência do grupo conselheirista que, ainda mais agora, será alvo das forças repressoras, por ter se inserido em ponto particularmente delicado e decisivo na implantação da nova ordem social e política nos sertões. Estamos nos primeiros dias de junho. Logo o número de habitantes aumentaria ali para alguns milhares, entre os quais membros de tribos indígenas da região e "negros treze de maio", expressão que fala por si.

E se constitui um arraial cujos habitantes não faziam outra coisa que plantar, colher, criar, edificar e rezar, nas palavras de um político da época. Livres de impostos e fazendeiros, as terras à esquerda do rio Vaza-barris fervilham de plantações, cultivadas principalmente pelos homens. Aqui e ali plantação de pomares e criação de rebanhos de cabras e bodes, elemento decisivo na economia do vilarejo. Na proporção de duas para cada homem, chegando na guerra a três, as mulheres fazem a farinha, ou o sal. Moças tecem redes. Sabemos ainda das professoras, que ensinam meninos e meninas conjuntamente e tiveram uma rua nomeada com a atividade delas. Jovens à caça. Ferreiros nas bigornas fabricam foices, facas e machados. A feira na praça das igrejas. O mutirão permite que todos enfrentem a escassez constante. Euclides, a contragosto, reconhece que, assim organizado, o arraial permitia aos até então desventurados os celeiros fartos, pelas esmolas e pelos produtos do trabalho comum. Outro elemento fundamental é o caixa comum, estabelecido para atender as necessidades do arraial, especialmente de pessoas doentes e impossibilitadas para o trabalho; constituído de parte do excedente da produção e dos salários de quem eventualmente trabalhasse nas redondezas, nutria-se também dos recursos que os novos habitantes do arraial traziam, bem como de doações que peregrinos deixavam e de esmolas conseguidas nas redondezas.

Um arraial que recebia um afluxo cada vez maior de pessoas, esvaziando as fazendas da redondeza, exigia que continuamente habitações fossem erguidas para receber os novos habitantes. Tais casas eram em geral bastante rudimentares, e a construção delas, bem como das igrejas, ia definindo ruas e vielas, em uma organização diferenciada, incompreensível aos de fora. Nesse lugar, de casinholas aparentemente desalinhadas e de igrejas cheias de imagens, muito se reza. Cerimônias peculiares desenvolvem um apego secular aos santos, numa densidade incômoda aos mais dedicados missionários. Mas as cantorias e as ladainhas, os terços e as devoções marcam o cotidiano da gente belomontense, estabelecem o diálogo da terra com o céu e fortalecem o arraial na coesão tão necessária. O quadro mostra-se ainda mais complexo quando se consideram memórias indígenas que testemunham sobre traços explícitos de um cotidiano religioso, fruto de uma circulação criativa de elementos do cristianismo e expressões autóctones. Foi essa "religião mestiça" que, no fim das contas, aterrorizava os inimigos que ali chegavam para o combate, e animou até o fim trágico, com a gente do Conselheiro morrendo em meio a rezas e balas.

Num primeiro momento, Belo Monte foi percebido muito mais como ameaça e risco para a ordem social e política baiana, em particular para os fazendeiros e chefes da região (nordeste da Bahia); foi neste âmbito mais restrito que se desenvolveram os primeiros lances visando a destruição do arraial. A queixa recai principalmente sobre a perda da mão de obra barata e abundante até então disponível; grande parte dela estava largando tudo para se juntar ao Conselheiro. Parecia o segundo grande golpe, após a abolição. Mas o arraial contribuiu também para aguçar os conflitos no interior da elite baiana e, a seguir, do regime republicano com seus grupos em conflito. O titubeio inicial do governador, que enfim enviou uma tropa policial em novembro de 1896, sugere que o movimento conselheirista ainda era tido como problema menor, ou serviria para provocar inimigos políticos. O fracasso de uma segunda expedição, dois meses depois, evidenciou lutas nos bastidores do poder, agora com a intromissão do Exército, o que acabou por transferir a responsabilidade pela eliminação de Belo Monte para o governo federal.

Com isso entram em jogo novas personagens, lidando com interesses mais largos, que mexiam com a própria constituição da República. De fato, acalorados debates opunham correntes republicanas antagônicas (sem contar a presença de grupos monárquicos atuantes, com os quais Antonio Conselheiro e sua gente foram logo identificados). As novas expedições deveriam dar conta da "santa causa", qual seja, submeter à lei aquele núcleo de rebeldes comandados por um louco. E quando o caráter monarquista-restaurador de Belo Monte começar a virar névoa aos olhos da opinião pública, será tarde: o monstro construído já estava sendo combatido e resistia ferozmente. Não cabia fazer dele outra coisa que um vasto cemitério, com muitos de seus cadáveres insepultos e degolados. Fora o Prudente de Morais a exigir: "não fique pedra sobre pedra". Poder-se-á então comemorar: de Canudos só resta um montão de cinzas, nem o nome Belo Monte merece ser pronunciado. Não se deixe de anotar a contribuição dada à guerra pelas mais altas esferas da Igreja Católica: elas viam no Belo Monte uma grave ameaça a suas prerrogativas. A simpatia de muitos padres pelo antirrepublicanismo do Conselheiro não ia até a confrontação aberta do regime recém-estabelecido. Nem seriam lembrados os serviços que ele, com sua gente, prestara durante anos no sertão, construindo e restaurando igrejas e cemitérios. Ao mesmo tempo, a já citada missão de frei João Evangelista materializava o esforço de reaproximação com o poder republicano e formulava a última palavra sobre uma experiência religiosa desenvolvida à margem do seu controle: o arraial tem de ser dissolvido.

Para o séquito do Conselheiro a guerra não destruía apenas o arraial; também as possibilidades da vida tão sonhada ruíam ao estampido assassino das balas, à ação degoladora das facas. Mas não as esperanças quanto ao além: Euclides teve de ouvir, entre atônito e admirado, um jaguncinho declarar que a promessa do líder rebelde àqueles que morressem na luta seria a salvação das suas almas...

O CADERNO E SEUS CONTEÚDOS

Como já foi dito, na primeira parte do manuscrito encontramos uma transcrição do Novo Testamento. Ressalte-se o inusitado dessa prática, que deve ter ocorrido pelo fato de Antonio Conselheiro não possuir uma Bíblia, mas tê-la tomado emprestado de padres ou outras pessoas que eventualmente a possuíssem. A versão por ele utilizada foi produzida, em fins do século XVIII, pelo padre Antônio Pereira de Figueiredo, a partir do texto latino oficial da Igreja Católica, definido nos anos posteriores ao Concílio de Trento (1545-1563), herdeiro da tradição da Vulgata de São Jerônimo, editada nos séculos IV-V. O empreendimento de Figueiredo tornou-se possível, pois em 1757 o papa Bento XIV, alterando disposição anterior, permitiu traduções da Bíblia em língua vulgar, desde que acompanhadas de notas explicativas feitas por teólogos católicos e com aprovação eclesiástica. Várias edições bilíngues dessa obra surgiram em Portugal ao longo do século XIX, inclusive uma em dois volumes (saída entre os anos 1852-1853), pensada para ser "popular, isto é, de fácil aquisição; e ao mesmo tempo, de leitura cômoda e agradável". Teria sido a partir dela que o Conselheiro empreendeu o trabalho de transcrição, além de extrair tantas passagens bíblicas em latim, e suas correspondentes traduções?

Mas a questão mais intrigante diz respeito à brusca suspensão da cópia do Novo Testamento, ao que se segue a folha de abertura dos *Apontamentos...*, com a data de 24 de maio de 1895. Ela corresponde a três dias após a partida de missionários enviados ao Belo Monte para buscarem a dissolução do arraial.

De acordo com o *Relatório* assinado pelo chefe da missão, o frei João Evangelista de Monte Marciano, os trabalhos logo se dirigiram à (não) adesão do Conselheiro ao novo regime político instalado no país. Segundo o missionário, assim teria começado o debate com o Conselheiro:

> Senhor, repliquei eu, se é católico, deve considerar que a Igreja condena as revoltas, e, aceitando todas as formas de governo, ensina que os poderes constituídos regem os povos, em nome de Deus [...]. Somente vós não vos quereis sujeitar [ao governo atual]? É mau pensar esse, é uma doutrina errada a vossa.[8]

Euclides não teve dúvidas: o missionário estaria "parafraseando a *Prima Petri*". Mais exatamente: "era quase, sem variantes, a frase de S. Paulo, em pleno reinado de Nero[...]".[9] Aqui se chega ao ponto: frei João alude a Romanos 13,1 ss., a passagem imediata que, continuada a transcrição do Novo Testamento no caderno manuscrito, o Conselheiro deveria copiar:

> Todo o homem esteja sujeito às potestades superiores; porque não há potestade que não venha de Deus; e as que há, essas foram por Deus ordenadas. Aquele pois que resiste à potestade resiste à ordenação de Deus; e os que lhe resistem, a si mesmos trazem a condenação; porque os príncipes não são para temer quando se faz o que é bom, mas quando se faz o que é mau. Queres tu pois não temer a potestade? Obra bem, e terás louvor dela mesma; porque o príncipe é ministro de Deus para bem teu. Mas se obrares mal, teme; porque não é debalde que ele traz a espada; porquanto ele é ministro de Deus, vingador em ira contra aquele que obra mal. É logo

---

[8] João Evangelista de Monte Marciano, *Relatório Apresentado, em 1895, pelo Reverendo Frei João Evangelista de Monte Marciano, ao Arcebispado da Bahia, sobre Antonio Conselheiro e seu Séquito no Arraial dos Canudos*. Salvador, Tipografia do Correio da Bahia, 1895 (edição fac-similar pelo Centro de Estudos Baianos, 1987), p. 4.
[9] Euclides da Cunha, op. cit., p. 324.

necessário que lhe estejais sujeitos, não somente pelo temor do castigo, mas também por obrigação de consciência [...]. (Romanos 13,1-5)

Com isso se entende que a cópia do Novo Testamento tenha sido interrompida. O que agora teria de ser grafado, com a carga da interpretação do missionário, soava inadmissível ao Conselheiro: como admitir que esse texto possa fundar o aceite à república, algo que sempre repugnou as concepções católicas de tantos tempos? A suspensão da cópia do texto sagrado é o reconhecimento de uma impossibilidade interpretativa. Estabelece-se um distanciamento dramático em relação a ele. E na sequência, ao abrir os *Apontamentos*..., o Conselheiro reitera sua adesão à monarquia ao se situar na "província" (não no Estado) da Bahia...

A primeira página numerada dessa nova seção do manuscrito é a de n. 3, e nela se retoma o título da folha de rosto, agora resumido: "Apontamentos dos Preceitos da Divina Lei de Nosso Senhor Jesus Cristo", que parece referir-se propriamente à série de dez prédicas que aí se inicia, sobre o Decálogo; com isso vamos até quase a metade dos *Apontamentos*.... Outras dez prédicas abordam temas avulsos, típicos do universo tradicional católico.

Na p. 165 parece iniciar-se uma outra série, que aqui nomeio como "Sequência Bíblica". Com efeito, são dezesseis prédicas a narrar episódios da Bíblia; mas é curioso notar que, após as três primeiras, uma série de dez delas forma um todo, em torno do tema do êxodo e do percurso rumo à terra prometida, indo desde a vocação de Moisés até sua morte e substituição pelos juízes, e tendo em seu centro, seguramente não por acaso, as considerações sobre os dez mandamentos. Outras três prédicas de teor bíblico fecham a série.

A seguir vem uma seção diferenciada, intitulada "Textos", e é composta quase em sua totalidade por frases e citações bíblicas, o mais das vezes com o texto latino e subsequente tradução para o português. Uma última prédica, "O pecado de Todos os Homens", é seguida de um índice, onde os títulos das diversas reflexões nem sempre aparecem da forma que nas páginas correspondentes. E com isso o volume se encerra, na p. 253.

Dessa forma, temos, para melhor visualização do conjunto, o seguinte quadro:

Apontamentos dos Preceitos da Divina Lei de Nosso Senhor Jesus Cristo, para a Salvação dos Homens
Apontamentos dos Preceitos da Divina Lei de Nosso Senhor Jesus Cristo [sobre cada um dos dez mandamentos]
[Temas Diversos] a) Sobre a Cruz b) Sobre a Paixão de Nosso Senhor Jesus Cristo c) Sobre a Missa d) Sobre a Justiça de Deus e) Sobre a Fé f) Sobre a Paciência nos Trabalhos g) Sobre a Religião h) Sobre a Confissão i) Sobre a Obediência j) Sobre o Fim do Homem
[Sequência Bíblica] a) Como Adão e Eva Foram Feitos por Deus: o que lhes Sucedeu no Paraíso até que Foram Desterrados Dele por Causa do Pecado b) O Profeta Jonas c) Paciência de Jó d) Vocação de Moisés e) As Dez Pragas do Egito f) Morte dos Primogênitos, Cordeiro Pascoal, Saída do Egito g) Passagem do Mar Vermelho h) Codornizes, Maná e a Água no Deserto i) Os Dez Mandamentos, Aliança de Deus com Israel j) O Bezerro de Ouro k) Leis do Culto Divino l) Derradeira Admoestação de Moisés, sua Morte m) Os Juízes n) Construção e Edificação do Templo de Salomão o) O Dilúvio p) Reflexões
Textos
Os Pecados dos Homens
Índice

A TRANSCRIÇÃO

O presente volume justifica-se, portanto, como a realização de um dever para com a memória de Antonio Conselheiro e de seu promissor e intrigante Belo Monte, tão permeado pelas palavras de que os *Apontamentos...* são eco escrito, e para com a história da gente anônima que tem feito, sofrida e valorosa, os caminhos deste país.

São, na verdade, dois trabalhos de transcrição.[10] No primeiro deles, busco preservar, o quanto possível, a forma do escrito, obedecendo escrupulosamente à sua ortografia e gramática, sem nada atualizar ou interpretar para além do que no manuscrito se lê. Isto não significa que problemas não apareçam, diante dos quais será necessário fazer opções, referentes a qual letra poderia estar presente nesta ou naquela passagem, ou a eventuais junções ou separações não esperadas de sílabas e/ou palavras, mas que no manuscrito assim aparecem (que talvez se devam, em muitos casos, apenas à forma de se realizar a escrita). Um ponto de interrogação no corpo do texto indicará uma sugestão, derivada do contexto, quando a leitura parecer particularmente difícil. Algumas poucas passagens resultam insolúveis, com palavras ilegíveis.[11] Nem sempre será possível definir seguramente se há um novo parágrafo, distinguir uma vírgula de um ponto, ou ter certeza de que se está perante uma palavra iniciada com maiúscula. As passagens em latim são colocadas em itálico, para melhor visualização. Os títulos das prédicas aparecem em negrito. Algumas das notas colocadas ao rodapé justamente tratarão de esclarecer um ou outro ponto da transcrição. Outras notas, a grande maioria, trarão as passagens bíblicas (em latim e português, em grande parte das vezes, também

---

[10] Utilizo a reprodução fac-símile, em CD-ROM, do caderno manuscrito disponibilizada pelo Centro de Estudos Baianos da Universidade Federal da Bahia.

[11] O trabalho realizado por Ataliba Nogueira sobre o manuscrito de 1897 é importante, na medida em que poderá ajudar a aclarar passagens que aqui apareçam obscuras. Isto será possível porque ambos os cadernos compartilham um número significativo de meditações; por exemplo, o conjunto de reflexões sobre os dez mandamentos.

com a grafia da época, tal qual encontrada na referida edição da Bíblia, de 1852-1853) citadas nos textos, direta ou indiretamente. E ainda outras notas trarão dados que permitirão situar mais adequadamente o conteúdo dos *Apontamentos*... Junto a essa transcrição segue outra, em ortografia atualizada, com algumas correções de ordem gramatical e outros poucos ajustes, que não resultem, no entanto, em desfiguração do texto efetivamente encontrado no manuscrito. O propósito é o de proporcionar, a quem o deseje, uma leitura mais ágil do conjunto da obra.

Paul Zumthor, há mais de cinquenta anos, nos sugerira distinguir entre os monumentos linguísticos e os simples documentos; no seu entender, aqueles iam além da comunicação corriqueira ao intencionarem alguma edificação, no sentido de uma elevação de ordem moral e de construção de um edifício. Pedindo licença ao velho mestre para jogar com o termo, no caso aqui em questão se fica sem saber onde identificar o monumento: se no texto escrito a sustentar o ideal do Belo Monte ou no empreendimento, enraizado profundamente tanto no chão da vida (o solo árido do sertão, com suas cercas e barões) como naquele do céu, destino último, ardorosamente buscado, céu esse cujas portas o Conselheiro batalhava por deixar abertas. Um é a contrapartida do outro.

◻

Não tenho como manifestar adequadamente minha enorme gratidão a Maria Angelita de Melo Mafra, sogra querida, pelo apurado e competente trabalho de revisão, cotejando ambas as transcrições com o texto do manuscrito. E o agradecimento se alarga: Taciana, o meu amor e minha leitora mais exigente, paciente e incansável; Amanda, Débora e Mateus, meus filhos; além de Maria de Lourdes e Silvaneide, Eliene e Josenildo, que de vários modos se esmeraram para que este serviço à memória de Antonio Conselheiro e de sua gente, bem como à história do povo brasileiro, alcançasse a melhor expressão possível.

Pedro Lima Vasconcellos

Apontamentos dos Preceitos da Divina Lei de Nosso Senhor Jesus Christo, para a salvação dos homens.

APONTAMENTOS DOS PRECEITOS DA DIVINA LEI DE NOSSO SENHOR JESUS CHRISTO, PARA A SALVAÇÃO DOS HOMENS.

PELO PEREGRINO
ANTONIO VICENTE MENDES MACIEL
NO POVOADO DO
BELLO MONTE, PROVÍNCIA DA
BAHIA EM 24 DE MAIO DE
1895.

Apontamentos dos Preceitos da Divina Lei de Nosso Senhor Jesus Christo, para a salvação dos homens.

Pelo Peregrino Antonio Vicente Mendes Maciel. No Tovoado do Bello Monte, Provincia da Bahia em 24 de Maio de 1895.

3
APONTAMENTOS DOS PRECEITOS DA DIVINA LEI DE NOSSO SENHOR JESUS CHRISTO.

1º Mandamento.

Amarás o Senhor teu Deus de todo o teu coração e de toda a tua alma, e de todo o teu entendimento. Este é o maximo e o primeiro Mandamento.
(Math. Cap. 22 v. 38.)[1]
Assim respondeu o Divino Mestre a um dos Doutores da Lei; estando elle ensinando no Templo. A maior parte dos homens não observão este preceito, cuja verdade não necessita de prova; e, para fazel-a mais patente basta o que se observa acerca de semelhante objecto. Mas ah! que ingratidão d'aquelles que assim procedem!

3
APONTAMENTOS DOS PRECEITOS DA DIVINA LEI DE NOSSO SENHOR JESUS CRISTO

1º Mandamento

Amarás o Senhor teu Deus de todo o teu coração e de toda a tua alma e de todo o teu entendimento. Este é o máximo e o primeiro mandamento.
(Mateus 22,37-38)
Assim respondeu o Divino Mestre a um dos Doutores da lei, estando ele ensinando no Templo. A maior parte dos homens não observa este preceito, cuja verdade não necessita de prova, e para fazê-la mais patente basta o que se observa acerca de semelhante objeto. Mas ah! Que ingratidão daqueles que assim procedem!

---

[1] Efetivamente estamos em Mateus 22,37-38: "*Diliges Dominum Deum tuum ex toto corde tuo, ex tota anima tua, et in tota mente tua. Hoc est maximum, et primum mandatum*" ["Amarás ao Senhor teu Deus de todo o teu coração, e de toda a tua alma, e de todo o teu entendimento. Este é o maximo, e o primeiro mandamento"].

— 1 —

Apontamentos dos Preceitos da Divina Lei de Nosso Senhor Jesus Christo.

1.º Mandamento.

Amarás o Senhor teu Deus de todo o teu coração e de toda a tua alma, e de todo o teu entendimento. Este é o maximo e o primeiro Mandamento.
(Math. Cap. 22 v. 38.)
Assim respondeu o Divino Mestre a um dos Doutores da Lei, estando elle ensinando no Templo. A maior parte dos homens não observão este preceito, cuja verdade não necessita de vá; e, para fazel-a mais patente basta o que se observa acerca de semelhante objecto. Mas ah! que ingratidão d'aquelles que assim procedem!

4

Até quando viverão elles na tibieza imdifferentismo na observancia do preceito Divino? Abrahám tendo úm filho unico Izac, mandando Deus que o sacrificassi; por obedecer a Deus, cujo amor excedia ao do filho, opoz em execução: ao que Deus accudio mandando-lhe o Anjo suspendêr o golpe por ter mostrado a sua fé, amor e nos dar exemplo. Deus em todos os seus beneficioi, diz o Cardeal Hugo, tenha a Jesus em reserva, até que chegou otempo da graça; Elle o enviou para dar o ultimo golpe eferir de amor os corações dos homens. Na antigaLei podia o homem duvidar se Deus o amava com ternura; mais depois de o ter visto derramar o seu Sangue n'um supplicío e morrer; como podemos.

Até quando viverão eles na tibieza e indiferentismo, na observância do preceito Divino? Abraão, tendo um filho único, Isaac, mandando Deus que o sacrificasse, por obedecer a Deus, cujo amor excedia ao do filho, o pôs em execução: ao que Deus acudiu mandando-lhe o Anjo suspender o golpe por ter mostrado a sua fé, amor e nos dar exemplo.[2] Deus em todos os seus benefícios, diz o cardeal Hugo,[3] tinha a Jesus em reserva, até que chegou o tempo da graça; Ele o enviou para dar o último golpe e ferir de amor os corações dos homens. Na antiga lei podia o homem duvidar se Deus o amava com ternura: mas depois de o ter visto derramar o seu Sangue num suplício e morrer, como podemos

---

[2] Veja Gênesis 22,1-19.

[3] Provavelmente se trata aqui do dominicano Hugo de Santo Caro (cerca de 1190-1263), a quem se costuma atribuir a divisão da Bíblia em capítulos. Foi autor de vários comentários e concordâncias bíblicas, tendo sido professor da Universidade de Paris. Figuras tão distintas como Afonso Maria de Ligório e Antonio Vieira citam frases do cardeal Hugo em alguns de seus sermões.

— 4 —

Até quando veverão elles na tibieza em differentes mo na observancia do preceito Divino? Abrahám tendo um filho unico Izac, mandando Deus que o sacrificasse, por obedecer a Deus, cujo amor excedia ao do filho, o pos em execução: ao que Deus accudio mandando-lhe o Anjo suspender o golpe por ter mostrado a sua fé, amor e nos dar exemplo. Deus em todos os seus beneficios, diz o Cardeal Hugo, tinha a Jesus em reserva, até que chegou o tempo da graça; Elle o enviou para dar o ultimo golpe e ferir de amor os corações dos homens. Na antiga Lei podia o homem duvedar se Deus o amava com ternura; mais depois de o ter visto derramar o seu Sangue n'um supplicio e morrer; Como podemos

5

duvidar se nos ama com toda aternura do seu coração? Oh! homem diz São João Chrisostimo, porque motivo és tão avarento edás o teu amor com tanta reserva a este Deus que se ha dado a ti sempartilha? Tambem a Santa Igreja exclama no transporte da sua admiração: Oh! maravilhosa condescendencia de vossa ternura! Para resgatar o escravo, entregastes o Filho! Oh! Deus infinito! Como podeste usar comnosco de ternura tão amavel? Quem poderá jamais comprehender oexcesso d'esse amor, pelo qual para resgatar o escravo, quizestes dar vosso Filho Unigenito? Deus nos deu seu proprio Filho, e porque motivo? Unicamente por amor. Pilatos por um temor mundano entregou Jesus aos judeus.
*Oh! rasgo incomparavel de caridade!

duvidar se nos ama com toda ternura do seu coração? Ó homem, diz São João Crisóstomo,[4] por que motivo és tão avarento e dás o teu amor com tanta reserva a este Deus que se há dado a ti sem partilha? Também a Santa Igreja exclama, no transporte da sua admiração: Oh, maravilhosa condescendência de vossa ternura! Para resgatar o escravo, entregastes o Filho! Ó Deus infinito! Como pudestes usar conosco de ternura tão amável! Quem poderá jamais compreender o excesso desse amor, pelo qual, para resgatar o escravo, quisestes dar vosso Filho Unigênito? Deus nos deu seu próprio Filho, e por que motivo? Unicamente por amor. Pilatos, por um temor mundano, entregou Jesus aos judeus.[5]
Oh! Rasgo incomparável de caridade![6]

---

[4] João Crisóstomo foi bispo de Constantinopla, conhecido por sua oratória poderosa. Nascido por volta do ano 350, faleceu em 407. É considerado um dos principais padres orientais da Igreja.
[5] Sobre o medo de Pilatos, veja João 19,11.
[6] Esta frase, que ocupa, só ela, a última linha da p. 5, aparece antecedida de um sinal, e a diferença nítida na caligrafia sugere ter sido incluída posteriormente. No manuscrito de 1897 (p. 227 / p. 115) ela aparece em meio ao texto, entre as expressões "[...] condescendência de vossa ternura" e "Para resgatar o escravo [...]" (Antonio Vicente Mendes Maciel, *Tempestades que se Levantam no Coração de Maria por Ocasião do Mistério da Anunciação*. Caderno manuscrito, Belo Monte, 1897, p. 227. Editado em Ataliba Nogueira, *António Conselheiro e Canudos: Revisão Histórica*. 3 ed. São Paulo, Atlas, 1997, p. 115). Nas próximas notas de teor semelhante indicarei apenas as duas páginas em questão, nesta ordem: aquela das *Tempestades*... e a da referida edição de Ataliba, separadas pelo sinal /.

duvidar de nos ama com toda a ternura do seu Coração?? Oh! homem diz São João Chrisostimo, porque motivo és tão avarento e dás o teu amor com tanta reserva a este Deus que se ha dado a ti sem partilha? Tambem a Santa Igreja ex clama no transporte da sua admiração: Oh! maravilhosa condescendencia de Nossa ternura! Para resgatar o escravo, entregastes o Filho! Oh! Deus infinito! Como podeste usar comnosco de ternura tão amavel? Quem poderá jamais comprehender o excesso d'esse amor, pelo qual para resgatar o escravo, quizestes dar vosso Filho Unigenito? Deus nos deu seu proprio Filho, e porque motivo? Unicamente por amor. Pilatos por um temor mundano entregou Jesus aos judeus. Oh! rasgo incomparavel de caridade!

6

Mais o Eterno Pai deu-nos seu Filho pelo amor que nos tem. São Thomaz diz: que entre os dons. o amor é oprimeiro. Quando se nos dá qualq u er cousa, oprimeiro dom que recebemos, é o amor que o dador nos offerece noobjecto que dá; porque, segundo a reflexão do Doutor Angelico, a unica razão de toda da diva gratuita é o amor: quando a dadiva tem um motivo deverso do amor, cessa de ser uma verdadeira dadiva. Ora, o dom que o Eterno Pai nos fez de seu Filho foi um verdadeiro dom inteiramente gratuito e sem mericimento algum da nossa parte; é por isso que sediz que a Encarnação do Verbo teve logar pela operação do Espirito Santo, isto é, unicamente pelo amor,

Mas o Eterno Pai deu-nos seu Filho pelo amor que nos tem. São Tomás[7] diz que entre os dons o amor é o primeiro. Quando se nos dá qualquer cousa, o primeiro dom que recebemos é o amor que o dador nos ofereceu no objeto que dá; porque, segundo a reflexão do Doutor Angélico, a única razão de toda dádiva gratuita é o amor: quando a dádiva tem um motivo diverso do amor, cessa de ser uma verdadeira dádiva. Ora, o dom que o Eterno Pai nos fez de seu Filho foi um verdadeiro dom inteiramente gratuito e sem merecimento algum da nossa parte; é por isso que se diz que a Encarnação do Verbo teve lugar pela operação do Espírito Santo, isto é, unicamente pelo amor,

---

[7] Tomás de Aquino, o "doutor angélico", teólogo dominicano (1225-1274), é considerado a mais importante figura da Escolástica, particularmente pela síntese que propôs entre a doutrina cristã e a filosofia de Aristóteles.

—6—

Mais o Eterno Pai deu-nos seu Filho pelo amor que nos tem. São Thomaz diz: que entre os dons, o amor é o primeiro. Quando se nos dá qualquer cousa, o primeiro dom que recebemos, é o amor que o dador nos offerece no objecto que dá; porque, segundo a reflexão do Doutor Angelico, a unica razão de toda a dadiva gratuita é o amor: quando a dadiva tem um motivo diverso do amor, cessa de ser uma verdadeira dadiva. Ora o dom que o Eterno Pai nos fez de seu Filho foi um verdadeiro dom inteiramente gratuito e sem merecimento algum da nossa parte; é por isso que se diz que a Encarnação do Verbo teve logar pela operação do Espirito Santo, isto é, unicamente pelo amor,

como se exprime o mesmo Doutor: Ide, dizia o Propheta Izaias, ide publicar por toda parte as invenções do amor do nosso Deus para se fazer amar dos homens. E que invenções não achou o amor de Jesus, para se fazer amar de nós?
Sobre a Cruz Elle quiz abrir-nos em suas sagradas chagas, tantas fontes de graças que para as receber basta pedil-a com confiança, e não contente com isto Elle quiz dar-se todo a nós no Santissimo Sacramento. Jesus Christo annunciou que logo que fosse elevado sobre a Cruz, attrahiria por seus mericimentos, por seu exemplo epor força do seu amor o affecto de todas as almas, segundo o commentario de Cornelio Alapide. São Pedro Damião escreve o mesmo, apenas o Senhor foi

como se exprime o mesmo doutor. Ide, dizia o Profeta Isaías, ide publicar por toda parte as invenções do amor do nosso Deus para se fazer amor dos homens.[8] E que invenções não achou o amor de Jesus para se fazer amor de nós?
Sobre a Cruz Ele quis abrir-nos em suas sagradas chagas tantas fontes de graças que para as receber basta pedi-las com confiança; e, não contente com isso, Ele quis dar-se todo a nós no Santíssimo Sacramento. Jesus Cristo anunciou que logo que fosse elevado sobre a Cruz, atrairia por seus merecimentos, por seu exemplo e por força de seu amor, o afeto de todas as almas,[9] segundo o comentário de Cornélio a Lapide.[10] São Pedro Damião[11] escreve o mesmo: apenas o Senhor foi

---

[8] A base mais próxima a essa formulação característica se encontra em Isaías 12,4: "*Confitemini Domino, et invocate nomen ejus: notas facite in populis adinventiones ejus: mementote quoniam excelsum est nomen ejus*" ["Louvai ao Senhor, e invocai o seu Nome: fazei notorios entre os Povos os seus designios: lembrai-vos que seu nome é excelso"].

[9] Veja João 12,32: "*Et ego si exaltatus fuero a terra, omnia traham ad me ipsum*" ["E quando eu for levantado da terra, todas as cousas attrahirei a mim mesmo"].

[10] Teólogo holandês, jesuíta, viveu entre 1567 e 1637. Foi professor em Lovaina e, posteriormente, em Roma. Escreveu comentários a quase todos os livros bíblicos, tratando de recolher neles a exegese de seu tempo, insistindo no valor do sentido literal do texto (Jean-Robert Armoghate, "Étudier". In: Jean-Robert Armoghate (ed.), *Le Grand Siècle et la Bible*. Paris, Beauchesne, 1989, p. 29-31).

[11] Bispo e cardeal do século XI, famoso pela defesa apaixonada da vida eremita e da "fuga do mundo".

-7-

Como se exprime o mesmo Doutor. Já, dizia o Prophêta Izaias, ide publicar por toda parte as invenções do amor do nosso Deus para se fazer amar dos homens. E que invenções não achou o amor de Jesus, para se fazer amar de nós? Sobre a Cruz Elle quiz abrir-nos em suas sagradas chagas, tantas fontes de graças que para as receber basta pedil-as com confiança; e não contente com isto, Elle quiz dar-se todo a nós no Santissimo Sacramento. Jesus Christo annuncíou que logo que fosse elevado sobre a Cruz, attrahiria por seus merecimentos, por seu exemplo e por força do seu amor o affecto de todas as almas, segundo o commentario de Cornelio Alapide. São Pedro Damião escreve o mesmo, apenas o Senhor foi

8

suspenso na Crúz, Elle attrahio tudo a si por laços de amor. Quem pois, accrescenta Cornelio, não amará a Jesus que morre por nosso amor? Vêde, ó almas resga tadas, nos diz a Igreja, vêde o vosso Redemptor sobre esta Crúz, onde tudo n'Elle respira o amor, evos convida amal-o; com a cabeça inclinada para nos dar o beijo da paz, os braços abertos para nos abraçar eo coração aberto para nos amar. Oh! Bom Jesus, que fazendo tantos prodigios de amor, não pôde ainda ganhar os nossos corações? Como. depois, de nos haver amado tanto, não chegou ainda afazer-se amar por nós? Ah! Se todos os homens pensassem no amor que Jesus Christo nos testimunhou morrendo por noz, quem deixaria de amal-o? As chagas de Jesus, diz São Boaventura,

suspenso na Cruz, Ele atraiu tudo a si por laços de amor. Quem, pois, acrescenta Cornélio, não amará a Jesus que morre por nosso amor? Vede, ó almas resgatadas, nos diz a Igreja, vede o vosso Redentor sobre esta Cruz, onde tudo n'Ele respira o amor, e vos convida a amá-lo; com a cabeça inclinada para nos dar o beijo da paz, os braços abertos para nos abraçar e o coração aberto para nos amar. Ó Bom Jesus, que fazendo tantos prodígios de amor, não pode ainda ganhar os nossos corações? Como, depois de nos haver amado tanto, não chegou ainda a fazer-se amar por nós? Ah! Se todos os homens pensassem no amor que Jesus Cristo nos testemunhou morrendo por nós, quem deixaria de amá-lo? As chagas de Jesus, diz São Boaventura,[12]

---

[12] Teólogo e mestre da ordem franciscana (1221-1274), contemporâneo e amigo de Tomás de Aquino, desenvolveu seu pensamento na esteira da herança agostiniana, até então predominante.

suspenso na Cruz, Elle attrahio tudo a si por laços de amor. Quem pois ac crescenta Cornelio, não amará a Jesus que morre por nosso amor? Vide, ó al mas resgatadas, nos diz a Igreja, Vede o vosso Redemptor sobre esta Cruz, on de tudo n'Elle respira o amor e vos con vida amal-o, com a cabeça inclinada para nos dar o beijo da paz, os braços abertos para nos abraçar e o coração aber to para nos amar. Oh! Bom Jesus, que fazendo tantos prodigios de amor não póde ainda ganhar os nossos Corações? Como depois de nos haver amado tanto, não che gou ainda a fazer-se amar por nós? Ah! se todos os homens pensassem no amor que Jesus Christo nos testimunhou mor rendo por nós, quem deixaria de amal-o ? As chagas de Jesus, diz São Boaventura,

9

são todas chagas de amor; são settas, são chammas que ferem os corações mais duros e abrazão as almas mais frias. E que bellas chammas de caridade não tem Elle abrazado úm tão grande numero de almas especialmente pelos soffrimentos que Elle quiz suptar na sua morte afim di nos mostrar a immensidade doseu amor para comnosco? Oh! quantos corações felizes nas chagas de Jesus, como em fornalhas ardentes, se tem desta sorte penetrado dofogo do seu amor que não recusarão consagrar-lhe nem os bens, nem a vida, nem elles mesmos todos inteiros; vencendo com generoso valor todas as difficuldades que encontravão na observancia da Devina Lei por amor deste Senhor, que, sendo Deus, quiz soffrer tanto por

são todas chagas de amor; são setas, são chamas que ferem os corações mais duros e abrasam as almas mais frias. E que belas chamas de caridade não tem Ele abrasado um tão grande número de almas especialmente pelos sofrimentos que Ele quis suportar na sua morte a fim de nos mostrar a imensidade do seu amor para conosco? Oh, quantos corações felizes nas chagas de Jesus, como em fornalhas ardentes, se têm desta sorte penetrado do fogo do seu amor que não recusarão consagrar-lhe nem os bens, nem a vida, nem eles mesmos todos inteiros; vencendo com generoso valor todas as dificuldades que encontravam na observância da Divina Lei, por amor deste Senhor que, sendo Deus, quis sofrer tanto por

-9-

São todas chagas de amor; são settas, são chammas que farão os corações mais duros e abrazarão as almas mais frias. E que bellas chammas de caridade não tem Elle abrazado em tão grande numero de almas especialmente pelos soffrimentos que Elle quiz suportar na sua morte a fim de nos mostrar a immensidade do seu amor para Comnosco? Oh! quantos corações felizes nas Chagas de Jesus, como em fornalhas ardentes, se tem desta sorte penetrado do fogo do seu amor que não recusarão consagrar-lhe nem os bens, nem a vida, nem elles mesmos todos inteiros; Vencendo com generoso valor todas as difficuldades que encontravão na observancia da Divina Lei por amor deste Senhor, que, sendo Deus, quiz soffrer tanto por

10

seu amor! Tal é tambem o conselho que nos dá o Apostolo, não somente para não desfalecermos, mais ainda para corrermos com ligeireza no caminho do Céo. É por isto que, nos transporte do seu amor, Santo Agostinho, de pé em presença de Jesus coberto de Chagas epregado na Cruz, fazia esta terna oração: "Gravai, dezia elle, Oh! meu amabillissimo Salvador! Gravai no meu coração todas as vossas chagas, afim de que n'Ellas eu lêa sempre a vossa dor eo vosso amor. Sim, assim seja para que tendo diante dos olhos agrande dor que tendes soffrido por mim, eu soffra em paz todas as penas que me acontecerem, eque a vista do amor que me tendes mos trado na Cruz, eu não ame nem possa amar outra cou-

seu amor! Tal é também o conselho que nos dá o Apóstolo,[13] não somente para não desfalecermos, mas ainda para corrermos com ligeireza no caminho do Céu. É por isso que, nos transportes do seu amor, Santo Agostinho,[14] de pé em presença de Jesus coberto de Chagas e pregado na Cruz, fazia esta terna oração: "Gravai, dizia ele, ó meu amabilíssimo Salvador! Gravai no meu coração todas as vossas chagas, a fim de que n'Elas eu leia sempre a vossa dor e o vosso amor. Sim, assim seja para que tendo diante dos olhos a grande dor que tendes sofrido por mim, eu sofra em paz todas as penas que me acontecerem e que à vista do amor que me tendes mostrado na Cruz eu não ame nem possa amar outra cou-

---

[13] Trata-se de Paulo de Tarso. A passagem bíblica ao qual o texto se refere é Filipenses 3,12-21.
[14] Filósofo e teólogo, o mais importante da antiguidade cristã. Tendo vivido entre 354 e 430, marcou profundamente o cristianismo subsequente com sua atuação como bispo e como pensador, no contexto decisivo da queda do Império Romano e da ascensão da instituição eclesiástica, na transição para a Idade Média.

-10-

seu amor! Tal é tambem o conselho que nos dá o Apostolo, não sómente para não desfalecermos, mais ainda para corrermos com ligeireza no caminho do Céo. E' por isto que, nos transportes do seu amor, Santo Agostinho, de pé em presença de Jesus coberto de Chagas e pregado na Cruz, fazia esta terna oração: a Gravai, dezia elle, Oh! meu amabellissimo Salvador! Gravai no meu coração todas as Vossas Chagas, afim de que n'Ellas eu lêa sempre a Vossa dor e o Vosso amor. Sim, assim seja para que tendo diante dos olhos a grande dor que tendes soffrido por mim, eu soffra em paz todas as penas que me acontecerem; e que a vista do amor que me tendes mostrado na Cruz, eu não ame nem possa amar outra Cousa

11

za mais do que a Vós". Como poderiamos jamais esperar perdão, se Jesus, por meio de seu Sangue e sua morte não houver satisfeito por noz á Devina Justiça? Ah! meu Jesus, se vós não houvesseis achado este meio de nos obter o perdão, quem teria jamais podido achal-o? David tinha razão de exclamar: Publicai, Ó Bem-aventurados os segredos que o amor denosso Deus tem achado para nos salvar. As chagas de Jesus, são as ditosas origens d'onde podemos receber todas as graças se as buscar-mos com fé. É uma fonte sahirá da casa doSenhor, e ella innundará a torrente onde não cresciam se não espinhos. A morte de Jesus, é precisamente, diz Izaias, esta fonte promettida que in-

sa mais que a Vós. Como poderíamos jamais esperar perdão, se Jesus, por meio do seu sangue e sua morte, não houver satisfeito por nós à Divina Justiça? Ah! meu Jesus, se vós não houvésseis achado este meio de nos obter o perdão, quem teria jamais podido achá-lo? Davi tinha razão de exclamar: Publicai, ó Bem-Aventurados, os segredos que o amor de nosso Deus tem achado para nos salvar.[15] As chagas de Jesus são as ditosas origens donde podemos receber todas as graças se as buscarmos com fé. E uma fonte sairá da casa do Senhor, e ela inundará a torrente onde não cresciam senão espinhos.[16] A morte de Jesus é precisamente, diz Isaías, esta fonte prometida que i-

---

[15] Davi era considerado, de acordo com antiga tradição, o autor do livro dos Salmos. É insegura a passagem que baseia a paráfrase aqui atribuída a ele.
[16] Veja Joel 3,18: "*et fons de domo Domini egredietur, et irrigabit torrentem spinarum*" ["e da Casa do Senhor saírá uma fonte, que regará a torrente dos espinhos"].

—11—

ra mais que a Vós ». Como poderia-
mos jamais esperar perdão, se Jesus,
por meio de seu Sangue e Sua morte
não houver satisfeito por nos á Divina Justiça? Ah! meu Jesus se Vós
não houvesseis achado este meio de
nos obter o perdão, quem teria jamais
podido achal-o? David tinha razão de exclamar: Publicaes ó Bem-
aventurados os segredos que o amor de
nosso Deus tem achado para nos salvar
. As Chagas de Jesus, são as ditosas
origens d'onde podemos receber todas
as graças se as buscarmos com fé.
« Uma fonte sahirá da casa do
Senhor, e ella innundará a torrente
onde não crescciam se não espinhos.
A morte de Jesus, é precisamente, diz
Izaias, esta fonte promettida que in-

12

nundou nossas almas nas aguas dagraça eque por sua vertude poderosa há con vertido os espinhos do peccado em flores e fructos de vida eterna. Quanto somos devedores ao Bom Jesus, que voluntariamente se offereceu por nossos peccados a seu Eterno Pai, livrando-nos assim das penas eternas, e vendo que já estava escripta a sentença dada contra nos por causa dos nossos peccados, que fez o Amavel Redemptor? Expiou por sua Morte apena que mericiamos; e apagando com seu Sangue a acta da nossa condemnação, para que a Devina Justiça não tivesse mais a exigir de nós a satisfação de que lhe eramos devedores: Elle proprio a uniu a Cruz sobre que morreu.

nundou nossas almas nas águas da graça e que por sua virtude poderosa há convertido os espinhos do pecado em flores e frutos de vida eterna.[17] Quanto somos devedores ao Bom Jesus, que voluntariamente se ofereceu por nossos pecados a seu Eterno Pai, livrando-nos assim das penas eternas, e vendo que já estava escrita a sentença dada contra nós por causa dos nossos pecados, que fez o Amável Redentor? Expiou por sua Morte a pena que merecíamos: e apagando com seu Sangue a ata da nossa condenação, para que a Divina Justiça não tivesse mais a exigir de nós a satisfação de que lhe éramos devedores: Ele próprio a uniu à Cruz sobre que morreu.[18]

---

[17] Veja Isaías 12,3: *"Haurietis aquas in Gaudio de fontibus salvatoris"* ["Vós tirareis com gosto aguas das fontes do Salvador"].
[18] Veja Colossenses 2,14: *"delens quod adversùs nos erat chirographum decreti, quod erat contrarium nobis, et ipsum tulit de médio, affigens illud cruci"* ["cancelando a cédula do decreto que havia contra nós, a qual nos era contraria, e a abolio inteiramente, encravando-a na Cruz"].

mandou nossas almas nas aguas da graça, e que por sua Virtude poderosa há convertido os espinhos do peccado em flores e fructos de vida eterna. Quanto somos devedores ao Bom Jesus, que voluntariamente se offereceu por nossos peccados a seu Eterno Pai, livrando-nos assim das penas eternas, e vendo que já estava escripta a sentença dada contra nós por causa dos nossos peccados que fez o terrivel Redemptor! Expirou por sua Morte a pena que mereciamos; e apagando com seu Sangue a acta da nossa condemnação, para que a Divina Justiça não tivesse mais a exigir de nós a satisfação de que lhe eramos devedores. Elle proprio a enviou a Cruz sobre que morreu

13

Para captivar o nosso affecto Elle quiz dar-nos ás mais extraordinarias provas de amor. Oh! prodigio, ó excesso de amor, digno somente de uma bondade infinita. Ah! que maior amor podia Deus mostrar-nos depois de condemnar amorte seu Filho innocente para salvar miseraveis peccadores como nós? Se o Eterno Pai fosse victima de soffrimentos que pena teria experimentado quando se vio de alguma sorte obregado pela jus tiça a condemnar este Filho, aquem ama tanto como asi mesmo, amorrer de uma morte tam cruel e ignominiosa? Elle quiz que expirasse no meio de tormentos e de agonias, diz Izaias: Imaginai pois, que vendo o Padre Eterno comseu Filho morto nos braços dizendo-n

Para cativar o nosso afeto Ele quis dar-nos as mais extraordinárias provas de amor. Oh! Prodígio, oh, excesso de amor, digno somente de uma bondade infinita. Ah! Que maior amor podia Deus mostrar-nos depois de condenar à morte seu Filho inocente para salvar miseráveis pecadores como nós? Se o Eterno Pai fosse vítima de sofrimentos, que pena teria experimentado quando se viu de alguma sorte obrigado pela justiça a condenar este Filho, a quem ama tanto como a si mesmo, a morrer de uma morte tão cruel e ignominiosa? Ele quis que expirasse no meio de tormentas e de agonias, diz Isaías: Imaginai, pois, que vendo o Padre Eterno com seu Filho morto nos braços, dizendo-nos:

—13—

Para captivar o nosso affecto, Elle quiz dar-nos ás mais extraordinarias provas de amor. Oh! prodigio, é excesso de amor, digno sómente de uma bondade infinita. Ah! que maior amor podia Deus mostrar-nos depois de condemnar á morte seu Filho innocente para salvar miseraveis peccadores como nós? Se o Eterno Pai fosse victima de soffrimentos que pena teria experimentado quando se vio de alguma sorte obrigado pela justiça a condemnar elle Filho, a quem ama tanto como a si mesmo, a morrer de uma morte tam cruel e ignominiosa? Elle quiz que expirasse no meio de tormentos e de agonias, diz Izaias. Imaginai pois, que vendo o Padre Eterno com seu Filho morto nos braços dizendo-n-

14

: Homens, este é meu Filho Bem-amado em quem tenho posto todas as minhas complacencias.[19] Eis-aqui o estado a que eu quiz ver reduzido por causa de vossas iniquidades. Eis-aqui de que modo o condemnei amorrer n'uma Cruz, mergulhado em afflicções, abandonado de mim mesmo que o amo tão ternamente. Tenho feito tudo isto para obter o vosso amor. Ha christãos que correspondem tão ingratamente os beneficios de Deus; os factos demonstrão que elles vivem como cegos. Como podem ter confiança na devina misericordia vivendo elles no peccado? Não devem de terminar em semelhante carreira amais triste que é impossivel imaginar a comprehensão humana!

Homens, este é meu Filho bem-amado, em quem tenho posto todas as minhas complacências. Eis aqui o estado a que eu o quis ver reduzido por causa de vossas iniquidades. Eis aqui de que modo o condenei a morrer numa Cruz, mergulhado em aflições, abandonado de mim mesmo que o amo tão ternamente. Tenho feito tudo isto para obter o vosso amor. Há cristãos que correspondem tão ingratamente aos benefícios de Deus; os fatos demonstram que eles vivem como cegos. Como podem ter confiança na divina misericórdia, vivendo eles no pecado? Não devem terminar em semelhante carreira, a mais triste que é impossível imaginar a compreensão humana!

---

[19] Esta frase deriva das palavras do Pai sobre Jesus encontradas tanto na cena do batismo de Jesus quanto na de sua transfiguração. Veja Mateus 3,17: *"His est filius meus dilectus, in quo mihi complacui"* ["Este é meu Filho amado, no qual tenho posto toda a minha complacencia"]; 17,5: *"His est Filius meus dilectus, in quo mihi bene complacui"* ["Este é aquelle meu querido Filho, em quem tenho posto toda a minha complacencia"] e paralelos em Marcos e Lucas.

-14-

Homens, este é meu Filho Bem
amado em quem tenho posto todas
as minhas complacencias. Eis a-
qui o estado a que eu quiz ver reduzido por cauza de vossas iniquidades.
Eis-aqui de que modo o condemnei
a morrer n'uma Cruz, mergulhado em
afflicções, abandonado de mim mesmo que o amo tão ternamente. Tenho feito tudo isto para obter o vosso
amor. Ha christãos que correspondem
tão ingratamente os beneficios de
Deus; os factos demonstrão que elles
vivem como cegos. Como podem ter
confiança na divina misericordia
vivendo elles no peccado? Não devem
determinar em semelhante carreira
a mais triste que é impossivel imaginar a comprehensão humana!

15

Sim, ainda querem viver em trevas sendo que opeccado vos separa da verdadeira Luz? A vontade de Deus é que todos se salvem, que ninguem seperca. Mas é necessario que, comprehendendo bem a sua devina vondade, tratem de deixar opeccado.
São Lucas affirma que Jesus Christo nos alcançou mais bem por sua morte, do que o dem o nio nos fez mal pelo peccado de Adão. É isto que diz claramente o Apostolo aos Romanos: *Non sicut delictum, ita et dominum; ubi abundavit delictum superabundavit gratia* (Rom. v. 5). Não foi tão grande opeccado como obeneficio; onde abundou opeccado superabundou agraça. O Cardeal Hugo, exprime assim

Sim, ainda querem viver em trevas, sendo que o pecado vos separa da verdadeira luz? A vontade de Deus é que todos se salvem, que ninguém se perca.[20] Mas é necessário que, compreendendo bem a sua divina vontade, tratem de deixar o pecado.
São Lucas afirma que Jesus Cristo nos alcançou mais bem por sua morte do que o demônio nos fez mal pelo pecado de Adão. É isto que diz claramente o Apóstolo aos romanos: *Non sicut delictum, ita et donum* [...] *Ubi autem abundavit delictum, superabundavit gratia* (Romanos 5, 15a.20b).[21] Não foi tão grande o pecado como o benefício; onde abundou o pecado superabundou a graça. O cardeal Hugo exprime assim

---

[20] Veja 2 Pedro 3,9: "*nolens [Dominus] aliquos perire, sed omnes ad poenitentiam reverti*" ["Não querendo [o Senhor] que algum pereça, senão que todos se convertão á penitencia"].
[21] Trata-se do que se lê em Romanos 5,15a.20b: "*non sicut delictum, ita et donum* [...] *Ubi autem abundavit delictum, superabundavit gratia*" ["não é assim o dom, como o peccado [...] Mas onde abundou o peccado, superabundou a graça"].

— 13 —

Sim, ainda querem viver em trevas sendo que o peccado vos separa da Verdadeira Luz? A vontade de Deus é que todos se salvem, que ninguem se precau. Mas é necessario que, comprehendendo bem a sua divina bondade, tratem de deixar o peccado. São Lucas affirma que Jesus Christo nos alcançou mais bem por sua morte, do que o demonio nos fez mal pelo peccado de Adão. E isto que diz claramente o Apostolo aos Romanos: Non sicut delictum, ita et dominium; ubi abundavit delictum superabundavit gratia (Rom. v. 5). Não foi tão grande o peccado como o beneficio; onde abundou o peccado superabundou a graça. O Cardeal Hugo, exprime assim

16

estas palavras: agraça de Jesus Christo pode mais que opeccado. Não ha comparação, diz o Apostolo entre opeccado do homem eo beneficio que Deus nos fez dando-nos a Jesus Christo.
Grande foi opeccado de Adam, mais bem maior foi agraça que Jesus Christo nos mereceu por sua Paixão. Eu vim ao mundo, diz claramente o Salvador, para que os homens mortos pelo opeccado recebão por mim não somente a vida da graça, mais uma vida mais abundante do que a que tinhão perdido pelo peccado. Epor isto que a Santa Igreja, nos transporte dasua alegria, chama feliz a culpa que nos mereceu termos um Redemptor. São Thomaz diz: que Jesus Christo quis soffrer uma dor tam grande

estas palavras: a graça de Jesus Cristo pode mais que o pecado. Não há comparação, diz o Apóstolo, entre o pecado do homem e o benefício que Deus nos fez dando-nos a Jesus Cristo.
Grande foi o pecado de Adão, mas bem maior foi a graça que Jesus Cristo nos mereceu por sua Paixão. Eu vim ao mundo, diz claramente o Salvador, para que os homens mortos pelo pecado recebam por mim não somente a vida da graça, mas uma vida mais abundante do que a que tinham perdido pelo pecado. É por isto que a Santa Igreja, nos transportes da sua alegria, chama feliz a culpa que nos mereceu termos um Redentor. Santo Tomás diz que Jesus Cristo quis sofrer uma dor tão grande

—16—

estas palavras: a graça de Jesus Christo pode mais que o peccado. Não ha comparação, diz o Apostolo, entre o peccado do homem e o beneficio que Deus nos fez dando-nos a Jesus Christo. Grande foi o peccado de Adam, mas bem maior foi a graça que Jesus Christo nos mereceu por sua Paixão. Eu vim ao mundo, diz claramente o Salvador, para que os homens mortos pelo peccado recebão por mim, não somente a vida da graça, mais uma vida mais abundante do que a que tinhão perdido pelo peccado. E por isto que a Santa Igreja, nos transportes da sua alegria, chama feliz a culpa que nos mereceu termos um Redemptor. São Thomaz diz: que Jesus Christo quiz soffrer uma dor tam grande

17

que fosse capaz de satisfazer por todas as penas que merecião temporalmente todos os peccados de todos os homens.
E São Boaventura exprime assim estas palavras: Sipois Oh! meu Jesus, Vós que sois um Deus Todo Pederoso, sois tambem meu Salvador, como posso eu temer o condemnar-me? Si quanto ao passado vos tenho offendido, eu me arrependo de todo o meu coração. De hoje em diante quero servir-vos; obedecer-vos eamar-vos eu espero fir me mente que Vós, Oh! meu Redemptor, que tanto tendes feito e soffrido por minha salvação, não me recusareis algumadas graças que me sejão necessarias para me salvar. Á vista d'estas verdades, como pode temer a condemnação eterna aquelle que abandona

que fosse capaz de satisfazer por todas as penas que mereciam temporalmente todos os pecados de todos os homens.
E São Boaventura exprime assim estas palavras: Se, pois, ó meu Jesus, vós que sois um Deus Todo-Poderoso, sois também meu Salvador, como posso eu temer o condenar-me? Se quanto ao passado vos tenho ofendido, eu me arrependo de todo o coração. De hoje em diante quero servir-vos, obedecer-vos e amar-vos. Eu espero firmemente que Vós, ó meu Redentor, que tanto tendes feito e sofrido por minha salvação, não me recusareis alguma das graças que me sejam necessárias para me salvar. À vista destas verdades, como pode temer a condenação eterna aquele que abandona

— 17 —

que fosse capaz de satisfazer por todas
as penas que merecião temporalmente
todos os peccados de todos os homens.
E São Boaventura exprime assim estas
palavras: Suppois Oh! meu Jesus, Vós que
sois um Deus Todo Poderoso, sois tambem
meu Salvador, como posso eu temer o condemnar-me? Si quanto ao passado
vos tenho offendido, eu me arrependo
de todo o meu Coração. De hoje em diante quero servir-vos; obedecer-vos e a-
mar-vos eu espero firmemente que
Vós, Oh! meu Redemptor, que tanto
tendes feito e soffrido por minha Salvação, não me recusareis alguma das
graças que me sejão necessarias
para me salvar. A vista d'estas verdades, como pode temer a condemnação eterna aquelle que abandona

18

opeccado? Demonstrada, como se acha, a realidade desta proposição, é evidente que aquelles que vivem nopeccado, devem abandonal-o. Deus usará de sua infinita bondade e misiricor diapara com elles, visto como deseja que ninguem se perca.

o pecado? Demonstrada, como se acha, a realidade desta proposição, é evidente que aqueles que vivem no pecado devem abandoná-lo. Deus usará de sua infinita bondade e misericórdia para com eles, visto como deseja que ninguém se perca.

—18—

o peccado? Demonstrada, como se achar, a realidade desta proposição, é evidente que aquelles que vivem no peccado, devem abandonal-o. Deus usará de sua infinita bondade e misericordia para com elles, visto como deseja que ninguem se perca.

19

2º Mandamento.

É uma offensa que commette neste preceito aquelle que fizer qualquer jura, invocando o Santo Nome de Deus em vão. Deve pois evitar de fazer juras no caso que ninguem dê credito as vossas palavras. O juramento é admissivel para discobrimento daverdade, mas deve ser de modo que não augmente, nem diminua cousa alguma sobre o caso que fez objecto do juramento. Se porem, elle se acha revistido de muitas cir cuns tancias que é impossivel trazer tudo impresso namemoria, con vem que tome uma nota de tudo, de corando bem, para quando fordes prestar o vosso depoimento, não cahir em alguma

2º Mandamento

É uma ofensa que comete neste preceito aquele que fizer qualquer jura, invocando o Santo Nome de Deus em vão. Deveis, pois, evitar de fazer juras, no caso de que ninguém dê crédito às vossas palavras. O juramento é admissível para descobrimento da verdade, mas deve ser de modo que não aumente, nem diminua cousa alguma sobre o caso que fez objeto do juramento. Se, porém, ele se acha revestido de muitas circunstâncias que é impossível trazer tudo impresso na memória, convém que tome uma nota de tudo, decorando bem, para quando fordes prestar o vosso depoimento não cair em alguma

2º Mandamento.

É uma offensa que commette neste preceito aquelle que fizer qualquer jura, invocando o Santo Nome de Deus em vão. Deve pois evitar de fazer juras no caso que ninguem dê credito ás vossas palavras. O juramento é admissivel para descobrimento da verdade, mas deve ser de modo que não augmente, nem diminua cousa alguma sobre o caso que fez objecto do juramento. Se porem, elle se acha revestido de muitas circunstancias que é impossivel trazer tudo impresso na memoria, convem que tome uma nota de tudo, decorando bem, para quando fordes prestar o vosso depoimento, não cahir em alguma

20

contradição. Mas não obstante simelhante cau tella, se cair em alguma falta não é motivo para abalar o vosso espirito, porque Deus não quer o impossivel. Ao passo que é horrorozo oprocidimento d'aquelle que nada sabendo da causa, nem de vista, nem de ouvir dizer, presta um juramento falso,[22] movido por respeito humano, por paga ou por qualquer consideração. Tambem é admissivel ojuramento por ouvir dizer; mas é preciso que a testemunha declare o nome da pessoa que referio o caso em questão, de modo que penetre afonte original da causa, para ter o vosso depoimento, o valor permittido emdireito. Mas, se o vosso depoimento não for nestes principios, de modo que esteja no véo da incerteza di-

contradição. Mas não obstante semelhante cautela, se cair em alguma falta não é motivo para abalar o vosso espírito, porque Deus não quer o impossível. Ao passo que é horroroso o procedimento daquele que, nada sabendo da causa, nem de vista, nem de ouvir dizer, presta juramento falso, movido por respeito humano, por paga ou por qualquer consideração. Também é admissível o juramento por ouvir dizer; mas é preciso que a testemunha declare o nome da pessoa que referiu o caso em questão, de modo que penetre a fonte original da causa, para ter o vosso depoimento o valor permitido em direito. Mas, se o vosso depoimento não for nestes princípios, de modo que esteja no véu da incerteza, di-

---

[22] Esta palavra tem seu "s" sobre um "ç" (ou seria o contrário?), como a indicar uma correção.

-20-

contradição. Mas não obstante semelhante cautella, se cair em alguma falta não é motivo para abalar o vosso espirito, por que Deus não quer o impossivel. Ao passo que é horroroso o procidimento d'aquelle que nada sabendo da Causa, nem de vista, nem de ouvir dizer, presta um juramento falso, movido por respeito humano, por paga ou por qualquer consideração. Tambem é admissivel o juramento por ouvir dizer; mas é preciso que a testimunha declare o nome da pessoa que referio o caso em questão, de modo que prenche a fonte original da Causa; para ter o vosso depoimento, o valor prermittido em direito. Mas, se o vosso depoimento não for nestes principios, de modo que esteja no véo da incerteza, di-

21

zendo simplesmente, - eu sei por ouvir dizer que se deu o caso em questão, não declarando o nome da pessoa, men minuciosamente o que tiver occorrido sobre o objecto do juramento, não vale o vosso depoimento. É peccado mortal deixar de dar ojuramento, sabendo a verdade por remisso ou malicia. Razão por que se admitte em direito que se possa obrigar a tes timunha por justiça[23] a dar o seu juramento para se saber a verdade das partes e a decisão dos pleitos. Não vos deveis conduzir por aquelle que vos vem descar regar o golpe, para ferir a vossa consciencia que tanto deve ter em mira. Considerem profundamente que tal homem é semelhante ao carrasco quan do fazia sua victima. Penetrem-se

zendo simplesmente "eu sei por ouvir dizer que se deu o caso em questão" não declarando o nome da pessoa, nem minuciosamente o que tiver ocorrido sobre o objeto do juramento, não vale o vosso depoimento. É pecado mortal deixar de dar o juramento, sabendo a verdade, por remissão ou malícia. Razão por que se admite em direito que se possa obrigar a testemunha por justiça a dar o seu juramento para se saber a verdade das partes e a decisão dos pleitos. Não vos deveis conduzir por aquele que vos vem descarregar o golpe, para ferir a vossa consciência, que tanto deve ter em mira. Considerem profundamente que tal homem é semelhante ao carrasco quando fazia sua vítima. Penetrem-se

---

[23] O escriba parece ter escrito "justiçia" e logo tratado de riscar o último "i".

—21—

zendo simplesmente, — eu sei por ouvir dizer que se deu o caso em questão, não declarando o nome da pessoa, nem minuciosamente o que tiver occorrido sobre o objecto do juramento não vale o vosso depoimento. É peccado mortal deixar de dar ajuramento, sabendo a verdade, por remisso ou malicia. Razão por que se admitte em direito que se possa obrigar a testimunha por justiça a dar o seu juramento para saber a verdade das partes e a decisão dos pleitos. — Não vos dareis conduzir por aquelle que vos vem descarregar o golpe, para ferir a vossa consciencia que tanto deve ter em mira. Considerem profundamente que tal homem é semelhante ao carrasco quando fazia sua victima. Penetrem-se

22

pois vivamente desta verdade, resistindo á quelle que vos convida para prestar úm juramento falso. Considerem ainda, que se tal hom em tivesse amenor sombra de Religião, certamente não vos convidaria para commetterdes uma offensa gravissima contra a Lei Devina. O horror que inspira ovosso procedimento deixando-vos vencer pela ameaça para commetterdes um juramento falso, que occasiona o damno que sois responsavel por elle. Que importa attrahir sobre vós essa odiosidade ou persiguição? Se vos achardes penetrados de reconhecimento pelos beneficios que tendes recebido d'elles, é justo que deveis satisfazel-o, menos com sacrificio da vossa consciencia; conservando-vos n'uma attitude invencivel a cerca

pois vivamente desta verdade, resistindo àquele que vos convida para prestar um juramento falso. Considerem, ainda, que se tal homem tivesse a menor sombra de Religião, certamente não vos convidaria para cometerdes uma ofensa gravíssima contra a Lei Divina. O horror que inspira o vosso procedimento, deixando-vos vencer pela ameaça, para cometerdes um juramento falso que ocasiona o dano, que sois responsáveis por ele. Que importa atrair sobre vós essa odiosidade ou perseguição? Se vos achardes penetrados de reconhecimento pelos benefícios que tendes recebido deles, é justo que deveis satisfazê-lo, menos com sacrifício da vossa consciência; conservando-vos numa atitude invencível acerca

—22—

pois tiramente desta verdade, resistindo áquelle que vos convida para prestar um juramento falso. Considerem ainda, que se tal homem tivesse a menor sombra de Religião, certamente não vos convidaria para commetterdes uma offensa gravissima contra a Lei Divina. O horror que inspira o vosso procedimento deixando-vos vencer pela ameaça para commetterdes um juramento falso, que occasiona o damno que sois responsavel por elle. Que importa attrahir sobre vós essa odiosidade ou persiguição? Se vos achardes penetrados de reconhecimento pelos beneficios que tendes recebido delles, é justo que devieis satisfazel-o, menos com sacrificio da vossa consciencia; conservando-vos n'uma attitude invencivel ácerca

23

deste objecto de tanta trans ceden cia para ohomem que verdadeiramente teme a Deus. Ha christãos des moralizados para jurar tudo quanto lhe pedem! E quem ha de pagar tantos prejuizos que quase sempre se segue desses juramentos falsos? Essas testemunhas, pois a lem do grande peccado que commettem, ficão responsaveis por todos ostrabalhos, dispezas e damnos que se seguirem de seus juramentos falsos. Parece ser o es qui cimento da morte que occaziona tanta desgraça. É meu u til que não vos es queçaes que haveis demorrer: porque não ha cousa mais importante para livrar os homens deoffender a Deus, do que a repetida lembrança da morte. E diz Santo Agostinho: que esta lembrança ha de ser

deste objeto de tanta transcendência para o homem que verdadeiramente teme a Deus. Há cristãos desmoralizados para jurar tudo quanto lhes pedem! E quem há de pagar tantos prejuízos que quase sempre se seguem desses juramentos falsos? Essas testemunhas, pois, além do grande pecado que cometem, ficam responsáveis por todos os trabalhos, despesas e danos que se seguirem de seus juramentos falsos. Parece ser o esquecimento da morte que ocasiona tanta desgraça. E mais[24] útil que não vos esqueçais de que haveis de morrer: porque não há cousa mais importante para livrar os homens de ofender a Deus do que a repetida lembrança da morte. E diz Santo Agostinho que esta lembrança há de ser

---

[24] Na mesma prédica encontrada no manuscrito de 1897, Ataliba lê "mais" em lugar do "meu" aqui encontrado (p. 257 / p. 120).

deste objecto de tanta transcedencia para o homem que verdadeiramente tema a Deus. Ha christãos desmoralizados para jurar tudo quanto lhe pedem! E quem ha de pagar tantos prejuizos que quasi sempre se seguem desses juramentos falsos? Essas testemunhas, pois a lem do grande peccado que commettem ficão responsaveis por todos os trabalhos, dispezas e damnos que se siguirem de seus juramentos falsos. Parece ser o esquicimento da morte que occaziona tanta desgraça. E meu util que não vos esqueçais que hareis de morrer: por que não ha cousa mais importante para livrar os homens de offender a Deus, do que a repetida lembrança da morte. E diz Santo Agastinho: que esta lembrança ha de ser

24

de todos os dias, para que estejão os homens aparelhados para quando Deus os chamar a dar contas de suas vidas. Porque é certo, que Satanaz accerrimo inimigo do genero humano, conhecendo que o milhor meio para fazer peccar os homens, é o esquecimento da morte; tractou logo de tirar a lembrança d ella a Adão e Eva no Paraizo quando lhes disse: *Nequaquam morte moriemini*,[25] e deste modo os fez cahir na culpa. Corrobora-se melhor esta verdade pelo que diz o Espirito Santo: Lembra-te dos teus novissimos e nunca peccarás, *Memorare novessima tuo et in eternum non peccabis*. (Eccl. C. 7– v. 4).[26] E a vista de tão grande Autoridade, vejão agora diquanta impor tan cia é a toda Creatura racional otrazer sempre presente

de todos os dias, para que estejam os homens aparelhados para quando Deus os chamar a dar contas de suas vidas. Porque é certo que Satanás, acérrimo inimigo do gênero humano, conhecendo que o melhor meio para fazer pecar os homens é o esquecimento da morte, tratou logo de tirar a lembrança dela a Adão e Eva no Paraíso quando lhes disse: *Nequaquam morte moriemini*, e deste modo os fez cair na culpa. Corrobora-se melhor esta verdade pelo que diz o Espírito Santo: Lembra-te dos teus novíssimos e nunca pecarás. *Memorare novissima tua et non peccabis* (Eclesiástico 7,40). E à vista de tão grande autoridade vejam agora de quanta importância é a toda criatura racional o trazer sempre

---

[25] Veja Gênesis 3,4: "Bem podeis estar seguros, que não morrereis de morte".
[26] Trata-se, efetivamente, de Eclesiástico 7,40: *"memorare novissima tua, et in aeternum non pecabis"* ["lembra-te dos teus novíssimos, e nunca já mais peccarás"].

de todos os dias, para que estejão os homens
aparelhados para quando Deus os chamar a dar contas de suas vidas. Porque
é certo, que Satanaz accerrimo inimigo
do genero humano, Conhecendo que o melhor meio para fazer peccar os homens, é
o esquecimento da morte; tractou logo
de tirar a lembrança della a Adão e E-
va no Paraizo quando lhes disse: Nequaquam morte moriemini; e deste modo os fez cahir na culpa. Corrobora-se
melhor esta verdade pelo que diz o Espirito Santo: Lembra-te dos teus novi-
simos e nunca peccarás; Memorare
novissima tua et in eternum non peccabis. (Eccl. C. 7. v. 4). E á vista de tão
grande Autoridade, vejão agora de
quanta importancia é a toda Creatura racional o trazer sempre presente

25

esta lembrança para evitar a occasião de peccar. Da consideração da eternidade se valeu David, quando disse; que tanto que meditou na eternidade, lheficou tão impressa na alma, que muito mais que antes se deu ao serviço de Deus, e caminho do espirito.[27] Corrobora-se melhor esta verdade, pelo que diz o Espirito Santo, por Salomão: que todo o homem caminha para caza de sua eternidade: *Ibit homo in domum eternitatis sua*. (Eccl. Cap. 12 v. 5) A his toria refere ofacto de uma fé tão firme, praticada nos primeiros se culos do Christianismo, pelos soldados do Imperador Juliano, que jamais se apagará da memoria da posteridade. Mandando-lhes o Imperador que elles adorassem

presente esta lembrança para evitar a ocasião de pecar. Da consideração da eternidade se valeu Davi, quando disse que tanto meditou na eternidade, lhe ficou tão impressa na alma, que muito mais que antes se deu ao serviço de Deus, a caminho do espírito. Corrobora-se melhor esta verdade pelo que diz o Espírito Santo por Salomão: que todo homem caminha para casa de sua eternidade: *ibit homo in domum aeternitatis suae* (Eccl., 12, v. 5).[28] A história refere o fato de uma fé tão firme praticada nos primeiros séculos do Cristianismo pelos soldados do imperador Juliano,[29] que jamais se apagará da memória da posteridade. Mandando-lhes o Imperador que eles adorassem

---

[27] Não é seguro a que passagem dos Salmos o texto se refere.

[28] Oração de Eclesiastes 12,5: "*ibit homo in domum aeternitatis suae*" ["o homem irá para a casa da sua eternidade"].

[29] Imperador romano entre 361 e 363, Juliano ficou famoso por seus esforços em recuperar as tradições religiosas pátrias e evitar a expansão do cristianismo depois que este começou a ganhar os favores oficiais, a partir de Constantino. Manoel José Gonçalves Couto, no livro que o Conselheiro conheceu, refere-se a esta figura, embora em outro contexto (*Missão Abreviada para Despertar os Descuidados, Converter os Pecadores e Sustentar o Fruto das Missões*, 9. ed. Porto, Casa de Sebastião José Pereira, 1873, p. 408-09).

esta lembrança para evitar a occasião de peccar. Da consideração da eternidade se valeu David, quando disse, que tanto que meditou na eternidade, ficou tão impressa na alma, que muito mais que antes se deu ao serviço de Deus e caminho do espirito. Corrobora-se melhor esta verdade, pelo que diz o Espirito Santo, por Salomão: que todo o homem caminha para Caza de sua eternidade: Ibit homo in domum eternitatis sue. (Eccl. Cap. 12 v. 5) A historia refere o facto de uma fé tão firme, praticada nos primeiros seculos do Christianismo, pelos soldados do Imperador Julião, que jamais se apagará da memoria da posteridade. Mandando-lhes o Imperador que elles adorassem

26

os idolos, elles desobedecerão, porque tinhão overdadeiro sintimento de Religião, que só a Deus se deve adorar, o verdadeiro Rei que reina nos mais altos Céos. Movidos de zelo religioso que tanto caracterisava nos seus corações desobedecião ao Monarcha, porque sabião verdadeiramente que era uma offensa gravissima que commettião contra Deus se adorassem os idolos. Quem deixará de conhecer aqui a ternura eo affecto que elles nutrião pela gloria de Deus? O convite de seu Monarcha, não podia dobrar os fortes principios de sua fé, para não commetterem idolatria. Fallando agora da obrigação que tem todo o homem, que teme a Deus, e sabe as contas que lhes ha de dar, deve

os ídolos, eles desobedeceram, porque tinham o verdadeiro sentimento de Religião, que só a Deus se deve adorar, o verdadeiro Rei, que reina nos mais altos céus. Movidos de zelo religioso, que tanto caracterizava os seus corações, desobedeciam ao Monarca, porque sabiam verdadeiramente que era uma ofensa gravíssima que cometiam contra Deus se adorassem os ídolos. Quem deixará de conhecer aqui a ternura e o afeto que eles nutriam pela glória de Deus? O convite de seu Monarca não podia dobrar os fortes princípios de sua fé, para não cometerem idolatria. Falando agora da obrigação que tem o homem que teme a Deus e sabe as contas que lhe há de dar, deve

—26—

os idolos, elles desobedecerão, porque tinhão o verdadeiro sintimento de Religião, que só a Deus se deve adorar, o Verdadeiro Rei que reina nos mais altos Céos. Movidos de Zelo religioso que tanto caracterisava nos seus Corações desobedecião ao Monarcha, porque sabião verdadeiramente que era uma offensa gravissima que commettião contra Deus se adorassem os idolos. Quem deixará de conhecer aqui a ternura e o affecto que elles nutrião pela gloria de Deus? O convite de Seu Monarcha, não podia dobrar os fortes principios de sua fé, para não commetterem idolatria. Fallando agora da obrigação que tem todo o homem, que teme a Deus, e sabe as contas que lhes ha de dar, deve=

27

fazer muito por acertar em qualquer cargo ou poder em que se vê constituído, para não encorrer no peccado decom missão, nem experimentar o rigor com que Deus promette julgar as justiças: *Cum accepere tempus, ego justitias judi cabo*. (Ps. 74 – 3).[30] Eu tomarei tempo, disse Deus; para julgar as jus tiças. Se Deus, para julgar as consciencias dos que governão, disse que ha de tomar tempo: como poderão escusar-se os homens de tomar tempo, para com acerto o brarem aquillo que Deus eo Monarcha lhestem encarrego pór obrigação de seus officios e cargos, em que lhes não vai menos que a sua salva ção ou sua condem na ção eterna? Porem o que mais es tranho etomara que se e-

fazer muito por acertar em qualquer cargo ou poder em que se vê constituído, para não incorrer no pecado de comissão nem experimentar o rigor com que Deus promete julgar as justiças: *Cum accepere tempus, ego justitias judicabo* (Salmo 74,3). Eu tomarei tempo, disse Deus, para julgar as justiças. Se Deus, para julgar as consciências dos que governam, disse que há de tomar tempo: como poderão escusar-se os homens de tomar tempo para com acerto obrarem aquilo que Deus e o Monarca lhes têm encarregado por obrigação de seus ofícios e cargos, em que lhes não vai menos que a sua salvação ou sua condenação eterna? Porém, o que é mais estranho, e tomara que se e-

---

[30] Salmo 74,3: *"cum accepero tempus, ego justitias judicabo"* ["quando eu tomar o meu tempo, julgarei com justiça"]. A citação encontrada no corpo do texto preserva mais fielmente o latino "julgarei as justiças".

fazer muito por acertar em qualquer cargo ou poder em que se vê constituido, para não encorrer no peccado de Commissão nem experimentar o rigor com que Deus promette julgar as justiças: Cum accepere tempus, ego justitias judicabo. (Ps. 74-3). Eu tomarei tempo, disse Deus, para julgar as justiças. Se Deus, para julgar as consciencias dos que governão, disse que ha de tomar tempo: Como poderão escusar-se os homens de tomar tempo para com acerto obrarem aquillo que Deus e o Monarcha lhes tem encarrego por obrigação de seus officios e cargos, em que lhes não vai menos que a sua salvação ou sua condemnação eterna? Porem o que mais estranho eu mara que se e-

28

mendassem, é o que hoje vejo tão praticado no mundo, vem a ser: uns certos Juizes com capa de virtude, os quais muitas vezes tirão a justiça aquem a tem, para darem aquem não atem. Acção digna de um grande castigo e reprehensão, tanto pela offensa a Deus, como do proximo. Como se hade ajustar a Lei Devina, e ainda as humanas, o que só põem os olhos nointerresse e os cuidados nos respeitos humanos? Atropellão a Lei Devina, e negão o sentido das leis humanas: sendo que forão e são fundadas em muitas razões em justiças, como se podem ver quem as ler com attenção. Honrosa cousa é o officio do Juiz; e assim deve cumprir com os seus deveres. Se o Juiz te-

mendassem, é o que hoje vejo tão praticado no mundo, vem a ser: uns certos Juízes com capa de virtude, os quais muitas vezes tiram a justiça a quem a tem para darem a quem não tem. Ação digna de um grande castigo e repreensão, tanto pela ofensa a Deus, como ao próximo. Como se há de ajustar à lei divina e, ainda, às humanas, o que só põe os olhos no interesse e os cuidados nos respeitos humanos? Atropelam a Lei Divina e negam o sentido das leis humanas, sendo que foram e são fundadas muitas razões em justiças, como podem ver quem as ler com atenção. Honrosa cousa é o ofício do Juiz; e assim deve cumprir com os seus deveres. Se o Juiz te-

mendassem; é o que hoje vejo tão praticado no mundo, vem a ser: uns certos Juizes com capa de virtude, os quais muitas vezes tirão a justiça a quem a tem, para dar em a quem não a tem. Acção digna de um grande castigo e reprehensão, tanto pela offensa a Deus, como do proximo. Como se ha de ajustar a Lei Divina, e ainda as humanas, o que só poem os olhos no interesse e os cuidados nos respeitos humanos? Atropellão a Lei Divina, e negão o sentido das leis humanas: sendo que forão e são fundadas em muitas razões em justiças, como se podem ver quem as ler com attenção. Honrosa cousa é o officio do Juiz, e assim deve cumprir com os seus deveres. Se o Juiz te-

29

me a Deus, logo faz boa justiça etodos o temem efaz venerar a Deus, eguardar as leis. Oprimeiro Juiz que houve no mundo de vara vermelha, foi Moysés: porque nos quiz Deus mos trar, que assim como deu a Lei, que são os dez Mandamentos, era necessario que hou vesse Ministro, que afizesse guardar eobservar seus Preceitos. E que fosse Moysés, Juiz de vara vermelha, epor isso o mais rigoroso, por que foi grande executor da Lei, pelos castigos que fez a Pharaó, e ainda ao seu mes mo povo, como consta da Sagrada Escriptura: epor isso a Deus chamavão Deus das vinganças. Não faltava Moysés as obrigações de seu cargo, por que não se deixava levar dos respeitos humanos, trabalhando muito pa-

me a Deus, logo faz boa justiça e todos o temem, e faz venerar a Deus e guardar as leis. O primeiro juiz houve no mundo, de vara vermelha,[31] foi Moisés: porque nos quis Deus mostrar que assim como deu a Lei, que são os dez mandamentos, era necessário que houvesse ministro que a fizesse guardar e observar os seus preceitos. E que fosse Moisés juiz de vara vermelha, e por isso o mais rigoroso, porque foi grande executor da lei, pelos castigos que fez a Faraó,[32] e ainda ao seu mesmo povo, como consta da Sagrada Escritura: e por isso a Deus chamavam Deus das vinganças.[33] Não faltava Moisés às obrigações de seu cargo, porque não se deixava levar dos respeitos humanos, trabalhando muito pa-

---

[31] A respeito de juízes e varas, sirva o seguinte esclarecimento: "Os juízes e desembargadores eram nomeados pelo Imperador, ele os escolhia entre os nobres ou lhes conferia títulos de nobreza. Os primeiros juízes, denominados Ordinários, não eram necessariamente bacharéis em leis. Eleitos pelos homens qualificados da comunidade, e confirmados pelo Ouvidor, usavam a vara vermelha como insígnia. Os Juízes de Fora, entretanto, deveriam ser bacharéis em leis, nomeados pelo Rei, em substituição ao Juiz Ordinário, e usavam como insígnia a vara branca, sinal da distinção régia" (Cláudio Tusco, "Desembargador Federal? A que propósito?". Disponível em: <http://www.ambito-juridico.com.br/site/index.php?n_link=revista_artigos_leitura&artigo_id=3983. Acesso em: 9 fev. 2009).
[32] Veja prédicas "As Dez Pragas do Egito" e "Morte dos Primogênitos, Cordeiro Pascoal, Saída do Egito", a partir da p. 118 do manuscrito, baseadas no relato bíblico de Êxodo 7-12.
[33] Veja Salmo 93,1: "*Deus ultionum Dominus: Deus ultionum libere egit*" ["O Deus das vinganças é o Senhor: o Deus das vinganças sempre obrou livremente"].

mu a Deus, logo faz boa justiça e todos ô temem e faz v̄enerar a Deus, e guardar as leis. O primeiro Juiz que houve no mundo de Vara vermelha, foi Moysés: porque nos quiz Deus mostrar que assim como deu a Lei, que são os dez Mandamentos, era necessario que houvesse Ministro, que a fizesse guardar e observar seus Preceitos. E que fosse Moysés Juiz de Vara vermelha e por isso o mais rigoroso, por que foi grande executor da Lei, pelos castigos que fez a Pharaó, e ainda ao seu mesmo povo, como consta da Sagrada Escriptura: e por isso a Deus chamarão Deus das Vinganças. Não faltara Moysés as obrigações de seu cargo, por que não se deixava levar dos respeitos humanos, trabalhando muito pa=

30

ra julgar com a certo; subindo ao monte a tractar com Deus; já des cendo ao vale a castigar e a reprehender o povo. E que titulo vos parece lhe derão? Não foi menos que de vice-Deus; que atanto como isto chegão os homens pela boa justiça que fazem. Outro Juiz, oprimeiro de vara branca, que houve nomundo, foi nosso Senhor Jesus Christo, o qual veio do Céo atomar na tureza humana, concebido no seio da Santa Virgem Maria, nascido em Belem; e logo mandou apregoar pelos Anjos paz aos homens, porque os vinha governar de boa vontade, des pachado da Meza do Paço da Santissima Trindade, trasendo opoder, o saber e o amor. Foi assistido dos Anjos, adorado dos Reis e visitado dos homens;

ra julgar com acerto, subindo ao monte a tratar com Deus, já descendo ao vale a castigar e a repreender o povo.[34] E que título vos parece lhe deram? Não foi menos que de vice-Deus, que a tanto como isto chegam os homens pela boa justiça que fazem. Outro Juiz, o primeiro de vara branca que houve no mundo, foi Nosso Senhor Jesus Cristo, o qual veio do Céu a tomar natureza humana, concebido no seio da santa Virgem Maria, nascido em Belém, e logo mandou apregoar pelos Anjos paz aos homens porque os vinha governar de boa vontade,[35] despachado da Mesa do Paço da Santíssima Trindade, trazendo o poder, o saber e o amor. Foi assistido dos Anjos, adorado dos Reis e visitado dos homens;

---

[34] Veja Êxodo 18,13-27; 24-34.
[35] Veja Lucas 2,13-14: *"Et subito facta est cum angelo multitudo militiae caeles tis laudantium Deum, et dicentium. Gloria in altissimis Deo, et in terra pax hominibus bonae voluntatis"* ["E subitamente appareceu com o anjo uma multidão numerosa da milicia celestial que louvavam a Deus, e diziam: Gloria a Deus no mais alto dos Ceos, e paz na terra aos homens, a quem elle quer bem"].

—30—

ra julgar com acerto, subindo ao Monte a tractar com Deos; já descendo ao Vale a castigar e a reprehender ao povo. E que titulo vos parece lhe derão? Não foi menos que de Vice-Deos; que a tanto como isto chegão os homens pela boa justiça que fazem. O outro Juiz, o primeiro de Vara branca, que houve no mundo, foi Nosso Senhor Jesus Christo, o qual veio do Céo a tomar natureza humana, concebido no seio da Santa Virgem Maria, nascido em Belem, e logo mandou apregoar pelos Anjos paz aos homens, porque os vinha governar de boa vontade, despachado da Meza do Paço da Santissima Trindade, trasendo o poder, o saber e o amor. Foi assistido dos Anjos, adorado dos Reis e visitado dos homens;

31

os quais lhe tributarão eoffereceraõ muitas offertas, nem por isso deixou de ser o mais humilde, despresando a soberba, recto em fazer Justiça. Veio pobre, viveu independente, morreu despido epartiu-se para a sua Patria com muitas enchentes de Graças, pelos merecimentos que fez na terra em todo tempo de seu bom Governo, levando o titulo de Rei.

os quais lhe tributaram e ofereceram muitas ofertas, nem por isso deixou de ser o mais humilde, desprezando a soberba, reto em fazer Justiça. Veio pobre, viveu independente, morreu despido e partiu para a sua Pátria com muitas enchentes de Graças; pelos merecimentos que fez na terra em todo tempo de seu bom Governo, levando o título de Rei.

— 31 —

os quais lhe tributarão e offerecerão muitas offertas, nem por isso deixou de ser o mais humilde, desprezando a soberba, recto em fazer Justiça. Veio pobre, Viveu independente, morreu despido e partiu-se para a sua Patria com muitas enchentes de Graças, pelos merecimentos que fez na terra em todo tempo do seu bom Governo, levando o titulo de Rei.

3º Mandamento

Que offensa gravissima com mettem neste preceito aquelles que não santificão o Domingo e dia Santo deguarda a vista da qualidade da Belissima Pessoa que soffre essa offensa, que é um Deus de uma Magestade infinita, a quem os Anjos não levantão a vista. Não se pode qualificar oprocedimento d'aquelles que praticão desse modo, que parece não haver nellles amenor som bra do temor do Omnipotente! Quem pois, não pasma a vista de tão degradante procedimento? Sim, elles devem con siderar attentamente que teem seis dias para o seu trabalho, o Domingo é o dia do Senhor, é o dia

3º Mandamento

Que ofensa gravíssima cometem neste preceito aqueles que não santificam o Domingo e o dia Santo de guarda, à vista da qualidade da Belíssima Pessoa que sofre esta ofensa, que é um Deus de Majestade infinita, a quem os Anjos não levantam a vista. Não se pode qualificar o procedimento daqueles que praticam desse modo, que parece não haver neles a menor sombra de temor do Onipotente. Quem, pois, não pasma à vista de tão degradante procedimento? Sim, eles devem considerar atentamente que têm seis dias para o seu trabalho, o domingo é o dia do Senhor, é o dia em

— 32 —

3.º Mandamento.

Que offensa gravissima commettem neste preceito aquelles que não santificão o Domingo e dia Santo de guarda á vista da qualidade da Bellissima Pessoa que soffre essa offensa, que é um Deus de uma Magestade infinita, a quem os Anjos não levantão a vista. Não se póde qualificar o procedimento d'aquelles que praticão desse modo, que parece não haver nelles a menor sombra do temor do Omnipotente! Quem pois, não pasma á vista de tão degradante procedimento? Sim, elles devem considerar attentamente que teem seis dias para o seu trabalho, o Domingo é o dia do Senhor, é o dia

33

que Elle descançou, é o dia emfim, que Elle abençoou e santificou, como memoria de suas obras. Se querem ser glorificados com Elle, para gozarem de sua gloria, honrem ao Senhor santificando o Domingo e o dia Santo de guarda, ouvindo Missa, lendo livros espirituaes, rezando o Rozario, e assis tindo os actos da Religião. Só a Lei de Nosso Senhor Jesus Christo é verdadeira, que os homens devem guardar irreprehensivelmente para a sua salvação. Porque supposto que logo no principio do mundo houve a Lei da Natureza, que guardarão Adão e seus descendentes; e depois Deus deu a Moysés a Lei escripta; forão ambas, a respeito da Lei da graça, como um Regimento por onde os homens se governassem, para se não

que Ele descansou, é o dia, enfim, que Ele abençoou e santificou, como memória de suas obras.³⁶ Se querem ser glorificados com Ele, para gozar de sua glória, honrem ao Senhor santificando o Domingo e o dia Santo de guarda, ouvindo Missa, lendo livros espirituais, rezando o Rosário e assistindo aos atos da Religião. Só a Lei de Nosso Senhor Jesus Cristo é verdadeira, que os homens devem guardar irrepreensivelmente para a sua salvação. Porque, suposto que logo no princípio do mundo houve a Lei da Natureza, que guardaram Adão e seus descendentes, e depois Deus deu a Moisés a Lei escrita; foram ambas, a respeito da Lei da graça, como um regimento por onde os homens se governassem para se não

---

[36] Veja Gênesis 2,3, referido ao sábado: "*Et [Deus] benedixit diei septimo; et santificavit illum: quia in ipso cessaverat ab omni opere suo, quod creavit Deus ut faceret*" ["E abençoou Deus o dia septimo, e o sanctificou: porque neste dia cessou elle de produzir todas as obras, que tinha creado"].

— 3 —

que Elle descançou, é o dia emfim, que Elle abençoou e santificou, como memoria de suas obras. Se querem ser glorificados com Elle, para gozarem de sua gloria, honrem ao Senhor santificando o Domingo e dia Santo de guarda, ouvindo Missa, lendo livros espirituaes, rezando o Rozario e assistindo os actos da Religião. Só a Lei de Nosso Senhor Jesus-Christo é verdadeira, que os homens devem guardar irreprehensivelmente para a sua salvação. Porque supposto que logo no principio do mundo houve a Lei da Natureza, que guardarão Adão e seus descendentes; e depois Deus deu a Moysés a Lei escripta; forão ambas a respeito da Lei da graça, como um Regimento por onde os homens se governassem, para se não perderem, até que viesse ao mundo Jesus Christo, verdadeiro Missias promettido por Deus aos Patriachas prophetisado pelos Prophetas, e por um e outro tão esperado. O qual, depois que chegou e apparecendo no mundo com verdadeira Luz, para exterminar das almas as trevas da culpa: uma e outra Lei en cheu e reformoufazendo-a verdadeira Lei da graça, por ser Este Senhor o ultimo fim eo complemento da Lei como lhe chamou São Paulo. Porque toda a Lei antiga se referia ein caminhava ao Filho de Deus, como a seu objecto, esperando finalmente sua Santa vinda para aperfeiçoal-a, encher e mudar na Lei daGraça como Este mesmo Senhor disse: *Non veni solvere legem, seda-*

perderem, até que viesse ao mundo Jesus Cristo, verdadeiro Messias prometido por Deus aos Patriarcas, profetizado pelos Profetas, e por uns e outros tão esperado. O qual, depois que chegou e aparecendo no mundo com verdadeira Luz para exterminar das almas as trevas da culpa, uma e outra lei encheu e reformou, fazendo-a verdadeira Lei da graça, por ser Este Senhor o último fim e o complemento da Lei, como o chamou São Paulo. Porque toda a lei antiga se referia e encaminhava ao Filho de Deus[37] como ao seu objeto, esperando finalmente sua Santa vinda para aperfeiçoá-la, encher e mudar na Lei da Graça como Este mesmo Senhor disse: *Non veni solvere legem, sed a-*

---

[37] Veja Gálatas 3,24: "*Itaque lex paedagogus noster fuit in Christo*" ["Assim que a lei nos servio de pedagogo que nos conduzio a Christo"].

— 3 4 —

perderem até que viesse ao mundo Jesus Christo, verdadeiro Missias prometido por Deus aos Patriarchas, prophetisado pelos Prophetas, e por um e outro tão esperado. O qual, depois que chegou e apparecendo no mundo com verdadeira Luz, para exterminar das almas as trevas da culpa, uma e outra Lei encheu e reformou fazendo a verdadeira Lei da graça, por ser Este Senhor o ultimo fim e o complemento da Lei como lhe chamou São Paulo. Porque toda a Lei antiga se referia e in caminhava ao Filho de Deus, como a seu objecto, esperando finalmente sua Santa vinda para a perfeiçoal-a, encher e mudar na Lei da Graça como Este mesmo Senhor disse: Non veni solvere legem, sed a-

35

dimplere. (Math. Cap. 5- v.17).³⁸ E afsim vos digo, que todas as mais leis e seitas que o demonio tem introduzido no mundo, por seus sequases, são falsas e erroneas; e só a Lei da graça é verdadeira, como tudo pode-se ver dassagradas Lettras e se tem comprova do pelos grandes prodigios, que se verão nacon summação desta Santissima Lei dagraça, quando seu Legislador Jesus, verdadeiro Filho do Padre Eterno a consummou e rubricou com o seu preciosissimo sangue de toda a sua Santissima Paixão: Cruz bemdita, na qual quiz morrer crucificado para remir ogenero humano, arvore da vida, finalmente em contraposição da queda em que Adão contrahio na culpa original emfeccionada a todos os

dimplere (Mateus 5,17). E assim vos digo que todas as mais leis e seitas que o demônio tem introduzido no mundo por seus sequazes são falsas e errôneas e só a lei da graça é verdadeira, como tudo podemos ver das sagradas Letras, e se tem comprovado pelos grandes prodígios que se viram na consumação desta Santíssima Lei da Graça, quando seu Legislador Jesus, verdadeiro Filho do Padre Eterno, a consumou e rubricou com o seu preciosíssimo sangue em toda a sua Santíssima Paixão: Cruz bendita, na qual quis morrer crucificado para remir o gênero humano; árvore da vida, finalmente em contraposição à queda em que Adão contraiu a culpa original infeccionada a todos os

---

³⁸ Mateus 5,17: "*Nolite putare quoniam veni solvere legem, aut prophetas: non veni solvere, sed adimplere*" ["Não julgueis que vim destruir a lei ou os prophetas: não vim a destruil-os, mas sim a dar-lhes cumprimento"].

—35—

dim plere. (Math. Cap. 5 - v. 17).
E assim vos digo, que todas as mais
leis e seitas que o demonio tem introduzido no mundo, por seus sequases, são
falsas e erroneas; e só a Lei da graça
é verdadeira, como tudo pode-se ver das
sagradas Lettras, e se tem comprovado
pelos grandes prodigios, que se verão na
consummação desta Santissima Lei da
graça, quando seu Legislador Jesus, verdadeiro Filho do Padre Eterno a consummou e rubricou com o seu preciosissimo sangue de toda a sua Santissima Paixão: Cruz bendita, na qual
quiz morrer crucificado para remir
o genero humano, arvore da Vida, finalmente em contraposição da queda em que Adão contrahio na culpa
original, enfeccionada a todos os

36

seus descendentes. O que tudo fez e obrou este amorosissimo Deus, feito Homem para mostrar aos homens o seu grande amor, que se dignou remir o genero humano, que estava captivo pelo peccado com mettido por Adão, contra Deus. E para que os homens, penetrados de reconhecimento o amassem com afé na sua palavra, obediencia aos seus Mandamentos ea imitação de seus exemplos. Como são injustos aquelles que offendem a honra de Deus, que pode lançal-os vivos no inferno: se elles trouxessem grava dos em seus corações opreceito da Santa Igreja, quando o Ministro dia de cinza pronuncia estas palavras: *Memento homo quia pulves est et inpulverem re-*

seus descendentes. O que tudo fez e obrou este amorosíssimo Deus, feito Homem para mostrar aos homens o seu grande amor, que se dignou de remir o gênero humano que estava cativo pelo pecado cometido por Adão contra Deus. E para que os homens, penetrados de reconhecimento o amassem com a fé na sua palavra, obediência aos seus Mandamentos e a imitação de seus exemplos. Como são injustos aqueles que ofendem a honra de Deus, que pode lançá-los vivos no inferno: se eles trouxessem gravados em seus corações o preceito da Santa Igreja, quando o Ministro no dia de cinzas pronuncia estas palavras: *Memento homo quia pulvis es et in pulverem re-*

seus descendentes. O que tudo fez e
obrou este amorosissimo Deus feito
Homem para mostrar aos homens
o seu grande amor, que se dignou remir o genero humano, que estava captivo pelo peccado commettido por
Adaõ, contra Deus. E para que os ho=
mens, penetrados de reconhecimento o amassem com a fé na sua palavra, obediencia aos seus Mandamentos e a imitaçaõ de seus exemplos. Como saõ injustos aquelles que
offendem a honra de Deus, que pode
lança-los vivos no inferno: se elles
trouxessem gravados em seus cora-
coēs o preceito da Santa Igreja, quando o Ministro dia de cinza pronuncia estas palavras: Memento homo
quia pulves est et in pulverem re-

37

vestires! Certamente èlles não commetterião tão gravissima offensa. Como cobrirá Deus com o Manto de sua infinita misericordia a taes homens, morrendo elles em taes peccados? O Doutor Angelico São Thomaz afirma que opeccado é quase infinito, por ser feito contra a Magestade infinita. Augmenta sua graveza pela vileza da pessoa, que o commette, por ser um vil bixinho da terra, contra o seu Creador, Bemfeitor e Redemptor. Não devem proceder de semelhante modo, que revela uma ingratidão, que excede a comprehensão humana! Correspondão generosamente aosbeneficios de Deus, que para tirar-nos da mãos de Lucifer, deu sua vida Divina. Considerem quem po-

verteris![39] Certamente eles não cometeram tão gravíssima ofensa. Como cobrirá Deus com o Manto de sua infinita misericórdia a tais homens, morrendo eles em tais pecados? O Doutor Angélico São Tomás afirma que o pecado é quase infinito por ser feito contra a Majestade infinita. Aumenta sua graveza pela vileza da pessoa que o comete, por ser um vil bichinho da terra, contra o seu Criador, Benfeitor e Redentor. Não devem proceder de semelhante modo que revela ingratidão, que excede a compreensão humana! Correspondam generosamente aos benefícios de Deus, que, para tirar-nos das mãos de Lúcifer, deu sua vida Divina. Considerem: quem po-

---

[39] Fórmula que constava do ritual da missa de Quarta-Feira de Cinzas: "*Memento, homo, quia pulvis es et in pulverem reverteris*", baseada em Gênesis 3,19: "*quia pulvis es, et in pulverem reverteris*" ["porque tu és pó, e em pó te hás de tornar"].

vestires! Certamente elles não commetterião tão gravissima offensa. Como cobrirá Deus com o Manto de sua infinita mesericordia a taes homens, morrendo elles em taes peccados? O Doutor Angelico São Thomaz affirma que o peccado é quasi infinito, por ser feito contra a Magestade infinita. Augmenta sua gravesa pela vileza da pessoa que o commette, por serem vil bixinho da terra contra o seu Creador, Benfeitor e Redemptor. Não devem proceder de semelhante modo, que revela uma ingratidão que excede a comprehensão humana. Correspondão generosamente aos benificios de Deus que para tirar-nos das mãos de Lucifer, deu sua Vida Divina. Considerem quem po-

38

deria faser morrer um Deus Todo Poderoso, se por sua livre vontade Elle não quizesse dar por nós a vida? Por isso nota São João, que foi por sua morte que Jesus nos deu a maior prova que podia dar-nos de seu amor.[40] Por sua Morte, diz um piedoso autor, Jesus nos deu uma prova tão grande de seu amor, que depois della nada mais restava a fazer para nos mostrar quanto nos ama. Aonde está a vossa fé? Não tendes tantas vezes ouvindo a palavra do Senhor e ainda não querem cumpril-a? Entretanto vejão a resposta que Jesus Christo deu á quella mulher, que ouvindo a sua doutrina, levantando a voz lhe disse: *Biatus venter quite portavit et ubera qui sucxisti*.

deria fazer morrer um Deus Todo-Poderoso, se por sua livre vontade não quisesse dar por nós a vida? Por isso nota São João que foi por sua morte que Jesus nos deu a maior prova que podia dar-nos de seu amor. Por sua Morte, diz um piedoso autor, Jesus nos deu uma prova tão grande de seu amor, que depois dela nada mais restava a fazer para nos mostrar quanto nos ama. Onde está a vossa fé? Não tendes tantas vezes ouvido a palavra do Senhor e ainda não querem cumpri-la? Entretanto vejam a resposta que Jesus Cristo deu àquela mulher, que, ouvindo a sua doutrina, levantando a voz, lhe disse: *Beatus venter qui te portavit et ubera quae suxisti*

---

[40] Veja João 15,13: "*Maiorem hac dilectionem nemo habet, ut animam suam ponat quis pro amicis suis*" ["Ninguem tem maior amor, do que este, de dar um a propria vida por seus amigos"].

deria fazer morrer um Deus Todo Poderoso, se por sua livre vontade Elle não quizesse dar por nós a vida? Por isso nota São João que foi por sua morte que Jesus nos deu a maior prova que podia dar-nos de seu amor. Por sua Morte, diz um piedoso autor, Jesus nos deu uma prova tão grande de seu amor, que depois della nada mais restava a fazer para nos mostrar quanto nos ama. Aonde está a vossa fé? Não tendes tantas vezes ouvido a palavra do Senhor e ainda não querem cumprila? Entretanto vejão a resposta que Jesus Christo deu á aquella mulher, que ouvindo a sua doutrina, levantando a voz lhe disse: Beatus venter quite portavit et ubera que suxisti.

39

(Luc cap. 11, v. 27.)
Bem aventurado o ventre que te trouxe eos peitos a que fostescriado; E Jesus Christo lhe respondeu: *Qui nimo beat qui audiunt verbum Dei, et custodiunt illud.*⁴¹ Antes bem aventurados aquelles ouvem apalavra de Deus, e apõem por obra. Quem teria nunca imaginado que tais homens sabendo perfeitamente que Nosso Senhor Jesus Christo veio ao mundo, que foi crucificado emorto por nossa salvação, vivão offendendo a sua Santa Lei? Oh! quanta falta de Religião, que parece não terem sido educados em tão santos e saluctares principios. Vejão e admirem, o brilhante signal de fé que deixaram os varões que muitos seculos antes da vinda de Nosso Senhor Jesus Christo ao-

(Lucas 11,27)
Bem-aventurado o ventre que te trouxe e os peitos a que foste criado. E Jesus Cristo lhe respondeu: *Quinimo beati qui audiunt verbum Dei et custodiunt illud.* Antes bem-aventurados aqueles que ouvem a palavra de Deus e a põem por obra. Quem teria nunca imaginado que tais homens, sabendo perfeitamente que Nosso Senhor Jesus Cristo veio ao mundo, que foi crucificado e morto por nossa salvação, vivam ofendendo a sua Santa Lei? Oh! Quanta falta de Religião, que parece não terem sido educados em tão santos e salutares princípios. Vejam e admirem o brilhante sinal de fé que deixaram os varões, que muitos séculos antes da vinda de Nosso Senhor Jesus Cristo ao

---

⁴¹ Veja Lucas 11,27-28: "*Beatus venter, qui te portavit, et ubera, quae suxisti. At ille dixit: Quinimmo beati qui audiunt verbum Dei, et custodiunt illud*" ["Bemaventurado o ventre, que te trouxe, e os peitos a que foste criado. Mas elle respondeu: Antes bemaventurados aquelles que ouvem a palavra de Deus, e a põem por obra"].

—39—

(Luc cap. 11, v. 27).—

Bemaventurado o ventre que te trouxe e os peitos a que foste criado. E Jesus Christo lhe respondeu: Qui nomo beat qui audiunt ver bum Dei, et custodiantillud. Antes bemaventurados aquelles que ouvem a palavra de Deus, e a põem por obra. Quem teria nunca imaginado que taes homens sabendo perfeitamente que Nosso Senhor Jesus Christo veio ao mundo, que foi Crucificado e morto por nossa salvação, virão offendendo a sua Santa Lei? Oh! quanta falta de Religião, que parece não terem sido educados em tão Santos e salutares principios. Vejão e admirem, o brilhante signal de fé que deixaram os Varões que muitos seculos antes da vinda de Nosso Senhor Jesus Christo ao—

40

mundo, ouvindo os oraculos dos Prophetas, que an nunciavão a sua vinda, acriditarão n Elle, de modo que observaram a Lei, que foi dada a Moysés, para que os homens se governassem. Que fim ditoso tiverão elles, que deixando a presente vida, foram para o seio de Abraham. Antes de Nosso Senhor Jesus Christo subir ao Céo, desceu ao inferno chamado seio de Abraham, a tirar aquellas almas dos Santos Padres que lá estavão esperando pelos the souros de seus devinos merecimentos para poderem ir gozar da Bem-avinturança! Por que nos quiz mostrar esse amorosissimo Deus, que tambem devemos nos lembrar das almas do Purgatorio, na representação d'aquellas que estavão no seio de Abra-

mundo, ouvindo os oráculos dos Profetas que anunciavam a sua vinda, acreditaram n'Ele, de modo que observaram a Lei que foi dada a Moisés para que os homens se governassem. Que fim ditoso tiveram eles que, deixando a presente vida, foram para o seio de Abraão.[42] Antes de Nosso Senhor Jesus Cristo subir ao Céu, desceu ao inferno, chamado seio de Abraão, a tirar aquelas almas dos Santos Padres que lá estavam esperando pelos tesouros de seus divinos merecimentos para poderem ir gozar da Bem-Aventurança! Porque nos quis mostrar este amorosíssimo Deus, que também devemos nos lembrar das almas do Purgatório, na representação daqueles que estavam no seio de Abra-

---

[42] A expressão "seio de Abraão" deriva de Lucas 16,22.

—40—

mundo, ouvindo os oraculos dos Prophetas, que anunciarão a sua vinda, acreditarão n'Elle, de modo que observaram a Lei, que foi dada a Moysés, para que os homens se governassem. Que fim ditoso tiverão elles, que deixando a presente vida, forão para o seio de Abrahão. Antes de Nosso Senhor Jesus Christo subir ao Céo, desceu ao inferno chamado seio de Abraham a tirar aquellas almas dos Santos Padres que la estavão esperando pelos thesouros de seus devinos merecimentos para poderem ir gozar da Bemaventurança! Por que nos quiz mostrar este amorosissimo Deos, que tambem devemos nos lembrar das almas do Purgatorio, na representação d'aquellas que estavão no seio de Abra-

41

hão, com as nossas deixas e suffragios, pelos innumeraveis beneficios que d'isso resulta aquem os faz. Vejão ainda o que disse Nosso Amavel Jesus: *Qui habit mandata mea, et servat ea: ille est, qui deliget me. Qui autem deligit me, diligetur a Padre meo: et ego diligam eum et manifestabo ei meipsum* (São João, Cap. 14 v. 21). Aquelle que tem os meus Mandamentos eque os guarda, esse é oque me ama. E aquelle que me ama será amado demeu Pai; e eu o amarei tambem e memanifestarei a elle.[43] Mandou Deus a Noé, que aconselhasse opovo, porem elles feixarão os olhos as admoes tações de Noé, e davão-se atoda sorte de di vertimentos e devassidões, comendo, bebendo e folgando como

ão, com as nossas deixas e sufrágios, pelos inumeráveis benefícios que disso resulta a quem as faz. Vejam ainda o que disse Nosso Amável Jesus: *Qui babet mandata mea et servar ea: ille est qui diligit me. Qui autem diligit me diligetur a Patre meo: et ego diligam etim et manifestabo ei meipsum* (João 14,21). Aquele que tem os meus Mandamentos e que os guarda, esse é o que me ama. E aquele que me ama será amado de meu Pai e eu o amarei também e me manifestarei a ele. Mandou Deus a Noé que aconselhasse o povo, porém eles fecharam os olhos às admoestações de Noé e davam-se a toda sorte de divertimentos e devassidões, comendo, bebendo e folgando como

---

[43] João 14,21: "*Qui babet mandata mea, et servat ea: ille est, qui diligit me. Qui autem diligit me, diligetur a patre meo: et ego diligam eum, et manifestabo ei meipsum* ["Aquelle, que tem os meus mandamentos, e que os guarda: esse é o que me ama. E aquelle, que me ama, será amado de meu pai, e eu o amarei tambem, e me manifestarei a elle"].

— 41 —

hão com as nossas deixas e suffragios, pelos innumeraveis beneficios que disso resulta a quem os faz. Vejão ainda
o que disse Nosso Amavel Jesus: Qui
habet mandata mea, et servat ea:
ille est, qui deligit me. Qui autem deligit me, diligetur a Patre meo: et ego di_
ligam eum et manifestabo ei meip_
sum. (São João, Cap. 14. V. 21). Aquel_
le que tem os meus Mandamentos e
que os guarda, este é o que me ama. E a_
quelle que me ama será amado de
meu Pai; e eu o amarei tambem e me
manifestarei a elle. Mandou Deus
a Noé, que aconselhasse o povo, porem
elles fixarão os olhos as admoesta_
ções de Noé, e davão-se a toda sorte
de divertimentos e devassidões, comendo, bebendo e folgando como

42

se nada fosse com elles, até que forão todos abysmado no diluvio. Por este tremendo exemplo se mostra que Deus é sim paciente; mais que sua mesiricordia tem emfim um termo e cede o logar a sua Justiça, para punir opeccador, que não for penitente e que depois de menos-cabar a sua Lei, despresa seus avisos. Deus ainda usou de bondade, porque podendo n'um ins tante innundar toda a terra e abysmarseus habitantes, quiz que as aguas fossem cer cando pouco apouco para que aproporção que o medo da morte hia augmentando, fossem os homens arreprendendo-se de suas maldades e pedir em perdão a Deus, querendo por este modo que não morressem eternamente aquelles que para otem-

se nada fosse com eles, até que foram todos abismados no dilúvio.[44] Por este tremendo exemplo se mostra que Deus é, sim, paciente; mas que sua misericórdia tem enfim um termo e cede o lugar a sua Justiça para punir o pecador que não for penitente e que, depois de menoscabar a sua Lei, despreza os seus avisos. Deus ainda usou de bondade porque, podendo num instante inundar toda a terra e abismar seus habitantes, quis que as águas fossem cercando pouco a pouco para que, à proporção que o medo da morte ia aumentando, fossem os homens arrependendo-se de suas maldades e pedissem perdão a Deus, querendo por este modo que não morressem eternamente aqueles que para o tem-

---

[44] Veja Mateus 24,38-39a: *"sicut enim erant in diebus ante diluvium comedentes et bibentes, nubentes et nuptui tradentes, usque ad eum diem, quo intravit Noe in arcam, et non congnoverunt donec venit diluvium, et tuli omnes"* ["porque assim como nos dias antes do diluvio estavão comendo e bebendo, casando-se e dando-se em casamento, até ao dia em que Noé entrou na arca, e não no entenderão em quanto não veio o diluvio, e os levou a todos"].

-42-

se nada fosse com elles, até que forão todos abysmados no diluvio. Por este tremendo exemplo se mostra que Deus é sim paciente, mais que sua meserecordia tem emfim um termo e cede o logar a sua justiça, para punir o peccador que não for penitente e que depois de menoscabar a sua Lei, despreza seus avisos. Deus ainda usou de bondade, por que podendo n'um instante innundar toda a terra e abysmar seus habitantes, quiz que as aguas fossem cercando pouco a pouco para que a proporção que o medo da morte hia augmentando, fossem os homens arrependendo-se de suas maldades e pedirem perdão a Deus, querendo por este modo que não morressem a ter na mente aquelles, que para o tem-

43

po não podião mais viver. Ha christãos tão carregos depeccados que vivem como cegos, ainda quando mais claramente se lhes mostra com toda a evidencia es ta verdadeira Luz da Santa doutrina de Nosso Senhor Jesus Christo, e só depois que lhes anoitece com as trevas da morte, conhecem e veem o erro em que andavão nesta vida des lumbrada da verdadeira Luz. Parece que elles são imitadores daquelles homens que feixaram os olhos, nem conhecerão o que lhes havia de succeder, movidos pela incredulidade; não obstante serem advirtidos por Nosso Senhor Jesus Christo quando disse: *Quia se cegonovesses et tu, et quidem inhac die tua, qux ad pacem tib nunc autem abiscondita sunt ab oculis*

po não podiam mais viver. Há cristãos tão carregados de pecados que vivem como cegos, ainda quando mais claramente se lhes mostra com toda a evidência esta verdadeira Luz da Santa doutrina de Nosso Senhor Jesus Cristo, e só depois lhes anoitece com as trevas da morte e conhecem e veem o erro em que andavam nesta vida deslumbrada da verdadeira Luz. Parece que eles são imitadores daqueles homens que fecharam os olhos, nem conheceram o que lhes havia de suceder, movidos pela incredulidade, não obstante serem advertidos por Nosso Senhor Jesus Cristo, quando disse: *Quia si cognovisses et tu, et quidem in hac die tua, quae ad pacem tibi, nunc autem abscondita sunt ab oculis*

-43-

po não podião mais viver. Ha Christãos tão carregos de peccados que vivem como cegos, ainda quando mais claramente se lhes mostra com toda a evidencia esta verdadeira Luz da Santa doutrina de Nosso Senhor Jesus Christo, e só depois que lhes anoitece com astrevas da morte, conhecem e veem o erro em que andarão nesta vida deslumbrada da verdadeira Luz. Parece que elles são emitadores daquelles homens que fizeram os olhos, nem conhecerão o que lhes haveria de succeder, movidos pela incredulidade, não obstante serem advertidos por Nosso Senhor Jesus Christo quando disse: Guia se cego no vesses et tu, et quidem in hac die tua, quæ ad pacem tibi nunc autem abscondita sunt ab oculis

44

tuis. (Luc Cap. 19. v. 42). Ah! Seaomenos neste dia que agora te foi dado, conhecesses ainda tú o que tepode trazer a paz, mas por ora tudo isto está encuberto aos teus olhos.[45] Tambem vos a dvirto que se não tomares os meusconselhos* terão motivos para justificar o vosso procedimento; con vertão-se compadecendo-se das vossas almas. Como tantos seculos advertiu Jerimias, reprehendendo aos homens de seus vicios, por desperdiçarem o tempo que Deus lhes dava para o emprego de seu Santo serviço ebem da sua salvação.[46] Assim, pois, não deixem para ahora damorte um negocio de tanta importancia, como é o da vossa salvação. Combatão contra o peccado, para alcançarem os bens da gloria, qui são
* não[47]

tuis (Lucas 19,42). Ah! Se ao menos neste dia que agora te foi dado conhecesses ainda tu o que te pode trazer a paz, mas por ora tudo isto está encoberto aos teus olhos. Também vos advirto que se não tomares os meus conselhos não terão motivos para justificar o vosso procedimento; convertam-se, compadecendo-se das vossas almas. Como tantos séculos advertiu Jeremias, reprehendendo aos homens os seus vícios, por desperdiçarem o tempo que Deus lhes dava para o emprego de seu santo serviço e bem da sua salvação. Assim, pois, não deixem para a hora da morte um negócio de tanta importância como é o da vossa salvação. Combatam contra o pecado para alcançarem os bens da glória, que são

---

[45] Lucas 19,42: "*Quia se cognovisses et tu, et quidem in hac die tua, quae ad pacem tibi nunc autem abscondita sunt ab oculis tuis*" ["Ah se ao menos neste dia, que agora te foi dado, conhecesses ainda tu o que te póde trazer a paz, mas por ora tudo isto está encoberto aos teus olhos"].
[46] Jeremias 8,20: "*Transiit messis, finita est aestas, et nos salvati non sumus*" ["O tempo da ceifa é passado, o estio findou-se, e nós não fomos salvos"].
[47] O copista deu-se conta de ter omitido uma palavra, e indicou com um sinal (aqui reproduzido com um asterisco) que no fim da página ela estaria registrada. Leia-se, portanto, "[...] se não tomares os meus conselhos não terão motivos [...]". Ocorrerá coisa similar em outras páginas.

— 44 —

tuis. (Luc Cap. 19. v. 42). Ah! se as
mesmos neste dia que agora te foi dado,
conhecesses ainda tu o que te pode trazer a paz, mas por ora tudo isto está
encuberto aos teus olhos. Tambem vos
advirto que se não tomares os meus
conselhos terão motivos para justificar
o vosso procedimento; converterão-se
compadecendo-se das vossas almas.
Como tantos seculos advertio Jeremias, reprehendendo aos homens de seus
vicios, por desperdiçarem o tempo que
Deus lhes dava para o emprego de seu
santo serviço e bem da sua salvação.
Assim, pois, não deixem para a hora da
morte em negocio de tanta importancia, como é o da vossa salvação.
Combatão contra o peccado, para alcançarem os bens da gloria, que são
o não

45

de um valor tão preciosissimo, que não ha quem possa declarar sua grandeza. Porque tudo é gloria e riqueza em a Casa de Deus, sem que ali se padeça necissidade alguma: tudo é um bem accumulado de todos os bens, sem receio dejamais perdel-o: La não ha noite, nem calor, nem frio, nem mudança doar; sim um perfeito dia, alegre, claro, [ilegível] echeio de toda segurança para sempre.

de valor tão preciosíssimo que não há quem possa declarar sua grandeza. Porque tudo é glória e riqueza na Casa de Deus, sem que ali se padeça necessidade alguma: tudo é um bem acumulado de todos os bens, sem receio de jamais o perder. Lá não há noite nem calor, nem frio, nem mudança do ar, e sim um perfeito dia, alegre, claro, sereno[48] e cheio de toda segurança para sempre.

---

[48] É o que se lê na prédica correspondente, registrada no manuscrito de 1897 (p. 292 / p. 127).

— 45 —

de um valor tão preciosissimo, que não
ha quem possa declarar sua grandeza.
Porque tudo é gloria e riqueza em a casa de Deus, sem que ali se padeça necessidade alguma: tudo é um bem accumulado de todos os bens sem receio de
jamais perdel-o. Lá não ha noite,
nem calor, nem frio, nem mudança do
ar; sim um perfeito dia, alegre, claro,
sereno cercio de toda segurança para
sempre.

46

4º Mandamento.

Os filhos devem amar a seus pais, respeitando, obedecendo e soccorrendo-os em suas necessidades temporaes e espirituaes, po breza, vilhice, infermedades e qualquer trabalho. Procurar-lhes o soccorro da Igreja, no perigo de vida: suffragar suas almas e executar sua ultima vontade. Se elles desvião da Religião, para a qual devem exortal-os com toda amansidão epaciencia. Eassim procedendo os bons filhos, terão os premios que são a benção e a graça de Deus, que cer can do-os de felicidades neste mundo, alcançarão a gloria eterna Os pais devem cuidar muito na e ducação de seus filhos, dando-lhes o sus-

4º Mandamento

Os filhos devem amar a seus pais, respeitando, obedecendo e socorrendo-os em suas necessidades temporais e espirituais: pobreza, velhice, enfermidades e qualquer trabalho. Procurar-lhes o socorro da Igreja no perigo da vida: sufragar suas almas e executar sua última vontade. Se eles se desviam da Religião, devem exortá-los com toda a mansidão e paciência. E assim procedendo, os bons filhos terão os prêmios que são a bênção e a graça de Deus, que cercando-os de felicidades neste mundo, alcançarão a glória eterna. Os pais devem cuidar muito na educação de seus filhos, dando-lhes o sus-

4.º Mandamento.

Os filhos devem amar a seus pais, respeitando, obedecendo e soccorrendo-os em suas necessidades temporaes e espirituaes, pobreza, velhice, infermidades e qualquer trabalho. Procurar-lhes o soccorro da Igreja, no perigo de vida: suffragar suas almas e executar sua ultima vontade. Se elles desviaõ da Religião, para a qual devem exorta-los com toda a mansidão e paciencia. E assim procedendo os bons filhos, terão os premios que são a benção e a graça de Deus, que cercando-os de felicidades neste mundo, alcançarão a gloria eterna. Os pais devem cuidar muito na educação de seus filhos, dando-lhes o sus-

47

tento e o necessario para se vestirem, alem da boa doutrina; e o brando o contrario peccão mortalmente neste preceito. E sobre tudo devem ter muito cuidado ezelo na guarda de suas familias como joias de grande valor precioso, que Deus lhes tem encarregado, e que lhes ha de pedir estreitas contas, se as deixarem perder. O muito mimo com que muitos pais tractão os filhos, tem sido a causa de os deitarem a perder e virem nelles las timosos successos, acontecidos por não os reprehenderem, nem lhes darem boa doutrina em quanto pequenos: como se conta d'aquelle, que cortou os narizes com os dentes á mãi, ao pé da forca pelo deix ar em quanto pequeno furtar e obrar mal sem reprehensão nem castigo. E que direi eu de muitos pais e superi-

tento e o necessário para se vestirem, além da boa doutrina; e, obrando o contrário, pecam mortalmente neste preceito. E sobretudo devem ter muito cuidado e zelo na guarda de suas famílias como joias de grande valor precioso, que Deus lhes tem encarregado, e que lhes há de pedir estreitas contas, se as deixarem perder. O muito mimo com que muitos pais tratam os filhos tem sido a causa de os deitarem a perder e virem neles lastimosos sucessos acontecidos por não os repreenderem, nem lhes darem boa doutrina enquanto pequenos: como se conta daquele que cortou o nariz com os dentes à mãe, ao pé da forca, por deixá-lo enquanto pequeno furtar e obrar mal sem repreensão nem castigo. E que direi eu de muitos pais e superi-

– 47 –

tanto oo necessario para se vestirem, alem
da boa doutrina; e obrando o contrario
pecaõ mortalmente neste preceito.
E sobre tudo devem ter muito cuidado e
zelo na guarda de suas familias como
joias de grande valor precioso, que Deos
lhes tem encarregado, e que lhes ha de pe_
dir estreitas contas, se as deixarem perder.
O muito mimo com que muitos pais tractaõ
os filhos, tem sido a causa de os deitarem
a perder e virem nelles lastimosos suc_
cessos acontecidos por naõ os reprehen_
derem, nem lhes darem boa doutrina
em quanto pequenos: Como se conta d'a_
quelle que cortou os narizes com os
dentes á maï, ao pé da forca pelo dei_
xar em quanto pequeno furtar e obrar
mal sem reprehensaõ nem castigo.
E que direi eu de muitos pais e supere_

48

ores, que sabendo dos vicios e peccados de seus filhos, e subditos, os não reprehendem, e tal vez estejão dissimulando, prin cipalmente no peccado do Concu binato? Devem saber que não ha de haver filho familia, que tendo pai e estando em seu patrio deminio, nem subdito tendo superior, amancebados, porque taes pais e superiores tem obrigação de os evitar deste peccado comforme opoder que Deus lhes tem dado. E quando se não queirão emendar com a apalavra executem-os com o castigo, epor isso terão de Deus opremio. O pai que* cumpre com suas obrigações, alem de expor a seus filhos a risco de lhe tirarem a vida, lhes faz perder aalma. Não cuide algum que por jejuar efazer alguma obra de virtu-

* não

ores que, sabendo dos vícios e pecados de seus filhos e súditos, os não repreendem e talvez estejam dissimulando, principalmente no pecado do concubinato? Devem saber que não há de haver filho família, que tendo pai e estando em seu pátrio domínio, nem súdito tendo superior, amancebados, porque tais pais e superiores têm obrigação de os evitar deste pecado, conforme o poder que Deus lhes tem dado.[49] E quando se não queiram emendar com a palavra, executem-nos com o castigo e por isto terão de Deus o prêmio. O pai que não cumpre com suas obrigações, além de expor seus filhos ao risco de lhes tirarem a vida, lhes faz perder a alma. Não cuide alguém que por jejuar e fazer alguma obra de virtu-

---

[49] Texto confuso. Na passagem correspondente no manuscrito de 1897, Ataliba Nogueira encontra "[...] em seu pátrio domínio, nem súdito tendo superior atento, porque tais pais [...]" (p. 296 / p. 128). Em seu livro, em cujo capítulo XIV essa prédica se sustenta, Nuno Marques Pereira escreve: "[...] não há de haver filho-família, tendo pai e estando debaixo do seu pátrio domínio, nem escravo tendo senhor, nem súdito tendo superior, amancebados: porque tais pais, senhores e superiores têm obrigação [...]" (*Compêndio Narrativo do Peregrino da América*, 6. ed. Rio de Janeiro, Publicações da Academia Brasileira, vol. I, 1939, p. 178).

48

ores, que sabendo dos vicios e peccados de seus filhos e subditos, as não reprehendem, e tal vez estyão dissimulando, principalmente no peccado do Concubinato? Devem saber que não ha de haver filho familias, que tendo pai e estando em seu patrio dominio, nem subdito tendo superior, amancebados, porque taes Pais e Superiores tem obrigação de os evitar deste peccado conforme o poder que Deus lhes tem dado. E quando se não quizerão emendar com a palavra executem-os como castigo, e por isso tirão de Deus o premio. O Pai que cumpre com suas obrigações, alem de expor a seus filhos a risco de lhe tirarem a vida, lhes faz perder a alma. Não cuide alguem que por jejuar e fazer alguma obra de virtu-
não

de, que fica livre de ser castigado de Deus, faltando com as obrigaçõis de seu estado: Job, fallando dos peccadores, disse: que Deus hade cas tigar, fazendo que vejão os pais padecer seus filhos e morrer a sua vista. São os filhos obrigados a casar acontento de seus pais, para com acerto contrahirem a quelle estado como diz Sancho de Matrin. (Lib. 6, desp. 33. nº 10). Osque se casão contra vontade de seuspais, compessoas desiguaes, peccam gravemente: Fagundes em de calago. (Lib. 4. Cap. 4. v. 3). Porem tendo tomado conselho, e sendo pessoa digna, ainda que seus pais lhes contradigão podem contrahir matrimonio; Sanches e outros muitos. E ofilho o bediente a seus pais nunca lhe pode succeder mal. E pelo contrario, sabemos que muitos filhos

de, que fica livre de ser castigado de Deus, faltando com as obrigações de seu estado: Jó, falando dos pecadores, disse que Deus há de castigar, fazendo que vejam os pais padecer a seus filhos e morrer à sua vista.[50] São os filhos obrigados a casar a contento dos pais, para com acerto contraírem aquele estado, como diz Sancho (De Matrim., Lib. 6, desp. 33, no 10).[51] Os que se casam contra vontade de seus pais, com pessoas desiguais, pecam gravemente (Fagundes, Decálogo, Lib. 4., cap. 4, v.3). Porém, tendo tomado conselho, e sendo pessoa digna, ainda que seus pais os contradigam, podem contrair matrimônio (Sanches e outros muitos). E ao filho obediente a seus pais nunca lhe pode suceder mal. E, pelo contrário, sabemos que muitos filhos,

---

[50] Veja Jó 27,13-14: *"Haec est pars hominis impii apud Deum, et haereditas violentorum, quam ab Omnipotente suscipient. Si multiplicati fuerint filii ejus, in gladio erunt, et nepotes ejus non saturabuntur pane"* ["Esta é a sorte que diante de Deus terá o homem-impio, e a herança que os violentos receberão do Todo--Poderoso. Se os seus filhos se multplicarem, serão para a espada, e os seus netos não serão fartos de pão"].

[51] Sigo aqui a versão da mesma prédica encontrada no manuscrito de 1897, na leitura de Ataliba (p. 298 / 128). Seguramente está sendo referido aqui Tomás Sánchez, jesuíta espanhol (1550-1610), autor de importante obra sobre o matrimônio que, curiosamente, foi colocada no *Index Librorum prohibitorum*, não sem antes ter suscitado calorosas polêmicas em boa parte do século XVII, até os tempos de Leão XIII. Já Estêvão Fagundes, logo adiante citado, foi um jesuíta português que publicou, em 1640, o *Tratado sobre os Preceitos do Decálogo*.

— 49 —

de, que fica livre de ser castigado de Deus, faltando com as obrigaçoîs de seu estado: Job, fallando dos peccadores, disse: que Deus ha de cas tigar, fazendo que vejão os pais padecer seus filhos e morrer a sua vista. São os filhos obrigados a casar a contento de seus pais, para com acerto contrahirem aquelle estado como diz Sancho de Matrim. (Lib. 6, disp. 33. n.º 10). As que se casão contra vontade de seus pais, com pessoas desiguaes, peccão gravemente: Fagundes em decalogo. (Lib. 4. Cap. 4. v. 3). Porem tendo tomado conselho, e sendo pessoa digna, ainda que seus paes lhes contradigão podem contrahir matrimonio; Sanches e outros muitos. E o filho obediente a seus pais nunca lhe pode succeder mal. E pelo contrario, sabemos que muitos filhos

50

por não serem bem in sinados a seus pais, paes,⁵² vem depois a experimentar o mesmo quando tem filhos. Como se conta d'aquelle pai, a quem o filho trouxe pelos cabellos a impuxões pela a es cada abaixo e chegando a certo logar lhe disse opai: Basta, filho; que até aqui trouxe eu tãmbem deste modo a teu avô em certa occasião. Finalmente, não ha maior gloria para um pai, do que ver seu filho obediente; nem maior felicidade para um filho, do que ser obediente e honrar aseu pai. Por esta certeza recom mendou Salomão aos filhos a observancia dos preceitos paternos (Prov. 6, v. 20).⁵³ Mais glorioso foi para Enéas o nome de piedoso salvando nos hombros a seu pai; que o de valoroso, tendo a seus

por não serem bem ensinados por seus pais, vêm depois a experimentar o mesmo quando têm filhos. Como se conta daquele pai, a quem o filho trouxe pelos cabelos a empuxões pela escada abaixo e chegando a certo lugar lhe disse o pai: Basta, filho; que até aqui trouxe eu também deste modo a teu avô em certa ocasião. Finalmente, não há maior glória para um pai do que ver seu filho obediente, nem maior felicidade para um filho do que ser obediente e honrar a seu pai. Por esta certeza recomendou Salomão aos filhos a observância dos preceitos paternos (Provérbios 6,20). Mais glorioso foi para Eneas o nome de piedoso, salvando nos ombros a seu pai; que o de valoroso, tendo a seus

---

⁵² Por algum lapso o copista escreveu duas vezes a mesma palavra, com grafia distinta.
⁵³ Provérbios 6,20: *"Conserva fili mi praecepta patris tui, et ne dimittas legem matris tuae"* ["Conserva, filho meu, os preceitos de teu pai, e não largues a lei de tua mãi"].

por não serem bem insinados a seus paes, pais, nem depois a experimentar o mesmo quando tem filhos. Como se conta d'aquelle pai, a quem o filho trouxe pelos cabellos a impuzoes pela escada abaixo e chegando a certo logar lhe disse o pai: Basta, filho, que até aqui trouxe eu também deste modo a teu avô em certa occasião. Finalmente, não ha maior gloria para um pai, do que ver seu filho obediente; nem maior felicidade para um filho, do que ser obediente e honrar a seu pai. Por esta certeza recommendou Salomão aos filhos a observancia dos preceitos paternos (Prov. 6, v. 20). Mais glorioso foi para Enéas o nome de piedoso salvando nos hombros a seu pai, que o de valoroso, tendo a seus

51

pés seus inimigos. Ditosos chamou Euripedes, aos paes, que tem filhos obedientes. E pelo contrario, se podem entitular desgraçados os que tem filhos des comedidos aos conselhos epreceitos justos deseus pais. Por isso, como diz Quintiliano, são os filhos a esperança dos pais, quando obrão bem e virtuosamente. Porem fallando agora da obrigação que elles tem de guardar este quarto Mandamento, de honrar pai e mai, não só se deve entender dos filhos para com os pais; mas tambem do cuidado que hão de ter os pais para com os filhos na boa educação, dando-lhes boa doutrina, ou sejão legitimos ou naturaes. De duas cousas, pela maior parte, succedem nos filhos, quando abandonão as casas de seus pais, para lançarem-se aos vícios; a primeira é o-

pés seus inimigos.[54] Ditosos chamou Eurípedes aos pais que têm filhos obedientes. E pelo contrário, se podem intitular desgraçados os que têm filhos descomedidos aos conselhos e preceitos justos seus pais. Por isso, como diz Quintiliano, são os filhos a esperança dos pais, quando obram bem e virtuosamente. Porém, falando agora da obrigação que eles têm de guardar este quarto Mandamento de honrar pai e mãe, não só se deve entender dos filhos para com os pais; mas também do cuidado que hão de ter os pais para com os filhos na boa educação, dando-lhes boa doutrina, ou sejam legítimos ou naturais. Duas cousas, pela maior parte, sucedem nos filhos quando abandonam a casa de seus pais, para se lançarem aos vícios: a primeira é o

---

[54] Este Eneas não é outro que o da *Eneida*, do romano Virgílio: neste poema se descreve como ele carrega seu velho pai às costas. E Eurípedes não é outro que o famoso escritor do teatro grego. Já Quintiliano foi um orador e professor de retórica romano, que atuou na segunda metade do século I.

- 51 -

pés seus enimigos. Ditosos chamou Euripedes aos Paes, que tem filhos obedientes. E pelo contrário, se podem entitular desgraçados os que tem filhos descomedidos aos conselhos e preceitos justos de seus pais. Por isso, como diz Quintiliano, são os filhos a esperança dos pais, quando obrão bem e virtuosamente. Porem fallando agora da obrigação que elles tem de guardar este quarto Mandamento de honrar pai e mai, não só se deve entender dos filhos para com os pais; mas tambem do cuidado que hão de ter os pais para com os filhos na boa educação, dando-lhes boa doutrina, ou sejão legitimos ou naturaes. De duas cousas pela maior parte, succedem nos filhos, quando abandonão as casas de seus pais para lançarem-se aos vicios; a primeira é o

52

máo exemplo, e a segunda a má inclinação. Alguma força tem na creatura a má inclinação; porem pela maior parte semelhantes vicios procedem do máo exemplo e falta de doutrina. Pode haver maior descuido que deixar um pai, e uma mãi, sair uma filha só em companhia de uma pessoa deshonesta por caminhos, fontes, roçados, sem disto não fazerem caso? Sendo que devem isto evitar com grande cuidado, para conservação de sua honra e serviço de Deus. Pode haver maior-martirio para uma donzella honesta e virtuosa, do que leval-a a casa de uma prostituta? Foi este um genero de tormentos com que aquelle tyrano quiz atormentar Santa Luzia, para ver sepodia desvial-a doSanto temor de Deus, para que deixas-

mau exemplo, e a segunda a má inclinação. Alguma força tem na criatura a má inclinação; porém, pela maior parte, semelhantes vícios procedem do mau exemplo e da falta de doutrina. Pode haver maior descuido que deixar um pai e uma mãe sair uma filha só em companhia de uma pessoa desonesta por caminhos, fontes, roçados, sem disto não fazerem caso? Sendo que devem isto evitar com grande cuidado, para conservação de sua honra e serviço de Deus. Pode haver maior martírio para uma donzela honesta e virtuosa do que levá-la à casa de uma prostituta? Foi este um gênero de tormentos com que aquele tirano quis atormentar Santa Luzia, para ver se podia desviá-la do santo temor de Deus, para que deixas-

máo exemplo, e a segunda a má inclinação. Alguma força tem na Creatura a má inclinação; porem pela mai-
or parte semelhantes vicios procedem
do máo exemplo e falta de doutrina. Póde haver maior descuido que deixarem
pai, e uma mãi, sair uma filha só em
companhia de uma pessoa deshonesta
por caminhos, fontes, roçados, sem disto
fazerem caso? sendo que devem isto evitar com grande cuidado, para conservação de sua honra e serviço de Deus. Pode
haver maior martirio para uma donzella honesta e virtuosa, do que leval-a
a casa de uma prostituta? Foi este
um genero de tormentos com que aquelle tyrano quiz atormentar Santa Luzia, para ver se podia desvial-a do
Santo temor de Deus, para que deixas-

53

se de ser martyr e completasse o seu santo desejo: oque Deus accudiu em a livrar, para que conseguisse o seu glorioso e Santo martirio. Tomem o exemplo ó mãi de familias, da mãi de São Luiz, Rei de França, que o recebia nos braços sendo menino, lhe disse: qui antes o queria ver morto, do que vel-o offender a Deus: motivo porque foi Deus servido que elle viesse aser Santo. Oh! que brilhante effeito produzio aquella virtuosa doutrina! Entretanto, quem des conhecerá o terrivel éffeito que produz o escandalo? Varios são os exemplos, que acerca de semelhante procedimento se contão e setem visto. E basta para aconfirmação de tudo, o que disse Nosso Senhor Jesus Christo julgando por menos mal aqualquer homem ser lançado

se de ser mártir e completasse o seu santo desejo; Deus acudiu em a livrar, para que conseguisse o seu glorioso e santo martírio. Tomem o exemplo, ó mães de família, da mãe de São Luís, rei de França, que o recebia nos braços sendo menino, e lhe disse que antes o queria ver morto do que vê-lo ofender a Deus: motivo porque foi Deus servido que ele viesse a ser santo. Oh! Que brilhante efeito produziu aquela virtuosa doutrina! Entretanto, quem desconhecerá o terrível efeito que produz o escândalo? Vários são os exemplos que acerca de semelhante procedimento se contam e se têm visto. E basta para a confirmação de tudo o que disse Nosso Senhor Jesus Cristo, julgando por menos mal a qualquer homem ser lançado

— 53 —

se de ser martyr e completasse o seu santo desejo: o que Deus acudiu em a livrar, para que conseguisse o seu glorioso e Santo martirio. Tomem o exemplo ó mãi de familias da mãi de São Luiz, Rei de França, que o recebia nos braços sendo menino, lhe disse: que antes o queria ver morto, do que v.elo offender a Deus: motivo por que foi Deus servido que elle viesse a ser Santo. Oh! que brilhante effeito produzio aquella virtuosa doutrina! Entretanto, quem desconhecerá o terrivel effeito que produz o escandalo? Varios são os exemplos, que acerca de semelhante procedimento se contão e se tem visto. E basta para a confirmação de tudo, o que disse Nosso Senhor Jesus Christo julgando por menos mal a qual quer homem ser lançado

54

com uma pedra ao pescoço no fundo domar, do que dar escandalo aos outros depeccados; porque a maior gloria ehonra que se pode dar a Deus, é obom exemplo e insinar os ignorantes. Não é dito meu; mas de alguns Santos da Igreja. Nosso Senhor Jesus Christo venceu e convenceu aos peccadores com bom exemplo. Porque é certo, que o que tracta como bom, bom fica, eo que tracta comperverso, perverso fica e dis trahido. E assim digão-me o que hade fazer o filho ou subdito; vendo que seu pai ou superior caminha para opeccado? Necessariamente ha di seguil-o. O pai de familia ha de ser como um espelho limpo e sem mancha, para sua familia se veja nelle e se emenda de suas faltas. Como pode reprehender quem se a cha

com uma pedra ao pescoço no fundo do mar, do que dar escândalo aos outros de pecados;[55] porque a maior glória e honra que se pode dar a Deus é o bom exemplo e ensinar os ignorantes. Não é dito meu, mas de alguns Santos da Igreja. Nosso Senhor Jesus Cristo venceu e convenceu os pecadores com o bom exemplo. Porque é certo que o que trata com o bom, bom fica e o que trata com perverso, perverso fica e distraído. E assim digam-me: o que há de fazer o filho ou súdito, vendo que seu pai ou superior caminha para o pecado? Necessariamente há de segui-lo; o pai de família há de ser como um espelho limpo e sem mancha, para sua família se ver nele e se emendar de suas faltas. Como pode repreender quem se acha

---

[55] Veja Marcos 9,41: "*Et quisquis scandalizaverit unum ex his pusillis credentibus in me: bonum est ei magis si circumdaretur mola asinaria collo ejus, et in mare mitteretur*" ["E todo o que escandalizar um d'estes pequenos que crem em mim: melhor lhe fôra que lhe atassem á roda do pescoço uma mó d'atafona, e que o lançassem ao mar"].

-54-

Com uma pedra ao pescoço no fundo do mar, do que dar escandalo aos outros de peccados; porque a maior gloria e honra que se pode dar a Deus, é o bom exemplo e insinar os ignorantes. Não é dito meu, mas de alguns Santos da Igreja. Nosso Senhor Jesus Christo venceu e convenceu aos peccadores com bom exemplo. Porque é certo, que o que tracta com o bom, bom fica, e o que tracta com perverso, perverso fica e destrahido. E assim digão-me, o que ha de fazer o filho ou subdito; vendo que seu pai ou superior caminha para o peccado? Necessariamente ha de seguil-o. O pai de familia ha de ser como um espelho limpo e sem mancha, para sua familia se veja nelle e se emende de suas faltas. Como pode reprehender quem se acha

55

comprehendido e talvez na mesma culpa? Imitem filhos o procedimento do mais obediente de todos os filhos. Jesus obedecia não só ao cas tissimo São José, mas tambem sua Santissima Mãi, mas esta dependencia em Maria motiva uma dor profunda, visto como sabia perfeitamente quem era aquelle que se dignou a ser seu filho. Se por um lado sea legrava dever o seu querido Jesus, satisfeito de estar emsua companhia, exercendo os officios mais insignificantes. Por outro lado não podia deixar de ter pena vendo tão abatida aquella Soberana Magestade, diante da qual se prostão os Anjos, os homens e de quem tremem os de monios. Quantos actos de verdadeira humildade não faria a Senhora diante deste Deus de amor, mas quanto lhe cus-

compreendido e talvez na mesma culpa? Imitem, filhos, o procedimento do mais obediente de todos os filhos. Jesus obedecia não só ao castíssimo São José, mas também à sua Santíssima Mãe, mas esta dependência em Maria motiva uma dor profunda, visto como sabia perfeitamente quem era aquele que se dignou de ser seu filho. Se por um lado se alegrava de ver o seu querido Jesus satisfeito de estar em sua companhia, exercendo os ofícios mais insignificantes, por outro lado não podia deixar de ter pena vendo tão abatida aquela Soberana Majestade, diante da qual se prostram os anjos e os homens e de quem tremem os demônios. Quantos atos de verdadeira humildade não faria a Senhora diante deste Deus de amor, mas quanto lhe cus-

comprehendido e talvez na mesma culpa?
Imitem filhos o procedimento do mais o-
bediente de todos os filhos. Jesus obedecia
não só ao castissimo São José, mas tambem
a sua Santissima Mãi, mas esta dependencia em Maria motiva uma dor profunda, visto como sabia perfeitamente quem
era aquella que se dignou a ser sua filha. Se por um lado se alegrava de ver
o seu querido Jesus, satisfeito de estar em
sua companhia, exercendo os officios
mais insignificantes. Por outro lado não
podia deixar de ter pena vendo tão
abatida aquella Soberana Magestade, diante da qual se prostão os Anjos,
os homens e de quem tremem os de monios. Quantos actos de verdadeira humildade não faria a Senhora diante deste Deus de amor, mas quanto lhe cus-

56

tava a necessidade de mandar sobre seu Filho? É assim, pois, como Maria se prostra para com Jesus, em sua vida particular. O doce Jesus tendo de dar principio á sua pregação antes de retirar-se, ao Diserto, para ali se exercitar em asperisimas penitencias, tinha de de clarar á querida Mãi o seu designo e era mister obter o seu consentimento, lançando as vistas para Maria, e m editando na sua partida, teria o cuidado de occultar a commoção do seu coração, as proprias lagrimas, para não penalizar antes da hora á quella Santissima Creatura. Mas enfim era preciso de claral-o, era necessario dar-lhe parte da sua desposição. Nestes momentos, pois, em que Jesus se aproximava de sua Mãi para falar-lhe, como

tava a necessidade de mandar sobre seu Filho? É assim, pois, como Maria se prostra para com Jesus em sua vida particular. O doce Jesus, tendo de dar princípio à sua pregação antes de retirar-se ao deserto, para ali se exercitar em asperíssimas penitências, tinha de declarar à querida Mãe o seu desígnio e era mister obter o seu consentimento; lançando as vistas para Maria e meditando na sua partida, teria o cuidado de ocultar a comoção do seu coração, as próprias lágrimas, para não penalizar antes da hora aquela Santíssima Criatura. Mas enfim era preciso declará-lo, era necessário dar-lhe parte da sua disposição. Nestes momentos, pois, em que Jesus se aproximava de sua Mãe para falar-lhe, como

tara a necessidade de mandar sobre
seu Filho? É assim, pois, como Maria
se prostra para com Jesus, em sua vida
particular. O doce Jesus tendo de dar
principio á sua pregação antes de re_
tirar-se, ao Diserto, para ali se exercitar
em asperissimas penitencias, tinha de
declarar á querida Mãi o seu designo
e era mister obter o seu consentimento, lan_
çando as vistas para Maria, e meditan_
do na sua partida, teria o cuidado de
occultar a commoção do seu coração, as
proprias lagrimas, para não frenali_
zar antes da hora á quella Santissima
Creatura. Mas enfim era preciso de_
claral-o era necessario dar-lhe par_
te da sua desposição. Nestes momen_
tos, pois, em que Jesus se aproximara
de sua Mãi para fallar-lhe, como

57

estaria a quelle Coração Filial? Maria o recebe com um respeito e amor des conhecido no mundo; ouve silen ciosa a noiticia da partida e o motivo d ella. Minha querida Mãi, dizia Jesus; Sabeis que vim a terra cumprir uma Missão; O tempo está chegado e eu devo preparar-me com penetincia para ella. Consente pois que para este fim, eu me retire ao Diserto. Ouvindo Maria estas palavras, lavou-se em lagrimas, e, dando o seu consentimento, as suas expressões eram interrompidas com soluços e suspiros. Jesus ainda pedio a sua Mãi permissão para supportar a morte. Jesus queixa-se por bocca doPropheta, que morrendo sobre a Cruz, e procurando alguma pessoa que o consolasse, não a chou. Pelo contrario, no momento mesmo emque expirava, os Judeos eos-

estaria aquele Coração Filial? Maria o recebe com um respeito e amor desconhecido no mundo, ouve silenciosa a notícia da partida e o motivo dela. Minha querida Mãe, dizia Jesus, sabeis que vim à terra cumprir uma missão; o tempo é chegado e eu devo preparar-me e com penitência para ela. Consente, pois, que para este fim eu me retire ao Deserto. Ouvindo Maria estas palavras, lavou-se em lágrimas e, dando o seu consentimento, as suas expressões eram interrompidas com soluços e suspiros. Jesus ainda pediu à sua Mãe permissão para suportar a morte. Jesus queixa-se por boca do Profeta que, morrendo sobre a Cruz e procurando alguma pessoa que o consolasse, não achou.[56] Pelo contrário, no momento mesmo em que expirava, os judeus e os

---

[56] Lamentações 1,12: "*O vos omnes, qui transitis per viam, attendite, et videte si est dolor sicut dolor meus*" ["Ó vós todos os que passais pelo caminho, attendei, e vede, se ha dor similhante á minha dôr"]. Recorde-se de que, conforme a tradição, o livro das Lamentações era atribuído a Jeremias, o profeta.

— 57 —

estaria aquelle Coração Filial? Maria o recebe com um respeito e amor desconhecido no mundo; ouve silenciosa a noticia da partida e o motivo della. Minha querida Mãi, diria Jesus, Sabeis que vim a terra cumprir uma Missão; O tempo está chegado e eu devo preparar-me com prudencia para ella. Consente pois que para este fim, eu me retire ao Deserto. Ouvindo Maria estas palavras, lavou-se em lagrimas, e, dando o seu consentimento, as suas expressões erão interrompidas com soluços e suspiros. Jesus ainda pedio a sua Mãi permissão para supportar a morte. Jesus queixa-se por bocca do Propheta, que morrendo sobre a Cruz, e procurando alguma pessoa que o consolasse, não a chou. Pelo contrario, no momento mesmo em que expirara, os Judeos e os

58

Romanos lançavão contra Elle maldições e blasfemias. Maria, sua Santissima Mai, conservava-se é verdade ao pé da Cruz, afim de procurar-lhe algum alivio se podesse; mas esta Mãi terna e afflicta contribuio antes pela dor e compaixão que a opprimia a augmentar apena deste Filho que tanto amava. São Bernardo diz positivamente que as dores de Maria contribuirão todas a affligerem mais o Coração de Jesus. De tal sorte que quando o Salvador lançava os olhos para sua Mãi tão afflicta, sentia o coração mais penetrado das Dores de Maria, que das suas, como amesma Beatissima Virgem o revelou a Santa Brigida. Acujo respeito São Bernardo ex clama: Oh! Bom Jesus, Vós sofreis grandes dores em vosso Corpo; mas Vós as soffreis ainda maiores á vista das

Romanos lançavam contra Ele maldições e blasfêmias. Maria, sua Santíssima Mãe, conservava-se, é verdade, ao pé da cruz,[57] a fim de procurar-lhe algum alívio se pudesse, mas esta Mãe terna e aflita contribuiu antes pela dor e compaixão que a oprimia a aumentar a pena deste Filho que tanto amava. São Bernardo[58] diz positivamente que as dores de Maria contribuíram todas a afligir mais o coração de Jesus. De tal sorte que, quando o Salvador lançava os olhos para sua Mãe tão aflita, sentia o coração mais penetrado das dores de Maria do que das suas, como a mesma beatíssima Virgem o revelou a Santa Brígida. A cujo respeito São Bernardo exclama: Ó Bom Jesus, vós sofreis grandes dores em vosso corpo; mas vós as sofreis ainda maiores à vista das

---

[57] Veja João 19,25, cena que se fixaria no imaginário religioso católico por meio do hino *Stabat Mater*.
[58] Monge e teólogo que viveu entre 1090 e 1153, Bernardo de Claraval ficou conhecido, entre outras coisas, pela reforma que empreendeu em sua ordem religiosa e como mestre da ascese e da mística, além de ter produzido importantes trabalhos focados na pessoa de Maria, mãe de Jesus.

—58—

Romanos lançarão contra Elle maldições e blasfemias. Maria, sua Santissima Mãi conservara-se é verdade ao pé da Cruz, afim de procurar-lhe algum alivio se podesse, mas esta Mãi terna e afflicta contribuio antes pela dor e compaixão que a opprimia a augmentar a pena deste Filho que tanto amara. São Bernardo diz positivamente que as dores de Maria contribuirão todas a affligirem mais o Coração de Jesus. De tal sorte que quando o Salvador lançara os olhos para sua Mãi tão afflicta, sentia o coração mais penetrado das Dores de Maria, que das suas, como a mesma Beatissima Virgem revelou a Santa Brigida. A cujo respeito São Bernardo exclama: Oh! Bom Jesus, Vós soffris grandes dores em vosso Corpo; mas Vós as soffreis ainda maiores á vista das

59

de vossa Mãi. Que desgosto profundo deverião provar sobre tudo, estes doces corações abrasados de Jesus e Maria, no momento em que o Filho antes que expirasse devia des pedir-se de sua Mãi? Eis as ultimas palavras porque Jesus disse a deus neste mundo a sua Mãi: Mulher, eis-ahi o vosso Filho, mostrando-lhe São João que lhe deixava por filho em seu logar, e a Senhora ouvindo tão ternas expressões, comprehendeu que o seu Jesus hia morrer. Até ha pouco a Mãi eo Filho se tinha conservado em um perfeito silencio, porque nem Jesus se queixava a sua Mãi dos tormentos que soffria, e nem a Senhora lhe dirigia palavra para lhe consolar; e isto não só porque a crueldade dos judeus tirava-lhe aoccasião de ofazer, como porque as horas erão de padecer

de vossa Mãe. Que desgosto profundo deveriam provar sobretudo estes doces corações abrasados de Jesus e Maria, no momento em que o Filho, antes que expirasse, devia despedir-se de sua Mãe? Eis as últimas palavras por que Jesus disse adeus neste mundo à sua Mãe: Mulher, eis aí vosso Filho, mostrando-lhe São João, que lhe deixava por filho em seu lugar; e a Senhora, ouvindo tão ternas expressões, compreendeu que o seu Jesus ia morrer. Ah! Há pouco a Mãe e o Filho tinham-se conservado em perfeito silêncio, porque nem Jesus se queixava à sua Mãe dos tormentos que sofria, nem a Senhora lhe dirigia palavra para o consolar; e isto não só porque a crueldade dos judeus tirava-lhes a ocasião de o fazer, como por que as horas eram de padecer

— 59 —

de Vossa Mãi. Que disgosto profundo de-
veião provar sobre tudo, estes dous corações
abrasados de Jesus e Maria, no momento
em que o Filho antes que expirasse deveria
despedir-se de sua Mãi.? Eis as ultimas
palavras porque Jesus disse a deus neste
mundo a sua Mãi: Mulher, eis-ahi o vosso
Filho, mostrando-lhe São João que lhe dava por filho, em seu logar, e a Senhora
ouvindo tão ternas expressões comprehendeu que o seu Jesus hia morrer. Até ha
pouco a Mãi e o Filho se tinha conservado em um perfeito silencio, porque nem
Jesus se queixava a sua Mãi dos tormentos que soffria, e nem a Senhora
lhe dirigia palavra para lhe consolar;
e isto não só porque a crueldade dos judeus tirava-lhe a occasião de o fazer,
como porque as horas erão de padecer

60

sem trocar entre si, uma só expressão. Agora, porem, Jesus é quem falla á Virgem Mãi em um sentido todo claro de amor e de compaixão, dando-lhe assim aprova mais completa do seu affecto, e Maria ouvindo seu Filho, não des conhece que estas erão as únicas palavras que da Cruz lhe endereçaria, visto como amorte já principiava a desfigurar aquelle Rosto Divino. Nesta suprema disposição do Salvador, ficou Maria na pessoa do Discipulo amado constituida verdadeira Mãi, segundo a Devina Vontade. Mas, se esta vontade do Senhor, muito consola a Virgem Santissima, Ella sente esentirá; por que muito despresarão o Sangue innocente, tor nando-se assim sem fructo tanto padecer, tanto penar deseu Filho Jesus: oque com effeito sangra-lhe

sem trocar entre si uma só expressão. Agora, porém, Jesus é quem fala à Virgem Mãe em um sentido todo claro de amor e de compaixão, dando-lhe assim a prova mais completa do seu afeto. Maria, ouvindo seu Filho, não desconhece que estas eram as únicas palavras que da Cruz lhe endereçaria, visto como a morte já principiava a desfigurar aquele Rosto Divino. Nesta suprema disposição do Salvador ficou Maria, na pessoa do discípulo amado, constituída verdadeira Mãe, segundo a Divina Vontade.[59] Mas se esta vontade do Senhor muito consola a Virgem Santíssima, Ela sente e sentirá, porque muitos desprezarão o Sangue inocente, tornando-se assim sem fruto tanto padecer, tanto penar de seu Filho Jesus: o que, com efeito, lhe sangra

---

[59] Veja João 19,27: "*Deinde dicit [Jesus] discipulo: Ecce mater tua. Ex illa hora accepit eam discipulus in sua*" ["Depois [Jesus] disse ao discipulo: Eis-ahi tua mãi. E desta hora por diante a tomou o discipulo para sua casa"].

— 6º —

sem trocar entre si, uma só expressão. Agora, porém, Jesus é quem falla á Virgem Mãi em um sentido todo claro de amor e de compaixão, dando-lhe assim a prova mais completa do seu affecto, e Maria ouvindo seu Filho, não desconhece que estas erão as unicas palavras que da Cruz lhe endereçaria, visto como a morte ja principiara a desfigurar aquelle Rosto Divino. Nesta suprema disposição do Salvador, fica Maria na pessoa do Discipulo amado constituida verdadeira Mãi, segundo a Divina Vontade. Mas, se esta Vontade do Senhor, muito consola a Virgem Santissima, Ella sente e sentirá; por que muito despresarão o Sangue innocente, tornando-se assim sem fructo tanto padecer, tanto penar de seu Filho Jesus: oque com effeito sangra-lhe

61

de novo o coração e aviva-lhe a Dôr. Afsim, pois, convertão-se com a maisfirme disposição da Vossa parte, para merecerem ofructo da Redempção.

de novo o coração e lhe aviva a Dor. Assim, pois, convertam-se, com a mais firme disposição da Vossa parte, para merecerem o fruto da Redenção.

— 64 —

de novo o Coração e aviva-lhe a Dôr. Assim, pois, convertão-se com a mais firme disposição da Vossa parte, para merecerem o efeito da Redempção.

62

5º Mandamento

Quantas lagrimas arranca o assassino deuma familia com offensa da Lei Devina e humana, a miseria a que fica exposta a esposa e seus filhinhos, se deixar soffrer semelhante golpe com a necessaria resignação? Ainda que tal homem fosse victima de muitas in jurias de seu inimigo, não era motivo sufficiente para tirar-lhe a vida, visto ser um damno irreparável: de vendo receber essas injurias pelo amor de Deus, para imitar o seu exemplo, que soffreu ultrajes no seu maior grau, como disse São Thomaz. Se elle considerasse que emquanto Jesus estava moribundo na Cruz, não cessavão os homens de atormental-o com exprobações. Uns dizião, Elle salvou os outros e não pode

5º Mandamento

Quantas lágrimas arranca o assassino de uma família como ofensa da Lei Divina e humana; a miséria a que fica exposta a esposa e seus filhinhos, se deixar sofrer semelhante golpe com a necessária resignação? Ainda que tal homem fosse vítima de muitas injúrias de seu inimigo, não era motivo suficiente para tirar-lhe a vida, visto ser um dano irreparável: devendo receber essas injúrias pelo amor de Deus, para imitar o seu exemplo, que sofreu ultrajes no seu maior grau, como disse São Tomás. Se ele considerasse que, enquanto Jesus estava moribundo na cruz, não cessavam os homens de atormentá-lo com exprobrações. Uns diziam: Ele salvou os outros e não pode

5.º Mandamento.

Quantas lagrimas arranca o assassino de uma familia com offensa da Lei Divina e humana, a miseria a que fica exposta a esposa e seus filhinhos, se dezar soffrer semelhante golpe com a necessaria resignação? Ainda que tal homem fosse victima de muitas injurias de seu inimigo, não era motivo sufficiente para tirar-lhe a vida, e isto ser um damno irreparavel do vendo receber essas injurias pelo amor de Deus, para imitar o seu exemplo, que soffreu ultrajes no seu maior grau, como disse São Thomaz. Se elle consideraße que emquanto Jesus estava moribundo na Cruz, não cessarão os homens de atormental-o com exprobrações. Uns dizião, Elle salvou os outros e não pode salvar-se a si? Se é Rei de Israel, que desça agora da Cruz. E que fazia Jesus, no alto da Cruz, em quanto elles o insultavão? Pedia talvez a seu Eterno Pai que os punisse? Não; mas que lhes perdoasse. Sim, diz São Thomaz: o Salvador para mostrar o immenso amor que tinha pelos homens, pidio perdão a Deus por seus próprios algozes. Elle opedio eo bteve, de tal sorte que quando ovirão expirar, elles se arrependerão de seus peccados. Elles ao retirar-se ferião o peito. Oh! O Sangue do Redemptor clama bem melhor misericordiaem nosso favor, do que o sangue de Abel clamava por vingança contra Caim. Aminha Justiça disse Deus a Santa Magdalena de Paxi, se ha mudado em Clemencia pela vingança que tenho exercido sobre a carne innocente de Jesus Christo

salvar-se a si? Se é Rei de Israel, que desça agora da Cruz.[60] E que fazia Jesus no alto da cruz, enquanto eles o insultavam? Pedia talvez a seu Eterno Pai que os punisse? Não; mas que lhes perdoasse.[61] Sim, diz São Tomás: o Salvador, para mostrar o imenso amor que tinha pelos homens, pediu perdão a Deus para seus próprios algozes. Ele pediu e obteve, de tal sorte que, quando o viram expirar, eles se arrependeram de seus pecados. E ao retirarem-se feriam o peito. Oh! O Sangue do Redentor clama bem melhor misericórdia em nosso favor do que o sangue de Abel clamava por vingança contra Caim.[62] A minha Justiça, disse Deus a Santa Madalena de Pazi,[63] se há mudado em Clemência pela vingança que tenho exercido sobre a carne inocente de Jesus Cristo.

---

[60] Veja Marcos 15,31-32: "*Similiter et summi sacerdotes illudentes, ad alterutrum cum scribis dicebant: Alios salvos fecit, seipsum non potest salvum facere. Christus rex Israhel descendat nunc de cruce, ut videamus, et credamus*" ["Desta maneira escarnecendo-o tambem os principes dos sacerdotes com os escribas, diziam uns para os outros: Elle salvou aos outros, a si mesmo não se póde salvar. Esse Christo rei d'Israel desça agora da cruz, para que o vejamos, e creamos"].

[61] Veja Lucas 23,34: "*Iesus autem dicebat: Pater, dimitte illis: non enim sciunt quid faciunt*" ["E Jesus dizia: Pai, perdoa-lhes, porque não sabem o que fazem"].

[62] Veja Gênesis 4,10: "*vox sanguinis fratris tui clamat ad me de terra*" ["A voz do sangue de teu irmão clama des da terra por mim"].

[63] Santa Madalena de Pazi, monja carmelita, viveu entre 1566 e 1607. Dela trata Manoel José Gonçalves Couto, op. cit., p. 625-28.

— 63 —

salvar-se a si? Já é Rei de Israel, que desça agora da Cruz. E que fazia Jesus no alto da Cruz, em quanto elles o insultavão? Pedia talvez a seu Eterno Pai que os punisse? Não, mas que lhes perdoasse. Sim, diz São Thomaz: o Salvador para mostrar o immenso amor que tinha pelos homens, pedio perdão a Deus por seus proprios algozes. Elle o pedio e obteve, de tal sorte que quando o virão expirar, elles se arrependerão de seus peccados. Elles ao retirar-se ferião o peito. Oh! o Sangue do Redemptor clama bem melhor misiricordia em nosso favor, do que o Sangue de Abel clamara por vingança contra Caim. A minha Justiça disse Deus a Santa Magdalena de Pazi, se ha mudado em Clemencia pela Vingança que tenho exercido sobre a carne innocente de Jesus Christo

64

. O Sangue de meu Filho não me pede vingança como o de Abel; elle me pede pelo contrario misericordia e compaixão; eaesta voz a minha Justiça não pode deixar de apasiguar-se. Este devino sangue me liga as mãos, de sorte que não pode por assim dizer, uzar d'ellas paratirar dos peccados a vingança que tinha resolvido. Considerem que não imitando o exemplo de Nosso Senhor Jesus Christo, que nos forneceu um remedio tão salutar, para cura da soberba, de sorte quenão acceitando-o fica elle incuravel. E se Jesus o Justo por essencia, sendo victima de tantas affrontas as soffreu pacientemente offerecendo tudo a seu Eterno Pai, para nos obter operdão dos nossos peccados. Abandonem a soberba, visto que a Escriptura nos mostra que Deus

O Sangue de meu Filho não me pede vingança como o de Abel; ele me pede, pelo contrário, misericórdia e compaixão; e a esta voz a minha Justiça não pode deixar de apaziguar-se: este divino sangue me liga as mãos, de sorte que não pode, por assim dizer, usar delas para tirar dos pecados a vingança que tinha resolvido. Considerem que, não imitando o exemplo de Nosso Senhor Jesus Cristo, que nos forneceu um remédio tão salutar para a cura da soberba, de sorte que, não o aceitando, fica ele incurável. E se Jesus, o Justo por essência, sendo vítima de tantas afrontas, as sofreu pacientemente, oferecendo tudo a seu Eterno Pai, para nos obter o perdão dos nossos pecados, abandonem a soberba, visto que a Escritura nos mostra que Deus

-64-

O sangue de meu Filho não me pede vingança como o de Abel; elle me pede pelo contrario misericordia e compaixão; e a esta Vós a minha Justiça não póde deixar de apasiguar-se. Este divino sangue me liga as mãos, de sorte que não póde, por assim dizer, uzar d'ellas para tirar dos peccados a vingança que tinha resolvido. Considerem que não imitando o exemplo de Nosso Senhor Jesus Christo, que nos forneceu um remedio tão salutar, para cura da soberba, de sorte que não aceitando-o fica ella incuravel. He Jesus o Justo por essencia, sendo Victima de tantas affrontas as soffreu pacientemente offerecendo tudo a seu Eterno Pai, para nos obter o perdão dos nossos peccados. — Abandonem a soberba, visto que a Escriptura nos mostra que Deus

65

não usará de misericordia para com os soberbos, pelo contrario se conhece que ocastigará com todo opeso de sua Justiça. David com espirito Prophetico pedia a Deus que lhe tirasse o véu dos olhos, para que podesse conhecer as maravilhas dos seus mysterios. (Ps. 118 v.18)[64] Isto é, a cegueira da soberba, e de todos os mais vícios e peccados, que nos privão e cegão, para não podermos ver os infinitos benefícios que actualmente nos está Deus fazendo, epela nevoa da culpa não podemos ver, nem enxergar. Não se deve proteger o assassino que deve expiar o seu crime na cadeia para não sair d'ella, para servir de exemplo áquelles que o queirão imitar. Para que foi constituida a lei, senão para garantir o direito do homem? Aquelle porem, que não quer soffrer injurias por Nosso-

não usará de misericórdia para com os soberbos; pelo contrário, se conhece que os castigará com todo o peso de sua justiça. Davi, com espírito Profético, pedia a Deus que lhe tirasse o véu dos olhos para que pudesse conhecer as maravilhas dos seus mistérios (Salmo 118,18). Isto é, a cegueira da soberba e de todos os mais vícios e pecados que nos privam e cegam, para não podermos ver os infinitos benefícios que atualmente nos está Deus fazendo; e pela névoa da culpa não podemos ver nem enxergar. Não se deve proteger o assassino, que deve expiar o seu crime na cadeia para não sair dela, para servir de exemplo àqueles que o queiram imitar. Para que foi constituída a lei, senão para garantir o direito do homem? Aquele, porém, que não quer sofrer injúrias por Nosso

---

[64] Salmo 118,18: "*Revela oculos meos: et considerabo mirabilia de lege tua*" ["Tira o veo dos meus olhos: e eu considerarei as maravilhas da tua lei"].

—65—

não usará de misericordia para com os soberbos, pelo contrario se conhece que o castigará com todo o peso de sua Justiça. David com espirito prophetico pedia a Deus que lhe tirasse o véo dos olhos, para que podesse conhecer as maravilhas dos seus mysterios. (Ps. 118 v. 18) Isto é, a cegueira da soberba, e de todas os mais vicios e peccados que nos privão e cegão para não podermos ver os infinitos beneficios que actualmente nos está Deus fazendo, e pela nevoa da culpa não podemos ver, nem enxergar. Não se deve proteger o assassino que deve expiar o seu crime na Cadeia para não sair d'ella, para servir de exemplo áquelles que o queirão imitar. Para que foi constituida a lei, senão para garantir o direito do homem? Aquelle porem que não quer soffrer injurias por Nosso

66

Senhor Jesus Christo, cujo exemplo deve imitar, então recorra a lei, para punir aquelle que lhe injuriou, porque só assim evitará de tirar a existência do próximo e arrancar tantas lagrimas de uma família. Não sepode explicar oprocedimento do soberbo; se vos digo que recorrão a lei, porque meparece que muitos de vós não querem fazer a vontade de Deus, deixando-vos vencer da soberba. Assim, pois, sehaveis de lavar as mãos no sangue do proximo, ide a presença da Auctoridade, para ali séproceder contra elle, na forma da lei, de cuja execução o Bom Jesus deixou-nos o exemplo. Bem sabia Elle que na antiga Lei se mandava os pais circumcidar seos filhos, oito dias depois de nas cidos, eesta cerimonia era dolorosa; porque o menino que a recebia, soffria uma ferida

Senhor Jesus Cristo, cujo exemplo deve imitar, então recorra à lei, para punir aquele que o injuriou, porque só assim evitará de tirar a existência do próximo e arrancar tantas lágrimas de uma família. Não se pode explicar o procedimento do soberbo; se vos digo que recorram à lei, é porque me parece que muitos de vós não querem fazer a vontade de Deus; deixam-se vencer da soberba. Assim, pois, se haveis de lavar as mãos no sangue do próximo, ide à presença da Autoridade, para aí se proceder contra ele, na forma da lei, de cuja execução o Bom Jesus deixou-nos o exemplo. Bem sabia Ele que na antiga lei se mandava os pais circuncidar seus filhos, oito dias depois de nascidos, e esta cerimônia era dolorosa, porque o menino que a recebia sofria uma ferida

Senhor Jesus Christo, cujo exemplo deve i-
mitar, entaõ recorra á lei, para punir a-
quelle que lhe injuriou; por que só assim e-
vitará de tirar a existencia do proximo e
arrancar tantas lagrimas de uma familia.
Naõ se póde explicar o procidimento do
soberbo; se vos digo que recorraõ a lei, por
que me parece que muitos de vós naõ querem fazer a vontade de Deus, deixando-vos
vencer da soberba. Assim, pois, se haveis
de lavar as maõs no sangue do proximo, ide
a presença da Auctoridade, para ali se
proceder contra elle, na forma da lei, de
cuja execuçaõ o Bom Jesus deixou-nos o exemplo. Bem sabia Elle que na antiga
Lei se mandara os paes circumcidar seus filhos, oito dias depois de nascidos, e esta ceremonia era dolorosa, porque o menino que a recebia, soffria uma ferida

67

da qual naturalmente sahia sangue. A cumprir esta Lei, nossa carinhosa Mãi humildemente se sujeita, entregando o seu Doce Jesus; e em quanto o Ministro faz o seu dever, o mimoso Filho, estende os bracinhos para Ella, querendo consolar-se nas complascencias que tem para com esta alma Bemdita: Ao mesmo passo que, como Cordeirinho dá balidos tão tocantes, que penetrão o Sagrado Coração da grande Senhora. Oh! como internece ver o Filho neste estado, como é doloroso ver a Mãi chorar! Aproximemo-nos portanto deste quadro repassado de ternura e de instrucção para nós. Se aCircumcisão foi instituida como um signal distintivo do povo de Deus, Jesus que é o mesmo Deus, de modo algum estava sujeito a esta Lei,

da qual naturalmente saía sangue. A cumprir esta lei, nossa carinhosa Mãe humildemente se sujeita, entregando o seu Doce Jesus;[65] e enquanto o ministro faz o seu dever, o mimoso Filho estende os bracinhos para Ela, querendo consolar-se na complacência que tem para com esta alma Bendita; ao mesmo passo que, como Cordeirinho, dá balidos tão tocantes que penetram o Sagrado Coração da grande Senhora. Oh! Como enternece ver o Filho neste estado, como é doloroso ver a Mãe chorar! Aproximemo-nos, portanto, deste quadro repassado de ternura e de instrução para nós. Se a circuncisão foi instituída como sinal distintivo do povo de Deus, Jesus, que é o mesmo Deus, de modo algum estava sujeito a esta Lei,

---

[65] O texto refere-se ao que é narrado em Lucas 2,21.

— 67 —

da qual naturalmente sahia sangue. A cumprir esta Lei, nossa carinhosa Mãi humildemente se sujeita, entregando o seu Doce Jesus; e emquanto o Ministro faz o seu dever, o mimoso Filho estende os bracinhos para Ella querendo consolar-se nas complacencias que tem para com esta alma Bendita: Ao mesmo passo que, como Cordeirinho dá balidos tão tocantes, que penetrão o Sagrado Coração da grande Senhora. Oh! Como interenece ver o Filho neste estado, como é doloroso ver a Mãi chorar! Aproximemo-nos portanto deste quadro repassado de ternura e de instrucção para nós. Se a Circumcisão foi instituida como um signal distinctivo do povo de Deus, Jesus que é o mesmo Deus, de modo algum estará sujeito a esta Lei;

68

mas voluntariamente se submette ao seu cumprimento, nos instrue com o exemplo antes de o fazer com apalavra, que Elle é o Legislador suspirado ha tantos seculos, e que assim principia a sua carreira sobre a terra, soffrendo por nosso amor. Maria meditando profundamente nestas verdades se sujeita em tudo a ordem do Céo, ena mais perfeita resignação encara tranquilla o que soffre a innocente victima em seus braços collocado. Maria procura affagar a Jesus, e por entre estes mutuos transportes de ternura, as lagrimas do Filho, se confundem com as da Mãi. Épreciso querido Filho, dizia Ella, cumprir-se a Lei, de cuja execução vós mesmo medás o exemplo. E se me ver assim chorar é essa a linguagem da Natureza de mãos dadas com um fortissimo amor, que me faz

mas voluntariamente se submete ao seu cumprimento, nos instrui com o exemplo antes de o fazer com a palavra, Ele que é o Legislador suspirado há tantos séculos, e que assim principia a sua carreira sobre a terra, sofrendo por nosso amor. Maria, meditando profundamente nestas verdades, se sujeita em tudo à ordem do céu, e na mais perfeita resignação encara tranquila o que sofre a inocente vítima em seus braços colocada. Maria procura afagar a Jesus, e por entre estes mútuos transportes de ternura as lágrimas do Filho se confundem com as da Mãe. É preciso, querido Filho, dizia Ela, cumprir-se a Lei, de cuja execução vós mesmo me dais o exemplo. E se me vir enfim chorar, é essa a linguagem da Natureza, de mãos dadas com fortíssimo amor, que me faz

mas voluntariamente se submette ao seu cumprimento, nos instrue com o exemplo antes de o fazer com a palavra, que Elle é o Legislador suspirado ha tantos seculos, e que assim principia a sua Carreira sobre a terra, soffrendo por nosso amor. Maria meditando profundamente nestas verdades se sujeita em tudo a ordem do Ceo, e na mais perfeita resignação encara tranquilla o que soffre a innocente victima em seus braços collocado. Maria procura affagar a Jesus, e por entre estes muitos transportes de ternura, as lagrimas do Filho, se confundem com as da Mãi. É preciso querido Filho, dizia Ella, cumprir-se a Lei, de cuja execução Vós mesmo me dás o exemplo. E se me ver assim chorar é esta a linguagem da Natureza das magoadas com um fortissimo amor, que me faz

69

ja estar sentindo em vista do vosso Sangue derramado. O homem não pode pois justificar o seu procedimento acerca dequalquer injuria por mais grave que receba do proximo para punil-o ainda que seja pelos meios legais, se considerasse profundamente que Deus soffreu tantas affrontas pacientemente, dando-nos assim o exemplo para que fosse imitado. Nosso Senhor Jesus Christo disse a seus discipulos: Tendes ouvidos o que foi dito aos antigos: Amarás a teu proximo e aborreceras a teu inimigo. Mas Eu vos digo: amai avossos inimigos, fazei bem aos que vos tem odio: e orai pelos que vos perseguem e calumnião. *Ego autem decovobis diligite inimicos vestra, benefacite his, qui o derunt vos et erat properciquentibus, et calumniantibus.* (Math.

já estar sentindo, em vista de vosso sangue derramado. O homem não pode, pois, justificar o seu procedimento acerca de qualquer injúria, por mais grave que receba do próximo, para puni-lo, ainda que seja pelos meios legais, se considerasse profundamente que Deus sofreu tantas afrontas pacientemente, dando-nos assim o exemplo para que fosse imitado. Nosso Senhor Jesus Cristo disse a seus discípulos: Tendes ouvido o que foi dito aos antigos: Amarás a teu próximo e aborrecerás a teu inimigo. Mas eu vos digo: amai a vossos inimigos, fazei bem aos que têm ódio, e orai pelos que vos perseguem e caluniam: *Ego autem dico vobis: diligite inimicos vestros, benefacite his, qui oderunt vos et orate pro persequentibus et calumniantibus* (Mateus

59-

ja estar sentindo em vista do Vosso Sangue derramado. O homem não pode pois justificar o seu procedimento acerca de qualquer injuria por mais grave que receba do proximo para punil-o ainda que seja pelos meios legaes, se considerasse profundamente que Deus soffreu tantas affrontas pacientemente, dando-nos assim o exemplo para que fosse imitado. Nosso Senhor Jesus Christo disse a seus discipulos: Tendes ouvidos o que foi dito aos antigos: Amarás ao teu proximo e aborreceras a teu inimigo. Mas Eu vos digo: amai a vossos inimigos, fazei bem aos que vos tem odio: e orai pelos que vos perseguem e calumnião. Ego autem de cor obis diligite inimicos vestros, benefacite his, qui oderunt vos et orat prosper ciquen tibus, et calumniantibus. Math.

70

Cap. 5 v. 44). Para serdes filhos do vosso Pae que está nos Céos: oqual faz nascer o seu sol sobre bons e máos e vir chuva sobre justos e injustos. Porque se vós não amaes senão aos que vos amão, que recompensa haveis de ter? Não fazem os Publicanos tambem o mesmo? E se vos saudardes somente aos vossos irmãos, que fazei nisso de especial? Não fazem tãmbem assim os Gentios?[66] Adoutrina do Altíssimo nos está ensinando que ainda que nos digão muitas ignominias; ainda que o nosso rosto se veja coberto de confusão, nem por isso devemos mo lestar, nem tomar satisfações, mas sim fazermos bem áquelle que nos injuriou. E São Paulo diz: que vencemos o mal com o bem.[67] Edinão obrarmos assim, procedem as iras, os ódios

5,44). Para serdes filhos de vosso Pai que está nos Céus: o qual faz nascer o seu sol sobre bons e maus e vir chuva sobre justos e injustos. Porque se vós não amais senão aos que vos amam, que recompensa haveis de ter? Não fazem os publicanos também o mesmo? E se vós saudardes somente os vossos irmãos, que fazeis nisto de especial? Não fazem também assim os gentios? A doutrina do Altíssimo nos está ensinando que, ainda que nos digam muitas ignomínias, ainda que o nosso rosto se veja coberto de confusão, nem por isso devemos molestar nem tomar satisfações, mas sim fazermos bem àquele que nos injuriou. E São Paulo diz que vencemos o mal com o bem. E de não obrarmos assim, procedem as iras, os ódios

---

[66] Mateus 5,43-47: "*Audistis quia dictum est: Diliges proximum tuum, et odio habebis inimicum tuum. Ego autem dico vobis: Diligite inimicos vestros, benefacite his, qui oderunt vos: et orate pro persequentibus, et calumniantibus, vos; ut sitis filii patris vestri, qui in caelis est: qui solem suum oriri facit super bonos, et malos: et pluit super justos et injustos. Si enim diligitis eos, qui vos diligunt, quam mercedem habebitis? nonne et publicani hoc faciunt? Et si salutaveritis fratres vestros tantum, quid amplius facitis? nonne et Ethnici hoc faciunt?*" ("Tendes ouvido o que foi dito: Amarás ao teu proximo, e aborrecerás a teu inimigo. Mas eu vos digo: Amai a vossos inimigos, fazei bem aos que vos tem odio: e orai pelos que vos perseguem, e calumniam: para serdes filhos de vosso Pai, que está nos ceos, o qual faz nascer o seu sol sobre bons e máos: e vir chuva sobre justos e injustos. Porque se vós não amais senão aos que vos amam, que recompensa haveis de ter? não fazem os Publicanos tambem o mesmo? E se vós saudardes sómente aos vossos irmãos, que fazeis nisso de especial? não fazem tambem assim os Gentios?").

[67] Veja Romanos 12,21: "*Noli vinci a malo; sed vince in bono malum*" ("*Não te deixes vencer do mal, mas vence o mal com o bem*"). Trata-se do último versículo encontrado na transcrição interrompida do Novo Testamento que ocupa a maior parte do caderno manuscrito em que se encontram estes *Apontamentos...*

- 90 -

Cap. 5, v. 44). Para serdes filhos do Vosso Pae que está nos Céos: o qual faz nascer o seu sol sobre bons e máos e vir chuva sobre justos e injustos. Porque se vós não amaes senão dos que vos amão que recompensa haveis de ter? Não fazem os Publicanos tambem o mesmo? E se vós saudardes somente aos Vossos irmãos que fazei nisso de especial? Não fazem taõbem assim os Gentios? A doutrina do Altissimo nos está ensinando que ainda que nos digão muitas ignominias; ainda que o nosso rosto se veja coberto de confusaõ, nem por isso devemos molestar, nem tomar satisfaçoes, mas sim fazermos bem áquelle que nos injuriou. E Saõ Paulo diz: que Vençamos o mal com o bem. E de não obrarmos assim, procedem as iras, os odios

71

e as vinganças contra o nosso proximo. Vejão agora a que desatino maior pode chegar uma creatura, que, por satisfazer uma paixão, se prive de tanto bem, ecorte portantas obrigações o Preceito Devino de amar aDeus sobre todas as cousas e ao próximo como a si mesmo. Ohomem que verdadeiramente ama a Deus, não pode offender ao proximo; porque consequentemente o ama. Arazão é clara; porque assim como não ha fructo sem raiz; tambem não pode haver amor do proximo, sem que proceda do amor de Deus. Isto se entende, fallando espiritualmente, e deixando o amor profano, que tem os complices e cooperadores emqualquer offensa de Deus; por quetambém é acaridade impura e falsificada aquella que fazemos ao proximo por conveniencias próprias, violando aobe-

e as vinganças contra o nosso próximo. Vejam agora a que desatino maior pode chegar uma criatura que, por satisfazer uma paixão, se prive de tanto bem, e corte por tantas obrigações o preceito divino de amar a Deus sobre todas as cousas e ao próximo como a si mesmo. O homem que verdadeiramente ama a Deus não pode ofender ao próximo, porque consequentemente o ama. A razão é clara: porque assim como não há fruto sem raiz, também não pode haver amor do próximo sem que proceda do amor de Deus. Isto se entende, falando espiritualmente e deixando o amor profano, que tem os cúmplices e cooperadores em qualquer ofensa de Deus; porque também é caridade impura e falsificada aquela que fazemos ao próximo por conveniências próprias, violando a obe-

—71—

as vinganças contra o nosso proximo. Vejão agora aque desatino maior pode chegar uma creatura, que, por satisfazer uma paixão, se prive de tanto bem, e corte por tantas obrigações o Preceito Divino de amar a Deus sobre todas as cousas e ao proximo como a si mesmo. O homem que verdadeiramente ama a Deus, não pode offender ao proximo; porque consequentemente o ama. A razão é clara; porque assim como não ha fructo sem raiz, tambem não pode haver amor do proximo, sem que proceda do amor de Deus. Isto se entende, fallando espiritualmente, e deixando o amor profano, que tem os complices e cooperadores em qualquer offensa de Deus; por que tambem é a caridade impura e falsificada aquella que fazemos ao proximo por conveniencias proprias, violando a obediencia que racionavelmente manda oPreceito Divino: e só a vontade de Deus, éregra certa de toda a virtude. Este Preceito de ser amado, escreveu Deus como seu mesmo dedo, no principio de toda asua Santa Lei: *Diliges Dominum Deum tuum ex toto corde tuo ex ttoto anima tua ex toto mente tua*. Disse David (no Ps. 33. v. 3) Espera no Senhor eobra bem. Por isso bem é que por graves peccados que um haja com mettido; não desespere de que Deus lhe perdôe; mas ha defazer penitencia. Espera diz o mesmo David, em o Senhor; mas com as disciplinas nas mãos: isto é, dando execução a penitendia eproposito de emenda. Oque peccou necessariamente se si quizer salvar há de fazer pinitencia; e se afaz, por mais graves que sejão seus

diência que racionavelmente manda o preceito divino: e só a vontade de Deus é regra certa de toda virtude. Este Preceito de ser amado, escreveu Deus com o seu mesmo dedo no princípio de toda a sua Santa Lei. *Diliges Dominum Deum tuum ex toto corde tuo ex tota anima tua ex tota mente tua.*[68] Disse Davi (Salmo 33,3): Espera no Senhor e obra bem. Por isso bem e que por graves pecados que um haja cometido, não desespere de que Deus lhe perdoe, mas há de fazer penitência. Espera, diz o mesmo Davi, no Senhor; mas com as disciplinas na mão: isto é, dando execução à penitência e propósito de emenda.[69] O que pecou, necessariamente se se quiser salvar, há de fazer penitência, e se a faz, por mais graves que sejam seus

---

[68] Veja Mateus 22,37: "*Diliges Dominum Deum tuum ex toto corde tuo, ex tota anima tua, et in tota mente tua*" ["Amarás ao Senhor teu Deus de todo o teu coração, e de toda a tua alma, e de todo o teu entendimento"].

[69] Veja Salmo 26,14: "*Expecta Dominum, viriliter age: et confortetur cor tuum, et sustine Dominum*" ["Espera no Senhor, porta-te varonilmente: e fortifique-se o teu coração, e está firme esperando ao Senhor"].

diencia que racionavelmente manda o Preceito Divino: e só a vontade de Deus, é regra certa de toda a virtude. Este Preceito de ser amado, escreveu Deus como seu mesmo dedo, no principio de toda a sua Santa Lei: Diliges Dominum Deum tuum ex toto corde tuo ex toto anima tua ex toto mente tua. Disse David (no Ps. 33. v. 3) Espera no Senhor e obra bem. Por isso bem é que por graves peccados que um haja commettido, não desespere de que Deus lhe perdõe; mas ha de fazer penitencia. Espera diz o mesmo David, em o Senhor; mas com as disciplinas nas mãos: isto é, dando execução a penitencia e proposito de emenda. O que peccou necessariamente se si quizer salvar ha de fazer penitencia, e se a faz, por mais graves que sejão seus

73

peccados, pode contar na misericordia de Deus, que lhe os perdoará. Palavras tem dado Deus por Esequiel (c. 33, v. 11) dizendo. Não quero a morte do peccador, senão que seconverta a mim e que viva.⁷⁰ Ediz logo o peccado não damnará aopeccador em o dia que se converter, e deixar de me offender. Grave foi o peccado de David, por haver commettido adulterio com a mulher de Urias, fiel vassalo seu: e não só lhe fez adultério, mas também lhe tirou a vida. Mandou Deus reprehendel-o pelo Propheta Nathan: arrependiu-se David, e disse mui de coração: Pequei: epronunciando esta palavra, lhe disse o Propheta daparte de Deus, que tambem o Senhor lheperdoava o seu peccado, e concedia vida, que bem merecia haver perdido.
Diz o Propheta Izaias: que agrandeza

pecados, pode contar com a misericórdia de Deus, que lhos perdoará. Palavras tem dado Deus por Ezequiel (33,11), dizendo: Não quero a morte do pecador, senão que se converta a mim e que viva. E diz: logo o pecado não danará ao pecador no dia em que se converter e deixar de me ofender. Grave foi o pecado de Davi por haver cometido adultério com a mulher de Urias, seu fiel vassalo; e não só fez adultério, mas também lhe tirou a vida. Mandou Deus repreendê-lo pelo Profeta Natã; arrependeu-se Davi e disse mui de coração: Pequei; e pronunciando esta palavra, lhe disse o profeta da parte de Deus que também o Senhor lhe perdoava o seu pecado e concedia vida, que bem merecia haver perdido.⁷¹
Diz o Profeta Isaías: que a grandeza

---

⁷⁰ Ezequiel 33,11: "*Nolo mortem impii, sed ut convertatur impius a via sua, et vivat*" ["Eu não quero a morte do ímpio, mas sim que o ímpio se converta do seu caminho e viva"].
⁷¹ Veja 2 Reis 11-12.

— 73 —

peccados, pode contar na misericordia de Deus, que lhe os perdoará. Palavras tem da de Deus por Esequiel, (C. 33, v. 11) dizendo: Não quero a morte do peccador senão que se converta a mim e que viva. E diz logo o peccado não damnará ao peccador em o dia que se converter, e deixar de me offender. Grave foi o peccado de David, por haver commettido adulterio com a mulher de Urias, fiel vassallo seu: e não só lhe fez adulterio, mas tambem lhe tirou a vida. Mandou Deus reprehendel-o pelo Propheta Nathan: arrependeu-se David, e disse mui de coração: Pequei: e pronunciando esta palavra, lhe disse o Propheta da parte de Deus, que tambem o Senhor lhe perdoara o seu peccado, e concedia vida, que bem merecia haver perdido. Diz o Propheta Izaias que a grandeza que Deus mostra é quando aos peccadores perdôa. Eassim sevê que esta foi a razão, por que disse Nosso Senhor Jesus Christo: que assim haverá maior jubilo no Céo sobre um peccador que fizer penitencia, que sobre noventa e nove justos, que não hão de mis ter penitencia (Luc. C. 15, v. 7)[72] Diz David: Misericordioso e suave é o Senhor, e suas misericordias são sobre todas as suas obras:[73] isto é, que se presa grandem ente de misericordioso. O homem que vive nopeccado é um grande impedimento para ser de Deus ouvido, Deus não ouve aos peccadores, diz a Sagrada Escriptura, (Jo c 9. v. 31).[74] Isto é, em quanto opeccador não se arrepende, não o ouve Deus. Mas na hora em que de coração lhe pede perdão se justifica, e é de Deus ouvido.

que Deus mostra é quando aos pecadores perdoa.[75] E assim se vê que esta foi a razão por que disse Nosso Senhor Jesus Cristo: que assim haverá maior júbilo no céu por um pecador que fizer penitência, que por noventa e nove justos que não hão mister de penitência (Lucas 15,7). Diz Davi: Misericordioso e suave é o Senhor e suas misericórdias são em todas as suas obras: isto é, que se preza grandemente de misericordioso. O homem que vive no pecado é um grande impedimento para ser de Deus ouvido; Deus não ouve os pecadores, diz a Sagrada Escritura (João 9,31). Isto é: enquanto o pecador não se arrepender não o ouve Deus. Mas na hora em que de coração lhe pede perdão se justifica, e é de Deus ouvido.

---

[72] Lucas 15,7: *"Dico vobis quod gaudium erit in caelo super uno peccatore paenitentiam agente quam super nonagintanovem justis, qui non indigent paenitentia"* ["Digo-vos que assim haverá maior júbilo no ceo, sobre um peccador que fizer penitencia, que sobre noventa e nove justos, que não hão de mister penitencia"].

[73] Veja Salmo 144,8-9: *"Miserator, et misericors Dominus: patiens, et multum misericors. Suavis Dominus universis; et miserationes ejus super omnia opera ejus"* ["Clemente e misericordioso é o Senhor: soffrido, e muito misericordioso. Suave é o Senhor para com todos, e as suas misericordias são sobre todas as suas obras"].

[74] João 9,31: *"Peccatores Deus non audit"* ["Deus não ouve a peccadores"].

[75] Também aqui é incerta a passagem de Isaías a que o texto da prédica se refere. Poder-se-ia pensar, de outro modo, no Salmo 31,1: *"Beati quorum remissae sunt iniquitates: et quorum tecta sunt peccata"* ["Bemaventurados aquelles, cujas iniquidades são perdôadas: e cujos peccados são cobertos"]?

que Deus mostra é quando aos peccadores perdôa. E assim se vê que esta foi a razão, porque disse Nosso Senhor Jesus Christo: que assim haverá maior jubilo no Céo sobre um peccador que fizer penitencia, que sobre noventa e nove justos, que não hão de mister penitencias (Luc. C. 15 v. 7) Diz David: Misericordioso e suave é o Senhor, e suas misericordias são sobre todas as suas obras: isto é, que se presa grandemente de misericordioso. O homem que vive no peccado é um grande impedimento para ser de Deus ouvido, Deus não ouve aos peccadores, diz a Sagrada Escriptura, (J.º C 9, v. 31) Isto é, em quanto o peccador não se arrepende, não o ouve Deus. Mas na hora em que de coração lhe pede perdão se justifica, e é de Deus ouvido.

75

6º Mandamento

Os dias do homem se disvanecem como a sombra, elle secca como as hervas; mas vós Senhor per maneceis eternamente. Foi no meio dasinfermidades de um leito cercado da sombra da morte que soava outrora este oraculo do Propheta do Altissimo. Oraculo geral e universal que se realisa debaixo da purpura do Rei, coroado do diadema até o mais humilde pobre abatido endigencia. Oraculo terrivel, a natureza se horrorisa delle, a humanidade o teme, o orgulho procura dissimul-o: más toda essa dessimulação, não serve senão para confirmar sua existencia. Quantos que hoje pesão as sepulturas de seus paes e com poucos dias as suas são pesadas por seus filhos, cuja verdade, não necessita

6º Mandamento

Os dias do homem se desvanecem como a sombra; ele seca como as ervas; mas vós, Senhor, permaneceis eternamente.[76] Foi no meio das enfermidades de um leito, acercado da sombra da morte, que soava outrora este oráculo do Profeta do Altíssimo. Oráculo geral e universal, que se realiza debaixo da púrpura do Rei, coroado do diadema, até o mais humilde pobre abatido na indigência.[77] Oráculo terrível, a natureza se horroriza dele, a humanidade o teme, o orgulho procura dissimulá-lo: mas toda esta dissimulação não serve senão para confirmar sua existência. Quantos que hoje pisam as sepulturas de seus pais e com poucos dias as suas são pisadas por seus filhos, cuja verdade não necessita

---

[76] Veja Salmo 101,12-13: "*Dies mei sicut umbra declinaverunt: et ego sicut foenum arui. Tu autem Domine in aeternum permanes* [...]" ["Os meus dias como sombra passárão: e eu como feno me sequei. Mas tu, Senhor, permaneces para sempre [...]"].

[77] É o que lê Ataliba na versão da mesma prédica encontrada no manuscrito de 1897 (p. 343 / p. 136).

6.º Mandamento.

Os dias do homem se disvanecem como a sombra, elle secca como as hervas; mas Vós Senhor permaneceis eternamente. Foi no meio das infermidades de um leito cercado da sombra da morte que soara outrora este oraculo do Propheta do Altissimo. Oraculo geral e universal que se realisa debaixo da purpura do Rei, coroado do diadema até o mais humilde pobre abatido endigencia... Oraculo terrivel, a natureza se horrorisa delle, a humanidade o teme; o orgulho procura dissimulal-o: mas toda essa dissimulação, não serve senão para confirmar se a existencia. Quantos que hoje presão as sepulturas de seus paes e com poucos dias as suas são presadas por seus filhos, cuja verdade não necessita

76

de prova. Permittiu Deus queavida dohomem fosse breve, para que elle nem comasprosperidades se ensoberbecesse, vendo pouco tempo que as havia de gozar, nem com asadversidades per desse o animo, vendo que em breve havião de acabar: epara que seresolvesse a mortificar-se em viver comforme aos preceitos Divinos; tendo por grande ventura os trabalhos de uma breve vida, os gosos da eterna glora, onde deve ter opensamento eo coração. O que é a vida dohomem neste mundo? Não é mais que uma méra peregrinação; que vai caminhando comtanta pressa para a eternidade. Eassim não ha nohomem firmeza, nem estabelidade, que por muito tempo dure. O homem deve, pois resolver-se definitivamente sobre sua conversão; por que não sabe ahora que amorte o arran-

de prova. Permitiu Deus que a vida do homem fosse breve, para que ele nem com as prosperidades se ensoberbecesse, vendo o pouco tempo que as havia de gozar, nem com as adversidades perdesse o ânimo, vendo que em breve haviam de acabar e para que se resolvesse a mortificar-se em viver conforme os preceitos Divinos, tendo por grande ventura os trabalhos de uma breve vida, os gozos da eterna glória, onde deve ter o pensamento e o coração. O que é a vida do homem neste mundo? Não é mais que mera peregrinação, que vai caminhando com tanta pressa para a eternidade. E assim não há no homem firmeza, nem estabilidade, que por muito tempo dure. O homem deve, pois, resolver-se definitivamente sobre sua conversão; porque não sabe a hora em que a morte o arran-

de prova. Permettiu Deus que a vida do homem fosse breve, para que elle nem com as prosperidades se ensoberbecesse, vendo pouco tempo que as havia de gozar, nem com as adversidades perdesse o animo, vendo que em breve havião de acabar: e para que se resolvesse a mortificar-se em viver conforme aos preceitos Divinos; tendo por grande ventura os trabalhos de uma breve vida, os gosos da eterna gloria, onde deve ter o pensamento no coração. O que é a vida do homem neste mundo? Não é mais que uma mera peregrinação, que vai caminhando com tanta pressa para a eternidade. E assim não ha no homem firmeza, nem estabilidade, que por muito tempo dure. O homem deve, pois, resolver-se definitivamente sobre sua conversão; por que não sabe a hora que amorte o arran-

77

que do leito. Onde está aquelle homem que gozando tan ta saude, satisfeitissimo, talvez pela falsa apparencia de gozar tanto da vida, a morte o arrebatou aponto denão poder pronunciar uma só palavra? Onde está aquelle outro, que apparecendo-lhe um pequeno incommodo, que havia esperança de, em breves dias restabelecer-se succumbiu delle? A experiencia ordinariamente nos está mostrando que acreatura depois que morre, com uma das duas eternidades se vai encontrar, ou coma da gloria, cuja grandeza é inexplicavel, pelo incomparavel bem de que gozão os que a ella vão, ou como ado inferno, a qual São Gregorio Papa chamou morte, sem morte, porque morrendo-se sempre nella pelas penas, nunca acaba de morrer por serem eternas na-

que do leito. Onde está aquele homem que, gozando tanta saúde, satisfeitíssimo, talvez pela falsa aparência de gozar tanto na vida, a morte o arrebatou a ponto de não poder pronunciar uma só palavra? Onde está aquele outro que, lhe aparecendo pequeno incômodo, que havia esperança de em breves dias restabelecer-se, sucumbiu dele? A experiência ordinariamente nos está mostrando que a criatura, depois que morre, com uma das duas eternidades se vai encontrar: ou com a da glória, cuja grandeza é inexplicável, pelo incomparável bem de que gozam os que a ela vão; ou com a do inferno, a qual São Gregório Papa[78] chamou morte sem morte, porque, morrendo-se sempre nela pelas penas, não acaba nunca de morrer por serem eternas na

---

[78] Papa que governou entre 590 e 604, foi, além de teólogo, o responsável pelas reformas na música litúrgica, fornecendo as bases do que haveria de ser denominado canto gregoriano.

do leito. Onde está aquelle homem que gozando tanta saude, satisfeitissimo, talvez pela falsa apparencia de gozar tanto da vida, a morte o arrebatou aponto de não poder pronunciar uma só palavra? Onde está aquelle outro, que apparecendo-lhe um pequeno incommodo, que havia esperança de, em breves dias restabelecer-se succumbiu delle? A experiencia ordinariamente nos está mostrando que a creatura depois que morre, com uma das duas eternidades de vai encontrar, ou com a da gloria, cuja grandeza é inexplicavel, pelo incomparavel bem de que gozão os que a ella vão, ou com a do inferno, a qual São Gregorio Papa chamou morte sem morte, por que morrendo-se sempre nella pelas penas, nunca acaba de morrer por serem eternas na

7 8

duração. Contemplem estas verdades aquelles que ainda estão dando ouvidos a voz desuas paixões aponto de darem escandalo offendendo não só a Deus, como amoral. Ah! Se elles pensassem acerca do caso triste ehorrorosso que refere a historia sobre o Arcebispo Udo, que depois de Deus ter justificado para comelle a sua Devina Misericordia, não se converteu, amancebia levou-o ao inferno, não tendo elle commettido outra culpa, como refere amesma historia. Ainda não se penetrão de arrependimento, vivendo tantos annos, offendendo a um Deus infinitamente bom, que, com tanta paciencia vós tem esperado? Movido de ternura, vos chama ainda ao arrependimento, tudo effeito de sua bondade e misericordia. Mas, se ainda não prende a vossa attenção, continuando

duração. Contemplem estas verdades aqueles que ainda estão dando ouvidos à voz de suas paixões a ponto de darem escândalos ofendendo não só a Deus como à moral. Ah! Se eles pensassem acerca do caso triste e horroroso que refere a história sobre o Arcebispo Udo, que, depois de Deus ter justificado para com ele a sua Divina Misericórdia, não se converteu; a mancebia levou-o ao inferno, não tendo ele cometido outra culpa, como refere a mesma história.[79] Ainda não se penetram de arrependimento, vivendo tantos anos ofendendo a um Deus infinitamente bom, que com tanta paciência vos tem esperado? Movido de ternura, vos chama ainda ao arrependimento, tudo efeito da sua bondade e misericórdia. Mas, se ainda não prende a vossa atenção, continuando

---

[79] Resume-se assim a instrução que se lê em Manoel José Gonçalves Couto, op. cit., p.471-76.

duração. Contemplem estas verdades aquelles que ainda estão dando ouvidos a voz de suas paixões a ponto de darem escandalo offendendo não só á Deus, como a moral. Ah! se ellas pensassem acerca do caso triste e horroroso que refere a historia sobre o Arcebispo Udo, que depois de Deus ter justificado para com elle a sua Divina misericordia, não se converteu, arrancebia levou-o ao inferno, não tendo elle commettido outra culpa, como refere a mesma historia. Ainda não se penetrão de arrependimento, vivendo tantos annos, offendendo a um Deus infinitamente bom, que com tanta paciencia vos tem esperado? Morrido de ternura, vos chama ainda ao arrependimento, tudo effeito de sua bondade e misericordia. Mas, se ainda não prende a vossa attenção, continuando namesma carreira, verse-ha o Senhor obrigado pela sua justiça apôr termo a sua misericordia. Ouvireis naquellemomento horrivel, que amorte vos arrebata, aquellas palavras do Senhor, dizendo: *Vocave est renuiste ego quoque interetu vistro ridebo.* – Vos chamei, não me ouviste, eu tambem em vossa morte rir-me-hei de vós.[80] Sendo a Redempção humana obra da caridade e da misericordia de Nosso Senhor Jesus Christo, eesta vertude é a unica, recommendada depreferencia[81] á todas as outras, claro é que, sem haver emenda, transtornão oplano dabenefica Providencia, inutilisando amorte do Salvador, e ao mesmo tempo que, moralmente fallando atormentão o seu terno Coração, sendo impossivel havermais ardente caridade. Como é possivel que Deus vós dê um auxillio para vos li-

na mesma carreira, ver-se-á o Senhor obrigado pela sua justiça a por termo à sua misericórdia. Ouvireis naquele momento horrível, em que a morte vos arrebata, aquelas palavras do Senhor, dizendo: *Vocavi et renuistis; ego quoque interetu vestro ridebo*. Chamei-vos, não me ouvistes, eu também em vossa morte rir-me-ei de vós. Sendo a Redenção humana obra da caridade e da misericórdia de Nosso Senhor Jesus Cristo, e esta virtude é a única recomendada e de preferência a todas as outras, claro é que, sem haver emenda, transtornam o plano da benéfica Providência, inutilizando a morte do Salvador, e ao mesmo tempo que, moralmente falando, atormentam o seu terno Coração, sendo impossível haver mais ardente caridade. Como é possível que Deus vos dê um auxílio para vos li-

---

[80] No manuscrito de 1897 (p. 350-51 / p. 138), nessa mesma prédica, falta a frase em latim, constando apenas a tradução para o português. Veja Provérbios 1,24-26: "*Quia vocavi, et rennuistis: extendi manum meam, et non fuit qui aspiceret. Despexistis omne consilium meum; et increpationes meas neglexistis. Ego quoque in interitu vestro ridebo, et subsannabo, cum vobis id, quod timebatis, advenerit*" ["Porque eu vos chamei, e vós não quizestes ouvir-me: estendi a minha mão, e não houve quem olhasse para mim. Desprezaste[s] todos os meus conselhos, e não fizeste[s] caso das minhas reprehensões. Pois eu me rirei tambem na vossa morte, e zombarei de vós, quando vos succeder, o que temieis"]. Segundo Antonio Vieira, "todos os Santos e Expositores declaram esse temeroso riso de Deus com as maiores expressões de castigo, de ira, e de vingança naquela hora" ("Sermão na segunda-feira depois da Segunda Dominga da Quaresma". In: Antonio Vieira, *Sermões* (org. de Alcir Pécora). São Paulo, Hedra, 2003, t. 2, p. 143.

[81] Parece que o copista, tendo escrito "dapreferencia", logo notou o erro, e tratou e colocar um "e" sobre o primeiro "a".

— 79 —

na mesma carreira, ver se-ha o Senhor obrigado pela sua Justiça a pôr termo a sua misericordia. Ouvireis naquelle momento horrivel, que a morte vos arrebata, aquellas palavras do Senhor, dizendo: Vocari est renuisti ego quoque interitu vestro ridebo. — Vos chamei, não me ouvistes, eu tambem em vossa morte rir-me-hei de Vós. Sendo a Redempção humana obra da caridade e da misericordia de Nosso Senhor Jesus Christo, esta virtude é a unica, recommendada de preferencia á todas as outras, claro é que, sem haver emenda, transtornão o plano da benefica Providencia, inutilisando a morte do Salvador; e ao mesmo tempo que, moralmente fallando atormentão o seu terno Coração, sendo impossivel haver mais ardente caridade. Como é possivel que Deus vos dê um auxilio para resti-

vrar dessa culpa e das mais, se vós não lh'o pedir com arrependimento dellas e vontade de vos aproveitar d'este auxilio? Porque é sem duvida, que ainda cá nas cousas do mundo, estamos vendo e experimentando, que só quem faz por ellas, as tem, e pelo contrario, não lhe vem as mãos, se as não procura; Perguntou a São Thomaz, uma sua Irmã: oque fazia para se salvar? Respondeu-lhe o Santo, querer: porque sabia que é necessario haver de nossa parte vontade e deligencia para alcancarmos agraça devina. Diz Santo Agostinho, que como aquelle que pecca, offende a um Deus infinito, tambem, se morre em peccado, para sempre será sua pena infinita. Aculpa, que committa contra Deus, por isso se chama peccado mortal: e bem sabem que tanto mata uma só ferida sendo mortal, como mil, chegada ao-

vrar dessa culpa e das mais, se vós não lho pedirdes com arrependimento delas e vontade de vos aproveitar deste auxílio? Porque é sem dúvida que, ainda cá nas cousas do mundo, estamos vendo e experimentando que só quem faz por elas as tem e, pelo contrário, não lhe vêm às mãos, se as não procura. Perguntou a São Tomás uma sua irmã: o que faria para se salvar? Respondeu-lhe o santo: querer; porque sabia que é necessário haver de nossa parte vontade e diligência para alcançarmos a graça divina. Diz Santo Agostinho que, como aquele que peca ofende a um Deus infinito, também, se morre em pecado, para sempre será sua pena infinita. A culpa que comete contra Deus, por isso, se chama pecado mortal: e bem sabem que tanto mata uma só ferida, sendo mortal, como mil, chegada ao

— 8º —

vrar dessa culpa e das mais se Vós não
lh'o pedir com arrependimento dellas e vontade de Vos aproveitar d'este auxilio? Porque é sem duvida, que ainda cá nas bandas
do mundo, estamos vendo e experimentando
que só quem faz por ellas, as tem, e pelo contrario não lhe vem as mãos, se as não procura.
Perguntou a São Thomaz uma sua Irmã o
que fazia para se salvar? Respondeu-lhe
o Santo, querer: por que sabia que é necessario haver da nossa parte vontade e deligencia para alcançarmos a graça divina.
Diz Santo Agostinho, que como aquelle que
pecca, offende a um Deus infinito, tambem,
se morre em peccado, para sempre será
sua pena infinita. A culpa, que commette
contra Deus, por isso se chama peccado mortal: e bem sabem que tanto mata uma só ferida sendo mortal, como mil, chegada ao-

81

numero della. É o peccado por sua má qualidade tão venenoso mal que ninguem opode de clarar, ainda que todas as creaturas se fizessem em linguas, por não sepoder medir, nem tomar opezo de sua graveza, senão depois que se vê executado n'alma. E é certo que quem não conhece o damno que resulta do peccado, não faz diligencia para sahir delle: quem não sabe da sua doença, não tracta de lhe buscar a medicina. Eque direi eu dos que o appetecem? É sem duvida, que nem fogem delle, nem solicitão oremedio. Ainda para a conservação damesma saude corporal, devia o homem fugir de semelhante vicio, pelos horrendos, atrozes casos e succes sos que tem acontecido neste mundo por causa deste peccado, como são: doenças, mortes repentinas, des honras, descreditos, e infinitas pena-

número dela. É o pecado por sua má qualidade tão venenoso mal, que ninguém o pode declarar, ainda que todas as criaturas se fizessem em línguas, por não se poder medir, nem tomar o peso de sua graveza, senão depois que se vê executado na alma. E é certo que quem não conhece o dano que resulta do pecado não faz diligência para sair dele: quem não sabe da sua doença não trata de lhe buscar a medicina. E que direi dos que o apetecem? É, sem dúvida, que nem fogem dele, nem solicitam o remédio. Ainda para a conservação da mesma saúde corporal, devia o homem fugir de semelhante vício, pelos horrendos, atrozes casos e sucessos que têm acontecido neste mundo por causa deste pecado, como são: doenças, mortes repentinas, desonras, descréditos e infinitas pena-

- 81 -

numero della. E' peccado por sua má qualidade tão venenoso mal que ninguem o pode declarar, ainda que todas as creaturas se fizessem em linguas, por não se poder medir, nem tomar o peso de sua graveza, senão depois que se vê executado n'alma. E é certo que quem não conhece o damno que resulta do peccado, não faz deligencia para sahir delle: quem não sabe da sua doença, não tracta de lhe buscar a medicina. E que direi eu dos que o appetecem? É sem duvida, que nem fogem delle, nem solicitão o remedio. Ainda para a conservação da mesma saude corporal, devia o homem fugir de semelhante vicio, pelos horrendos, atrozes casos e successos que tem acontecido neste mundo por causa deste peccado, como são: doenças, mortes repentinas, deshonra, descreditos, e infinitas pena

82

lidades, que os affligem epor isso se diz: *Suplicium est pena peccate.*[82] D'onde São Jeronymo tirou por consequencia, que dos peccados or dinariamente procedem as infermidades. Como esperaes que Deus, ponha os seus divinos Olhos de misericordia emvós, quando assim o estaes offendendo, sem lhepedir perdão dos vossos peccados com um acto de amor econtrição? Grande é a cegueira dos homens mundanos, que se deixão levar da vaidosa vida temporal! Porque estão vendo completarem-se os annos, passarem os meses, correrem as semanas, voarem os dias, contarem-se as horas, e nada disso reparão; cada vez se mettem mais nos gostos e deleites do mundo; como setivessem por certo, que, acabada a vida, sem fazerem pinitencia, havião de gozar da Bemaventurança. Anossa salvação não

lidades, que os afligem e por isso se diz: *Supplicium est poena peccati*. Donde São Jerônimo[83] tirou por consequência que dos pecados ordinariamente procedem as enfermidades. Como esperais que Deus ponha os seus divinos Olhos de misericórdia em vós, quando assim o estais ofendendo, sem lhe pedir perdão dos vossos pecados com um ato de amor e contrição? Grande é a cegueira dos homens mundanos,[84] que se deixam levar da vaidosa vida temporal! Porque estão vendo completarem-se os anos, passarem os meses, correrem as semanas, voarem os dias, contarem-se as horas, e nada disso reparam; cada vez se metem mais nos gostos e deleites do mundo, como se tivessem por certo, que, acabada a vida, sem fazerem penitência, haveriam de gozar da bem-aventurança. A nossa salvação não

---

[82] *"Suplicium est poena peccati"* ["O suplício é a pena do pecado"]: expressão atribuída ao romano Cícero.

[83] Jerônimo (340-420), contemporâneo de Agostinho, foi, além de importante teólogo, o responsável por organizar a tradução da Bíblia em latim, obra que veio a ser conhecida com o nome de Vulgata (que significa "difundida") e definida pela Igreja Católica como sua versão oficial do texto sagrado, isso já no Concílio de Trento (entre 1546 e 1563).

[84] No manuscrito de 1897 (entre as p. 356-57 / p. 139) falta o trecho iniciado com "homens mundanos" e que chega até "só de Deus", no início da página seguinte. Ataliba constata haver uma ruptura entre os conteúdos dessas páginas, sem dar maior atenção ao problema.

lidades, que os affligem ; por isso se diz: Supplicium est fervo peccati. D'onde São Jeronymo tirou por consequencia, que dos peccados or dinariamente procedem as infermidades. Como esperaes que Deus, ponha
os seus divinos Olhos de misericordia em nós
quando assim o estaes offendendo, sem lhe
pedir perdão dos vossos peccados, com um
acto de amor e contricção? Grande é a cegueira dos homens, mandarmos, que se deixão
levar da vaidosa vida temporal! Porque
estão vendo completarem-se os annos, passarem os mezes, correrem as semanas, voarem os dias, contarem-se as horas, e nada
disso reparão; cada vez se mettem mais
nos gostos e deleites do mundo; como se tivessem por certo que, acabada a vida, sem
fazerem penitencia, havião de gozar da
Bemaventurança. A nossa salvação não

83

depende só de Deus, nem só de nós; porem sim do concurso de Deus, com o seu auxilio ejuntamente de nossa parte, pedindo-lhe eabraçando-o. Porque ainda que Deus sempre nos queira salvar pelo que tem debom emisericodioso; com tudo ha de preceder denossa parte a vontade de obuscarmos, pedindo-lhe erogando-o como tão necessitados para lhe merecermos seu agrado. Disse Deus a Moysés: *Estende manum tuam; extendam manum meam* (Exod. Cap 4, v. 4; Cap. 3, v. 20).[85] Estendei a vossa mão, que eu tambem estenderei a minha; mais sabeis que a minha sem a vossa não vos ha de valer para vos salvar. Entretantoque de fficuldade para obter-se asalvação aquelles que se conservão tibios quenão fazem a delegencia para alcançarem averdadeira ventura que é a gloria

depende só de Deus, nem só de nós; porém sim do concurso de Deus, com o seu auxílio e juntamente de nossa parte, pedindo-lhe e abraçando-o. Porque ainda que Deus sempre nos queira salvar pelo que tem de bom e misericordioso, contudo há de preceder da nossa parte a vontade de o buscarmos, pedindo-lhe e rogando-o como tão necessitados para lhe merecermos seu agrado. Disse Deus a Moisés: *Extende manum tuam; extendam manum meam* (Êxodo 4,4; 3,20). Estendei a vossa mão que eu também estenderei a minha; mas sabeis que a minha sem a vossa não vos há de valer para vos salvar. Entretanto, que dificuldade para se obter a salvação daqueles que se conservam tíbios, que não fazem a diligência para alcançar a verdadeira ventura que é a glória

---

[85] Êxodo 4,4: "*Extende manum tuam*" ["Estende a tua mão"]; Êxodo 3,20: "*Extendam enim manum meam*" ["Eu pois estenderei a minha mão"].

— 83 —

depende só de Deus, nem só de nós; porem sim do concurso de Deus, com o seu auxilio e juntamente de nossa parte, pedindo-lhe e abraçando-o. Porque ainda que Deus sempre nos queira salvar pelo que tem de bom e misericordioso; com tudo ha de preceder de nossa parte a vontade de o buscarmos, pedindo-lhe e rogando-o como tão necessitados para lhe merecermos seu agrado. Disse Deus a Moysés: Estende manum tuam; et tendam manum meam Exod. Cap. 4, v. 4; Cap. 3, v. 20). Estendei a vossa mão que eu tambem estenderei a minha; mais sabeis que a minha sem a vossa não vos ha de valer para vos salvar. Entretanto que difficuldade para obter-se a salvação aquelles que se conservão tibios que não fazem diligencia para alcançarem a verdadeira ventura que é a gloria

84

do Omnipotente Deus. Como é possivel que venha o seu Poderoso auxilio aquellesque procedem de similhante modo? E que derei eu ainda daquelles que, com seu escadalo atacam fortimente a moral? Que horror inspira esse procedimento, tanta[86] rezistencia avontade de Deus, que pacientemente tem delatado os dias de tais criaturas, esperando que seconvertão, justificando assim a sua infinita bondade e mizericordia? Não era pois para se conseber[87] que tais Christãos que receberam mais graça doque o antigo povo que por um indiclinavel dever deviam penetrar-se direconhecimento aos beneficios de Deus, ao passo que elles in nutilizão a sua salvação. É evidente que elles estão com o véo nos olhos que não querem ja mais abondonar tanta mizeria. Ah! se elles lanças-

do Onipotente Deus. Como é possível que venha o seu Poderoso auxílio àqueles que procedem de semelhante modo? E que direi eu ainda daqueles que com o seu escândalo atacam fortemente a moral? Que horror inspira esse procedimento, tanta resistência à vontade de Deus, que pacientemente tem dilatado os dias de tais criaturas, esperando que se convertam, justificando assim a sua infinita bondade e misericórdia? Não era, pois, para se conceber que tais cristãos, que receberam mais graça do que o antigo povo, que por um indeclinável dever deviam penetrar-se de reconhecimento aos benefícios de Deus, ao passo que eles inutilizam a sua salvação. É evidente que eles estão com o véu nos olhos, que não querem jamais abandonar tanta miséria. Ah! Se eles lanças-

---

[86] O manuscrito apresenta, no final da linha, após a vírgula, um "qua" ou "que" que foi riscado; ao lado, ao que parece, um outro copista adicionou "tan-", que com o "ta" da linha seguinte formou a palavra "tanta". Nessa mesma passagem, no manuscrito que transcreveu, Ataliba lê algo diferente: "[...] que tanto resistem à vontade [...]" (p. 359 / p. 139).

[87] O manuscrito parece trazer inicialmente "conceber", tendo depois sido escrito um "s" sobre o "c" intermediário.

-84-

do Omnipotente Deus. Como é possivel que tenha o seu Poderoso auxilio aquelles que procedem de similhante modo? E que direi eu ainda da quedas que, com seu escandalo atacam fortemente a moral? Que horror inspira esse procedimento, que tenta resistencia a vontade de Deus, que pacientemente tem dilatado os dias de taes Criaturas, esperando que se convertão, justificando assim a sua infinita bondade e misericordia? Não era pois para se conceber que taes Christãos que receberam mais graça do que o antigo povo que por um indeclinavel dever deviam prevalecer-se do reconhecimento aos benificios de Deus, ao passo que elles innutilizão a sua salvação. É evidente que elles estão como véo nos olhos que não querem já mais abandonar tanta mizeria. Ah! se elles lanças-

85

sem as vistas sobre oque diz o Santo Evangelio que nenhuma esperança da Nosso Senhor Jesus Christo deuzar de sua infinita bondade emizericordia para aquelles que, deixando apresente vida permanecerão no escandalo. Bem podem avaliar quanto pesa diante de Deus tão horroroso procedimento. Avista pois des tas verdades inclino-me a crer que aquelles que vivem dando espanção a tanta immoralidade que demonstra toda luz não terem immira a sua salvação mais sedo ou mais tarde sintiram o effeito de tão degradan te procedimento. Na hora tremenda que amorte vem arrancalo do seus praseres é irremidiavel o seu arrependimento visto que Deus descarregará sobre elles raios de sua ira.

sem as vistas sobre o que diz o Santo Evangelho, que nenhuma esperança dá Nosso Senhor Jesus Cristo de usar da sua infinita bondade e misericórdia para aqueles que, deixando a presente vida, permanecerão no escândalo. Bem podem avaliar quanto pesa diante de Deus tão horroroso procedimento! À vista, pois, destas verdades inclino-me a crer[88] que aqueles que vivem dando expansão a tanta imoralidade que demonstra a toda luz não terem em mira a sua salvação, mais cedo ou mais tarde sentirão o efeito de tão degradante procedimento. Na hora tremenda em que a morte vem arrancá-lo de seus prazeres, é irremediável o seu arrependimento, visto que Deus descarregará sobre eles os raios da sua ira.

---

[88] Na mesma passagem, no caderno de 1897, Ataliba lê "inclina a crer" (p. 361 / p. 139).

tem as vistas sobre o que diz o Santo Evangelio que nenhuma esperança ha Nosso Senhor Jesus Christo deixar de sua infinita bondade e mizericordia para aquelles que, deixando a presente vida permanecerão no escandalo. Bem podem avaliar quanto pesa diante de Deus tão horroroso procedimento. A vista pois destas verdades inclino-me a crer que aquelles que vivem dando esperanção a tanta immoralidade que demonstra toda luz, não terem em mira a sua salvação, mais cedo ou mais tarde sintiram o effeito de tão degradante procedimento. Na hora tremenda que a morte vem arrancalo do seus prazeres é irremidiavel o seu arrependimento visto que Deus descarregará sobre elles o raio de sua ira.

86

7º Mandamento.

Que offensa terrivel commette neste preceito aquelle que furta qualquer cousa do proximo. Se a creatura consederasse na gravissima responsabilidade de semelhante damno, nunca o havia de commetter. Se o primeiro passo dado pelo ladrão nacarreira de crime, fosse logo rigorosamente punido aponto de não sair da cadeia não havia de se ver tantas desgraças. Fujão deste peccado, que é enorme. Para maior luz e intelligencia deste setimo Mandamento, vejão o que diz Santo Agostinho que: se não perdôa o peccado sem se ristituir ofurto. Antes deve pedir no caso de achar-vos sem meios de subsistir-vos[89] e a vossa familia, do que tirar a minima cousa do proximo. Nosso Senhor Jesus Christo diz no-

7º Mandamento

Que ofensa terrível comete neste preceito aquele que furta qualquer cousa do próximo. Se a criatura considerasse na gravíssima responsabilidade de semelhante dano, nunca o havia de cometer. Se o primeiro passo dado pelo ladrão na carreira do crime fosse logo rigorosamente punido, a ponto de não sair da cadeia, não havia de se verem tantas desgraças. Fujam deste pecado, que é enorme. Para maior luz e inteligência deste sétimo Mandamento, vejam o que diz santo Agostinho: que não se perdoa o pecado sem se restituir o furto. Antes deveis pedir, no caso de achar-vos sem meios de subsistir, a vós e a vossa família, do que tirar a mínima cousa do próximo. Nosso Senhor Jesus Cristo diz no

---

[89] Na passagem correspondente no caderno de 1897, Ataliba lê "subsistência para vós" (p. 364 / p. 140).

86

7º Mandamento.

Que offensa terrivel commette neste preceito aquelle que furta qualquer cousa do proximo. Se a creatura considerasse na gravissima responsabelidade de ser viarte d'anno, nunca o haveria de commetter. Seu primeiro passo dado pelo ladrão na carreira do crime, fosse logo rigorosamente punido aponto de não sair da Cadeia não haveria de si ver tantas desgraças. Fujão deste peccado, que é enorme. Para maior luz e intelligencia deste setimo Mandamento vejão o que diz Santo Agostinho que se não perdoa o peccado sem se restituir o furto. Antes deve pedir no caso de achar-Nos sem meios de subsistir Nos e a vossa familia, do que tirar a minima cousa do proximo. Nosso Senhor Jesus Christo diz no

87

Evangelho: Dá a todos o que te pedir. (Luc. Cap 6, v. 30)⁹⁰ Enesta doutrina nos está ensinando que não devemos ex cluir a pessoa alguma para deixarmos de asoccorrer. Porque todo oproximo tem direito natural para pedir eser remidiado. Tomem oexemplo de SãoLuiz Rei de França: que quando distribuia asesmolás com os pobres, não fazia excepção depessoa, até aos infieis soccorria; epor essa causa muitos se converterão a nossa Santa Fé; por verem a grande caridade comque um Rei Christão procedia para com elles. Quem a vista destas verdades se negará de soccorrer ao proximo? Quem será tão insensivel que vendo o seu semelhante aponto de morrer do mortal golpe que certamente lhe descarregará a miseria, se d'esse não for desviado pela sua beneficencia? Considerem o valor que tem

Evangelho: Dá a todos o que te pedirem (Lucas 6,30). E nesta doutrina nos está ensinando que não devemos excluir pessoa alguma para deixarmos de a socorrer. Porque todo o próximo tem direito natural de pedir e ser remediado. Tomem o exemplo de são Luís, Rei de França, que, quando distribuía as esmolas com os pobres, não fazia exceção de pessoas, até aos infiéis socorria; e por essa causa muitos se converteram à nossa santa fé, por verem a grande caridade com que um Rei Cristão procedia para com eles.⁹¹ Quem à vista destas verdades se negará de socorrer ao próximo? Quem será tão insensível que vendo o seu semelhante a ponto de morrer de golpe mortal, que certamente lhe descarregará a miséria, se desse não for desviado pela sua beneficência? Considerem o valor que tem

---

⁹⁰ Lucas 6,30: "*Omni autem petenti te, tribue*" ["E dá a todo aquelle que te pedir"].

⁹¹ Figura muito popular em seu reino, profundamente religioso, considerado o modelo do príncipe cristão, comandou a última cruzada, morrendo em meio aos empreendimentos dela, em 1270. Para a formação da imagem do rei benfeitor dos pobres, que acabou por difundir-se largamente: Jacques Le Goff, *São Luis: Biografia*. Rio de Janeiro, Record, 1999, p. 578-81, 777-80.

—87—

Evangelho: Dá a todos o que te pedir. (Luc. cap. 6, v. 30) E nesta doutrina nos está ensinando que não devemos excluir a pessoa alguma para deixarmos de a soccorrer. Porque todo o proximo tem direito natural para pedir e ser remediado. Tomem o exemplo de São Luiz Rei de França, que quando distribuia as esmolas com os pobres, não fazia excepção de pessoa, até aos infieis soccorria; e por essa causa muitos se converterão a nossa Santa Fé; por verem a grande caridade com que um Rei Christão procedia para com elles. Quem a vista destas verdades se negará de soccorrer ao proximo? Quem será tão insensivel que vendo o seu semelhante a ponto de morrer do mortal golpe que certamente lhe descarregará a miseria, se d'esse não for desviado pela sua beneficencia? Considerem o valor que tem

88

a caridade diante de Deus, para não deixarem de pratical-a pelo incomparavel bem que della resulta. Um brado unanime se deve pronunciar contra os ladrões, pelos prejuizos que cauzão com tão enorme procidimento. Sim, não se deve protegelos para exemplo d'aquelles que os queirão emitar. Quem desconhecerá que a impunidade d'aquelles que commette ofurto, serve de animação a os outros para commettel-o? O homem não pode pois justificar o seu procedimento a respeito detirar o alhéio por mais pobre que elle seja, deve atirar-se ao trabalho para d'ali tirar o meio de sua subsistencia e de sua familia. Diz São João Chrisostomo: (Ep. aos Corintios) que os que furtão osbens alheios, são peiores que as féras eque os demonios; e como taes os devião

a caridade diante de Deus, para não deixarem de praticá-la pelo incomparável bem que dela resulta. Um brado unânime se deve pronunciar contra os ladrões, pelos prejuízos que causam com tão enorme procedimento. Sim, não se deve protegê-los para exemplo daqueles que os queiram imitar. Quem desconhecerá que a impunidade daquele que comete o furto serve de animação aos outros para cometê-lo? O homem não pode, pois, justificar o seu procedimento a respeito de tirar o alhéio; por mais pobre que ele seja, deve atirar-se ao trabalho para dali tirar o meio da sua subsistência e de sua família. Diz São João Crisóstomo (Epístola aos Coríntios)[92] que os que furtam os bens alheios são piores que as feras e que os demônios; e como tais os deviam

---

[92] Deste padre da Igreja oriental (a quem já se fez referência; veja nota 4) se conservam várias homilias sobre as cartas de Paulo aos Coríntios conservadas no Novo Testamento.

a caridade diante de Deus, para não deixarem de pratical-a pelo incomparavel
bem que della resulta. Um brado unanime se deve pronunciar contra os ladrões,
pelos prejuizos que cauzão com tão enorme
procedimento. Sim, não se deve protegel-os
para exemplo d'aquelles que os queirão i-
mitar. Quem desconhecerá que a impunidade d'aquelle que Commette o
furto, serve de animação aos outros para Commettel-o? O homem não pode pois justificar o seu procedimento a respeito de
tirar o alheio por mais pobre que elle seja,
deve atirar-se ao trabalho para d'ali
tirar o meio de sua subsistencia e de sua
familia. Diz São João Chrisostomo:
(Ep. aos Corinthios) que os que furtão os
bens alheios, são peiores que as féras e
que os demonios; e como taes os derião

89

riscar do cathalogo dos homens. Porque asferas, quando accommettem aos outros animais, estando sa tisfeitos, as deixão: porem os que furtão, de nenhum roubo ficão satisfeitos, por que ficão com fome para fazerem outro: e quanto mais roubão mais sêde tem de furtar. Os demonios não fazem mal uns aos outros, mas só aos homens que não communicão com elles: os ladrões a tudo furtão efazem dam no aos parentes, amigos e conhecidos. Vejão ainda oque diz São Thomaz: que oalheio convem que se restitua logo, quando oque otomou injustamente, tem bens comque opossa fazer. Finalmente não fica escuso oque injus tamente possue e tem furtado com usuras, tractos e destractos, tendo fazenda; senão quando restituir: por ser ofurto peccado mortal de sua natureza opposto a vertude e contra a Justiça.

riscar do catálogo dos homens. Porque as feras, quando acometem aos outros animais, estando satisfeitas os deixam; porém os que furtam, de nenhum roubo ficam satisfeitos, porque ficam com fome para fazerem outro; e quanto mais roubam mais sede têm de furtar. Os demônios não fazem mal uns aos outros, mas só aos homens que não se comunicam com eles; os ladrões a tudo furtam e fazem dano aos parentes, amigos e conhecidos. Vejam ainda o que diz São Tomás: que o alheio convém que se restitua logo, quando o que tomou injustamente tem bens com que possa fazer. Finalmente não fica escuso o que injustamente possui e tem furtado com usuras, tratos e destratos, tendo fazendas, senão quando restituir: por ser o furto pecado mortal, de sua natureza oposto à virtude e contra a Justiça.

riscar do cathalogo dos homens. Porque as
feras, quando accommettem aos outros animais, estando satisfeitos, os deixão; porem
os que furtão de nenhum roubo ficão satisfeitos, por que ficão com fome para fazerem
outro: e quanto mais roubão mais sêde tem
de furtar. Os demonios não fazem mal uns
aos outros, mas só aos homens que não communicão com elles: os ladrões a tudo furtão e
fazem damno aos parentes, amigos e conhecidos. Vejão ainda o que diz São Thomaz: que
o ladrão por-em que se restitua logo, quando o que tomou injustamente, tem bens com
que o possa fazer. Finalmente não fica
escuso o que injustamente possue e tem
furtado com usuras, tractos e destractos, tendo fazenda; senão quando restituir: por
ser o furto peccado mortal de sua natureza opposto a virtude e contra a justiça.

90

Achão-se nelle dous aggravos, um que sefaz a Deus, quebrantando sua Santa Lei; e outro ao proximo, tirando-lhe a sua fazenda. O aggravo, que se faz a Deus emfurtar, perdôa-se por meio da confissão epenitencia; o que se faz ao proximo, só se repara coma restituição. E não basta confessar a culpa, se não res tituir, podendo: nem se satisfaz só com restituir, sem confessar o furto. Não só está obrigado a restituir o que faz ofurto, mas tambem os que cooperarão no damno, como são os que mandão furtar ou aconselhão e consentem no furto, tendo por obrigação de seu officio evital-o. Tambem está nesta obrigação o que guarda e incobre acousa furtada, e o que acompanha ao ladrão; e o que participa d'aquillo que se furtou. E não vos pareça que, por furtardes pequenas quantidades, não fazeis um furto

Acham-se nele dois agravos, um que se faz a Deus, quebrantando sua Santa Lei; e outro ao próximo, tirando-lhe a sua fazenda. O agravo que se faz a Deus em furtar, perdoa-se por meio da confissão e penitência; o que se faz ao próximo, só se repara com a restituição. E não basta confessar a culpa, se não restituir, podendo: nem se satisfaz só com restituir, sem confessar o furto. Não só está obrigado a restituir o que faz o furto, mas também os que cooperaram no dano, como são os que mandam furtar ou aconselham e consentem no furto, tendo por obrigação de seu ofício evitá-lo. Também está nesta obrigação o que guarda e encobre a cousa furtada, e o que acompanha ao ladrão, e o que participa daquilo que se furtou. E não vos pareça que, por furtardes pequenas quantidades, não fazeis um furto

— 90 —

Achão-se nella dous aggravos, um que se
faz a Deus, quebrantando sua Santa Lei,
e outro ao proximo, tirando-lhe a sua fazenda. O aggravo, que se faz a Deus em furtar,
perdôa-se por meio da confissão e penitencia; o que se faz ao proximo, só se repara com
a restituição. E não basta confessar a culpa,
se não restituir, podendo: nem se satisfaz
só com restituir, sem confessar o furto. Não só
está obrigado a restituir o que faz o furto, mas
tambem os que cooperarão no damno, como
são os que mandão furtar ou aconselhão
e consentem no furto, tendo por obrigação
de seu officio evital-o. Tambem está nesta obrigação o que guarda e encobre a cousa furtada, e o que acompanha ao ladrão,
e o que participa d'aquillo que se furtou.
E não vos pareça que, por furtardes pequenas quantidades, não fazeis um furto

91

grande. Porque dizem os Auctores, que escreverão desta materia que, para um furto ser peccado mortal, não é necessario que setome quantidade notavel de uma vez; mas basta que se tome muitas vezes, como costumão fazer os creados a seus amos e os vendedores aopovo. E por isso permitte Deus que se vejão em evidentes castigos, para confusão destes e emenda de todos. E se não, vejão o caso que conta Cesario (Lib. 10 c. 31), de um distilador d'agua, que vendia agua da chuva por distilada. Estando este para morrer, mandou chamar um escrevão e tistemunhas, eordenou seu tes tamento nesta forma: Deixo todos os meus bens a minha mulher: eocorpo a terra e aos bixos; porem a alma ao diabo, para que a atormentem perpetuamente. Ficarão pasmados os circunstantes, eo admoertarão que não fizesse tal testamento,

grande. Porque, dizem os Autores que escreveram desta matéria, que para um furto ser pecado mortal, não é necessário que se tome quantidade notável de uma vez; mas basta que se tome muitas vezes, como costumavam fazer os criados a seus amos e os vendedores ao povo. E por isto permite Deus que se vejam em evidentes castigos para confusão destes e emenda de todos. E senão, vejam o caso que conta Cesário (Lib. 10, c. 31) de um destilador d'água, que vendia água da chuva por destilada. Estando este para morrer, mandou chamar um escrivão e testemunhas e ordenou seu testamento nesta forma: Deixo todos os meus bens a minha mulher e o corpo à terra e aos bichos; porém a alma ao diabo para que a atormente perpetuamente. Ficaram pasmos os circunstantes e o advertiram que não fizesse tal testamento,

grande. Porque dizem os Auctores, que escreverão desta materia que, para um furto ser peccado mortal, não é necessario que se tome quantidade notavel de uma vez; mas basta que se tome muitas vezes, como costumão fazer os creados a seus amos e os vendedores ao pobre. E por isso permitte Deus que se vejão em evidentes castigos, para confusão destes e emenda de todos. E se não, vejão o caso que conta Cesario (Lib. 1º c. 31), de um distillador d'agua, que vendia agua da chuva por distillada. Estando este para morrer, mandou chamar um escrivão e testemunhas e ordenou seu testamento nesta forma: Deixo todos os meus bens a minha mulher; o corpo á terra e aos bixos; porem a alma ao diabo, para que a atormentem perpetuamente. Ficarão pasmados os circunstantes e o admoestarão que não fizesse tal testamento,

92

mas elle o sustentou. Pergun tarão-lhe porque dava sua alma ao demonio? Respondeu: porque enganei muitas vezes ao meuproximo, vendendo-lhe agua da chuva, por destilada: e assim não tenho esperança de remidio: encommendando-se a satanaz, expirou. Foi seu corpo sepultado em um logar immundo, onde odemonio faz taes cousas e tão horrorosas que ninguém se atreve a chegar áquelle logar. Um grande erro emque costumão cahir amaior parte dos Christãos, é fazerem por adquirir muitos cabedaes comgrandes encargos desuas consciencias; para depois as deixarem, talvez aquim os disperdecem, podendo emsuas vidas restituil os a quem os tirara etomara tão mal e indevidamente. O homem que verdadeiramente deseja salvar-se procede como Zacheu, que sendo rico, deu metade de seus bens aos pobres, e n'aquillo que

mas ele o sustentou. Perguntaram-lhe por que dava sua alma ao demônio. Respondeu: porque enganei muitas vezes ao meu próximo, vendendo-lhe água da chuva por destilada, e assim não tenho esperança de remédio: encomendando-se a Satanás, expirou. Foi seu corpo sepultado em um lugar imundo, onde o demônio faz tais cousas e tão horrorosas que ninguém se atreve a chegar àquele lugar. Um grande erro em que costuma cair a maior parte dos cristãos é fazerem por adquirir muitos cabedais com grandes encargos de suas consciências: para depois os deixarem, talvez a quem os desperdissem,[93] podendo em suas vidas restituí-los a quem os tirara e tomara tão mal e indevidamente. O homem que verdadeiramente deseja salvar-se procede[94] como Zaqueu, que sendo rico deu metade de seus bens aos pobres, e naquilo que

---

[93] Na passagem correspondente do manuscrito que transcreve, Ataliba lê "talvez a quem desperdissem" (p. 375 / p. 142).
[94] Na passagem correspondente do manuscrito que transcreve, Ataliba lê "procede" (p. 376 / p. 142).

— 92 —

mas elle o sustentou. Perguntarão-lhe porque
dera sua alma ao demonio? Respondeu, porque enganei muitas vezes ao meu proximo,
vendendo-lhe agua da chuva, por destilada:
e assim não tinha esperança de remedio: encommendando-se á satanaz, expirou. Foi seu
corpo sepultado em um logar immundo, onde o
demonio faz taes cousas e tão horrorosas que ninguem se atreve a chegar áquelle logar. Um
grande erro em que costumão cahir a maior
parte dos Christãos, é fazerem por adquirir
muitos cabedaes com grandes encargos de suas conciencias; para depois os deixarem,
talvez a quem os desperdicem, podendo em
suas vidas restetui-los a quem os tirara e
tomara tão mal e indevidamente. O homem
que verdadeiramente deseja salvar-se proceda como Zacheu, que sendo rico, deu metade de seus bens aos pobres, e n'aquillo que

teve defraudado pagou quadrisplicado E assim alcançou o perdão de seus peccados. Por esse mundo commettem-se furtos e roubos. Furta o negociante, que occulta os defeitos dafasenda, na vara no covado, no peso, na medida; misturão abebida com agua. Quando oobjecto não tem prompta venda, deixa de vender para aproveitar a occasião da falta, para exigir mais do que pode vender. Aproveita-se da ignorancia do vendedor e comprador. Ojuro ex cessivo que ixige daquelles que estão na precisão. O marido furta da mulher para gastar na taverna, no jogo e outros vicios. As mulher furta do marido, para gastar nosluxos e vaidades. Os filhos furtão cousas de casa. Furtão o artista, quando não trabalha coma precisa deligencia, assim como furta aquelle dono de obras, aproveitando-se danecessidade do operario não lhe pagando-

teve defraudado pagou quadruplicado. E assim alcançou o perdão de seus pecados.[95] Por esse mundo cometem-se furtos e roubos. Furta o negociante que oculta os defeitos da fazenda na vara, no côvado, no peso, na medida, misturam a bebida com água. Quando o objeto não tem pronta venda, deixa de vender para aproveitar a ocasião da falta, para exigir mais do que pode vender. Aproveita-se da ignorância do vendedor e comprador. O juro excessivo que exige daqueles que estão na precisão. O marido furta da mulher para gastar na taverna, no jogo e outros vícios. A mulher furta do marido para gastar nos luxos e vaidades. Os filhos furtam cousas de casa. Furta o artista quando não trabalha com a precisa diligência, assim como furta aquele dono de obras, aproveitando-se da necessidade do operário, não lhe pagando

---

[95] Na passagem correspondente do caderno de 1897, Ataliba encontra um ponto de exclamação no final dessa frase (p. 376 / p. 142). Esse momento da prédica se refere à passagem de Lucas 19,8: "*Stans autem Zacchaeus, dixit ad Dominum: Ecce dimidium bonorum meorum, Domine, do pauperibus: et si quid aliquem defraudavi, reddo quadruplum*" ["Entretanto Zaquêo, posto na presença do Senhor, disse-lhe: Senhor, eu estou para dar aos pobres a metade dos meus bens: e naquillo em que eu tiver defraudado a alguem, pagar-lho-hei quadruplicado"].

— 93 —

tor defraudado pagou quadriplicado. E as_
sim alcançou o perdão de seus peccados. Por
esse mundo commettem-se furtos e roubos.
Furta o negociante, que occulta os defeitos da
fasenda, na vara no corado, no peso, na medi_
da; misturão a bebida com agua. Quando o
objecto não tem prompta venda, deixa de ven_
der para aproveitar a occasião da falta, para
exigir mais do que pode vender. Aproveita
-se da ignorancia do vendedor e comprador. O
juro excessivo que exige d'aquelles que estão
na precisão. O marido furta da mulher para
gastar na taverna, no jogo e outros vicios.
A mulher furta do marido, para gastar nos
luxos e vaidades. Os filhos furtão cousas de ca_
sa. Furtão o artista, quando não trabalha
com a precisa diligencia, assim como furta
aquelle dono de obras, aproveitando-se da
necessidade do operario não lhe pagando

94

seu trabalho como deve. Furta o vaqueiro, quando não cumpre com o seu dever, assim como tambem seu amo quando não faz apartilha como deve. Furta o creado e a creada, dizendo que lhe da pouca soldada. Furta aquelle homem, que achando qualquer objecto alheio, não restitue-o a seu dono, ou não applicou sua importancia em Missa por sua alma. Tambem éfurto que commmette aquelle artista, que por exemplo recebeu qualquer objecto concernente a sua arte para fazer uma obra, e faz commenos do que recebeu enão restituindo o resto a seu dono, não havendo declaração de lhe dar este resto. Nas louvações, partilhas, repartições quando ha do lo, más intenções, desejo de vinganças, graves prejuizos nesses tribunaes, juizes, advogados, escrivões, testimunhas, que

seu trabalho como deve. Furta o vaqueiro, quando não cumpre com seu dever, assim como também seu amo quando não faz a partilha como deve. Furta o criado e a criada, dizendo que lhe dá pouca soldada. Furta aquele homem que achando qualquer objeto alheio não o restitui a seu dono, ou não aplicou sua importância em Missa por sua alma. Também é furto que comete aquele artista que, por exemplo, recebeu qualquer objeto concernente à sua arte para fazer uma obra e a fez com menos do que recebeu, e não restituindo o resto a seu dono, não havendo declaração de lhe dar este resto. Nas louvações, partilhas, repartições, quando há dolo, más intenções, desejo de vinganças, graves prejuízos nesses tribunais, juízes, advogados, escrivães, testemunhas, que

-94-

seu trabalho como deve. Furta o vaqueiro quando não cumpre com o seu dever, assim como tambem seu amo quando não faz a partilha como deve. Furta o creado e a creada, dizendo que lhe da pouca soldada. Furta aquelle homem que achando qualquer objecto alheio, não restitue-o a seu dono, ou não applicou sua importancia em Missa por sua alma. Tambem é furto que commette aquelle artista, que por exemplo recebeu qualquer objecto concernente a sua arte para fazer uma obra, e fez com menos do que recebeu, e não restituindo o resto a seu dono, não havendo declaração de lhe dar este resto. Nas bouvações, partilhas, repartições quando ha dolo, más intenções, desejo de vinganças, graves prejuizos nestes trabalhos, juizes, advogados, escrivães, testimunhas, que

95

damnos commettem que são responsaveis por elles. Oh! homens que olhão por um prisma com uma inconsciencia pesada, devem restituir o damno que tendes causado ao proximo, compadecendo-vos assim das vossas almas.

danos cometem os que são responsáveis por eles. Ó homens que olham por um prisma com uma inconsciência pesada,[96] deveis restituir o dano que tendes causado ao próximo, compadecendo-vos assim das vossas almas.

---

[96] Na passagem correspondente do manuscrito que transcreve, Ataliba lê "com consciência pesada" (p. 380 / p. 143).

— 95 —

damnos commetter que são responsaveis por
elles. Oh! homens que olhão por emprisma
com uma inconsciencia presada, devem restituir o damno que tendes causado ao proximo, Compradecendo-vos assim das vossas
obras.

96

8º Mandamento

Que offensa gravissima commette neste preceito aquelle que diz de outrem aquillo que elle não fez. Se com este procedimento occasionou algum damno, deve satisfazel-o, retratando-se á pessoa que soffreu essa calumnia pedindo-lhe perdão: devendo tambem retratar-se aquelle, aquem manisfestou semelhante calumnia, pois só assim pode satisfazer o damno. Não murmurem do proximo; se commette alguma falta, use para comelle da caridade, relevando-a. Considerem a tremenda responsabelidade que comprehende o dam no por via da murmuração. A murmuração é tão contra a Deus e contra oproximo, que, ainda que não fosse prohibida no Decalogo, devia ser abandonada de toda acreatura, pela sua grande vileza

8º Mandamento

Que ofensa gravíssima comete neste preceito aquele que diz de outrem aquilo que ele não fez. Se com este procedimento ocasionou algum dano, deve satisfazê-lo, retratando-se à pessoa que sofreu essa calúnia, pedindo-lhe perdão: devendo também retratar-se àquele a quem manifestou semelhante calúnia, pois só assim pode satisfazer o dano. Não murmurem do próximo; se comete alguma falha, use para com ele da caridade, relevando-a. Considerem a tremenda responsabilidade que compreende o dano por via da murmuração. A murmuração é tão contra Deus e contra o próximo que, ainda que não fosse proibida no Decálogo, devia ser abandonada de toda criatura, pela grande vileza

8.º Mandamento

Sua offensa gravissima commette neste preceito aquelle que diz de outrem aquillo que elle não fez. Se com este procedimento occasionou algum damno, deve satisfazel-o, retratando-se á pessoa que soffreu esta calumnia pedindo-lhe perdão: devendo tambem retratar-se aquelle, aquem manifestou semelhante calumnia, pois só assim pode satisfazer o damno. Não murmurem do proximo; se commette alguma falta, use para com elle da caridade, relevando-a. Considerem a tremenda responsabilidade que comprehende o damno proveniente da murmuração. A murmuração é tão contra a Deus e contra o proximo que, ainda que não fosse prohibida no Decalogo, devia ser abandonada de toda a creatura, pela sua grande vileza que a todos causa. O Apostolo São Paulo affirma que os murmuradores são aborrecidos deDeus. E em quanto as creaturas, considerem sepode haver cousa de que mais se offenda um homem, que de ouvir dizer que delle se falla mal, diminuindo-se-lhe o seu credito e a sua honra. Por isso disse Santo Agostinho que mais offenderão a Nosso Senhor Jesus Christo seus inimigos, quando d'Elle murmurarão, do que quando o crucificarão. Deu o Santo a razão: porque seu Santissimo Corpo padeceu o tormento de Cruz; porem a murmuração attendia a deslustrar-lhe a sua honra, epor consiguente a Alma era quem sentia essa pena. Quantas mentiras commettem os murmuradores, epor fim veem a ser confundidos, eenvergonhados todos aquelles que lhe derão ouvidos, epara prova do que vos digo, vejão o que succedeu a Nosso Senhor Jesus Christo.

que a todos causa. O Apóstolo São Paulo afirma que os murmuradores são aborrecidos de Deus.[97] E enquanto as criaturas considerem se pode haver cousa do que mais se ofenda a um homem que de ouvir dizer que dele se fala mal, diminuindo-se-lhe o seu crédito e a honra. Por isso disse Santo Agostinho que mais ofenderam a Nosso Senhor Jesus Cristo seus inimigos quando d'Ele murmuraram do que quando o crucificaram. Deu o Santo a razão: porque seu santíssimo corpo padeceu o tormento da cruz; porém a murmuração atendia a deslustrar-lhe a sua honra, e por conseguinte a Alma era quem sentia essa pena. Quantas mentiras cometem os murmuradores e por fim vêm a ser confundidos e envergonhados todos aqueles que lhe deram ouvidos; e, para prova do que vos digo, vejam o que sucedeu a Nosso Senhor Jesus Cristo.

---

[97] Veja Romanos 1,30: "murmuradores fazem companhia a iníquos, invejosos, fornicadores, avaros, etc."

que a todas causa. O Apostolo São Paulo affirma que os murmuradores são aborrecidos de Deus. E em quanto as creaturas, considerem se póde haver cousa de que mais se offenda um homem, que de ouvir dizer que delle se falla mal, diminuindo-se-lhe o seu credito e a sua honra. Por isso disse Santo Agostinho que mais offenderão a Nosso Senhor Jesus Christo seus inimigos, quando d'Elle murmurarão do que quando o crucificarão. Dá o Santo a razão: porque seu Santissimo Corpo padeceu o tormento da Cruz; porem a murmuração attendia a deslustrar-lhe a sua honra, e por consequente a Alma era quem sentia essa pena. Quantas mentiras commettem os murmuradores, e por fim veem a ser confundidos, e envergonhados todos aquelles que lhe derão ouvidos, e para prova do que vos digo, vejão o que succedeu a Nosso Senhor Jesus Christo.

98

Disse o mesmo Senhor fallando do Santissimo Sacramento. Se qualquer comer deste pão, viverá eternamente: eopão que darei é a minha carne, para ser avida do mundo. Murmurarão os Judeus de Nosso Senhor Jesus Christo, diz (São João Cap 6, v. 53), que elles disputavão pois, entre si, dizendo: como pode Elle darnos a comer a sua carne? E Jesus lhes disse: Em verdade, em verdade vos digo: Senão comeres da carne do Filho do Homem ebeberdes o seu Sangue não tereis vida em vós. E que lhes resultou dessa murmuração e calumnia? Digão-nos elles mesmos que teem experimentado. Murmurarão estes homens dos milagres de Deus. Lembrem-se do que lhe ssuccedeu, quando murmurarão contra Moysés, e dos castigos que lhes vierão e das mais vezes que murmurarão contra a Devina Providencia. Porque consta da Sagrada Es-

Disse o mesmo Senhor, falando do Santíssimo Sacramento: Se qualquer comer deste pão, viverá eternamente; e o pão que darei é a minha carne para ser a vida do mundo. Murmuraram os judeus de Nosso Senhor Jesus Cristo, diz São João (cap. 6, v. 53) que eles disputavam, pois, entre si, dizendo: Como pode Ele dar-nos a comer a sua carne? E Jesus lhes disse: Em verdade, em verdade vos digo: Se não comerdes da carne do Filho do Homem e beberdes o seu sangue não tereis a vida em vós.[98] E que lhes resulta dessa murmuração e calúnia? Digam-nos eles mesmos que têm experimentado. Murmuram estes homens dos milagres de Deus. Lembre-se do que lhes sucedeu quando murmuraram contra Moisés, e dos castigos que lhes vieram e das mais vezes que murmuraram contra a Divina Providência. Porque consta da Sagrada Es-

---

[98] João 6,52-54: *"Si quis manducaverit ex hoc pane, vivet in aeternum, et panis, quem ego dabo, caro mea est pro mundi vita. Litigabant ergo Iudaei ad invicem, dicentes: Quomodo potest hic nobis carnem suam dare ad manducandum? Dixit ergo eis Iesus: Amen, amen dico vobis: Nisi manducaveritis carnem Filii hominis, et biberitis ejus sanguinem, non habebitis vitam in vobis"* ["Se qualquer comer deste pão, vivirá eternamente; e o pão, que eu darei, é a minha carne, para a vida do Mundo. Disputavam pois entre si os Judeos, dizendo: Como pode este dar-nos a comer a sua carne? E Jesus lhes disse: Em verdade, em verdade vos digo: Senão comerdes a carne do Filho do Homem, e beberdes o seu sangue, não tereis vida em vós"].

- 98 -

Disse o mesmo Senhor fallando do Santissimo Sacramento. Se qualquer comer deste
pão, viverá eternamente: e o pão que darei é
a minha carne, para ser a vida do mundo.
Murmurarão os Judeos de Nosso Senhor
Jesus Christo, diz (São João Cap. 6. v. 53), que
elles disputarão pois, entre si, dizendo: Como pode Elle dar-nos a comer a sua carne? E Jesus
lhes disse: Em verdade, em verdade vos digo:
Senão comeres da carne do Filho do Homem e
beberdes o seu Sangue não tereis vida em vós.
E que lhes resultou dessa murmuração e Calumnia? Digão-nos elles mesmos que teem
experimentado. Murmurarão estes homens
dos milagres de Deus. Lembrem-se do que lhes
succedeu, quando murmurarão contra Moysés,
e dos castigos que lhes vierão e das mais vezes
que murmurarão contra a Divina Providencia. Porque consta da Sagrada Es-

criptura que tirou⁹⁹ Moysés do Egypto seiscentos mil homens, não contando as mulheres e nem oshomens de vinte annos pra baixo: E de todo este numero só dous chegarão a terra da Promissão, Josué e Calib. E qual foi a razão? Asua murmuração contra Deus. Diz São Jeronimo, que senão houvesse quem desse ouvidos a murmuradores não haveria murmuração. Eassim parece, porque, se bem desejára alguem fallar e murmurar, porem como não o querem escutar cala-se por força. Por isso nos quiz Nosso Senhor Jesus Christo dar esta doutrina quando estavão os Judeus, murmurando contra a sua Santissima Innocencia, e dirigendo-lhe tantas ignominias. Perguntou-lhe Pilatos: Não vêz quantas testemunhas contra ti? Como te não defendes? Foi misterioso o silencio com que Nosso Senhor Jesus Christo então se houve, porque,

critura que tirou Moisés do Egito seiscentos mil homens, não contando as mulheres e nem os homens de vinte anos para baixo.¹⁰⁰ E de todo este número só dois chegaram à terra da promissão, Josué e Caleb. E qual foi a razão? A sua murmuração contra Deus.¹⁰¹ Diz São Jerônimo que se não houvesse quem desse ouvidos a murmuradores não haveria murmuração. E assim parece porque, se bem deseja alguém falar e murmurar, porém como não o querem escutar, cala-se por força. Por isso nos quis Nosso Senhor Jesus Cristo dar esta doutrina, quando estavam os judeus murmurando contra a sua santíssima inocência e dirigindo-lhe tantas ignomínias Perguntou-lhe Pilatos: Não vês quantas testemunhas contra ti? Como te não defendes? Foi misterioso o silêncio com que Nosso Senhor Jesus Cristo então se houve, porque,

---

⁹⁹ Na passagem correspondente do manuscrito que transcreve, Ataliba lê "trouxe" (p. 386 / p. 144).
¹⁰⁰ Veja Êxodo 12,37-38: "*Profectique sunt filii Israhel de Ramesse in Socoth, sexcenta fere millia peditum virorum, absque parvulis*" ["Partiram pois os filhos d'Israel de Ramesses, e vieram a Socoth, sendo perto de seiscentos mil homens de pé, afóra os meninos"].
¹⁰¹ Conforme Números 13-14, o povo de Israel murmurou contra Moisés e Arão, portanto, contra Deus, ao ouvir de Josué e Caleb que os habitantes da terra a ser ocupada eram fortes, com cidades grandes e muradas. A reação de Deus foi taxativa (14,29-30): "*In solitudine hac jacebunt cadavera vestra. Omnes qui numerati estis a viginti annis et supra, et murmurastis contra me, non intrabitis terram, super quam levavi manum meam ut habitare vos facerem, praeter Caleb filium Jephonne, et Iosue filium Nun*" ["N'este deserto ficarão extendidos os vossos cadaveres. Todos vós os que fostes contados desde vinte annos e d'ahi para cima, e que murmurastes contra mim, não entrareis na terra na qual eu levantando a minha mão tinha jurado que vos faria habitar, excepto Caleb filho de Jefone, e Josué filho de Nun"].

-99-

escriptura que tirou Moysés do Egypto seiscentos mil homens, não contando as mulheres e nem os homens de vinte annos para baixo. E de todo este numero só dous chegarão a terra da Promissão, Josué e Caleb. E qual foi a razão? A sua murmuração contra Deus. Diz São Jeronimo, que se não houvesse quem desse ouvidos a murmuradores não haveria murmuração. E assim parece, porque, se bem desejára alguem fallar e murmurar, porem como não ha quem escutar cala-se por força. Por isso nos quiz Nosso Senhor Jesus Christo dar esta doutrina quando estavão os Judeus murmurando contra a sua Santíssima Innocencia, dirigindo-lhe tantas ignominias. Perguntou-lhe Pilatos: Não vês quantas testemunhas contra ti? Como tu não defendes? Foi misterio o silencio com que Nosso Senhor Jesus Christo então se houve, porque, como a culpa da quelles homens era ima murmuração sacreliga, não quiz responder; para que senão dis sesse no mundo, que dava ouvidos a murmuradores. E ja em outra o ccasião os havia reprehendido o mesmo Senhor, dizendo: Não sejaes murmuradores entre vós outros (João Cap. 6, v. 43). Commettem os murmuradores muitos prejuizos pelas calumnias causadas da enveja, que fabricão em o dios dos homens; como experimentarão os nossos primeiros pais com a serpente infernal, logo no principio do mundo. E foi o caso: que saindo Eva ao vergel do Paraiso, toda trajada de gloria, con vidada do sitio, foi es tendendo o passeio por entre plantas e flores e muitos vistosos pomos, vendo aschristalinas aguas. As arvores lhe fazião verde docél de esmeraldas, as flores lhe alcatifavão: o prado e os pomos a convidavão:

como a culpa daqueles homens era uma murmuração sacrílega, não quis responder para que se não dissesse no mundo que dava ouvidos a murmuradores.[102] E já em outra ocasião os havia repreendido o mesmo Senhor, dizendo: Não sejais murmuradores entre vós outros (João 6,43).[103] Cometem os murmuradores muitos prejuízos pelas calúnias causadas da inveja que fabricam em ódios dos homens, como experimentaram os nossos primeiros pais com a serpente infernal, logo no princípio do mundo. E foi o caso:[104] que saindo Eva ao vergel do Paraíso, toda trajada de glória, convidada do sítio, foi estendendo o passeio por entre plantas e flores e muito vistosos pomos, vendo as cristalinas águas. As árvores lhe faziam verde dossel de esmeraldas; as flores lhe alcatifavam o prado e os pomos a convidavam

---

[102] Veja Marcos 15,4-5: "*Pilatus autem rursum interrogavit eum, dicens: Non respondes quidquam? vide in quantis te accusant. Iesus autem amplius nihil respondit, ita ut miraretur Pilatus*" ["E Pilatos lhe perguntou outra vez, dizendo: Tu não respondes cousa alguma? ve de quantos crimes te accusam. Mas Jesus, não respondendo [respondeo] mais palavra, de sorte que Pilatos estava admirado"].
[103] João 6,43: "*Nolite murmurare in invicem*" ["Não murmureis entre vós-outros"].
[104] A bela descrição do fatídico encontro entre Eva e a serpente, assumida do livro de Nuno Marques, expande largamente o que se lê em Gênesis 3, desembocando no tema do pecado original.

— 105 —

Como a culpa daquelles homens era uma murmuração sacrilega, não quis responder; para que serão ditosos no mundo, que dá Na ouvidos a murmuradores. E já em outra occasião os havia reprehendido o mesmo Senhor, dizendo: — Não sejais murmuradores entre vós outros (João Cap. 6, v. 43) Commettem os murmuradores muitos prejuizos pelas calumnias causadas da enveja, que fabricão em odio dos homens; Como experimentarão os nossos primeiros paes com a Serpente infernal, logo no principio do mundo. E foi o caso: que saindo Eva ao Vergel do Paraiso, toda trajada de gloria, convidada do Sitio foi estendendo o passeio por entre plantas e flores e muitos vistosos pomos, vendo as christalinas aguas. As arvores lhe fazião verde docel de esmeraldas, as flores lhe alcatifarão o prado e os pomos a convidarão:

101

afonte ja de admirada parava, pela ver retratada em seus christaes: os animaes absortos de verem tanta belleza, lhe rendião adorações: as aves com sonora melodia afestijavão, por cuidarem que era a Aurora que por aquelle horisante vinha subindo; resultando-lhe tudo isto ser uma creatura tão perfeita ebella feita pelas mãos de Deus, compitendo nella o assombro com admiração, agalla com a graça, condigna por certo de toda a veneração, pois era uma maravilha que se via naquelle alegre Jardim. E vendo o demonio tantas adorações feitas a uma creatura, cheio de raiva e inveja, comessou a murmurar com seus sequazes e ma q uinar uma refinada traição contra Eva, pela ver com tantas excellencias, entregue a toda a lisonja, e logo suppôz que lhe havia de dar ouvidos, porque tanto folgava de apparecer. E transformando-se

à fonte; já de admirada parava para se ver retratada em seus cristais:[105] os animais absortos de verem tanta beleza lhe rendiam adorações: as aves com sonora melodia a festejavam, por cuidarem que era a Aurora que por aquele horizonte vinha subindo, resultando-lhe tudo isto ser uma criatura tão perfeita e bela feita pelas mãos de Deus, competindo nela o assombro com a admiração, a gala com a graça, condigna por certo de toda veneração, pois era uma maravilha que se via naquele alegre jardim. E vendo o demônio tantas adorações feitas a uma criatura, cheio de raiva e inveja, começou a murmurar com seus sequazes e maquinar uma refinada traição contra Eva por a ver com tantas excelências, entregue a toda a lisonja e logo supôs que lhe havia de dar ouvidos, porque tanto folgava de aparecer. E transformando-se

---

[105] Na transcrição que Ataliba faz do caderno de 1897 lê-se algo distinto, por conta de divergências na pontuação e quanto a uma palavra, que assinalo: "as flores lhe acaltifavam o prado e os pomos a convidavam à fonte; já de admirada parava *para* ver retratada em seus cristais" (p. 390 / p. 145).

- 101 -

afesteja de admirada, parara, pela ver retratada em seus christaes: os animaes absortos
de verem tanta belleza, lhe rendião adoracões:
as aves com sonora melodia afestijarão, por cu-
darem que era a Aurora que por aquelle
horisonte vinha subindo; resultando-lhe tudo isto ser uma creatura tão perfeita e bella
feita pelas maõs de Deus, consistindo nella
o assombro com admiraçaõ, a galla com a graça, condigna por certo de toda a veneraçaõ, pois era uma maravilha que seria na quelle
alegre jardim. E vendo o demonio tantas adorações feitas a uma creatura, cheio de raiva
e inveja, começou a murmurar com seus
sequazes e maquinar uma refinada traição contra Eva, pela ver com tantas excellencias, entregue a toda a lisonja, e logo suppôz
que lhe haria de dar ouvidos, por que tanto
folgara de apparecer. E transformando-se

102

uma serpente, por em com boa cara, (que é oque costumão fazer os murmuradores, para melhor en cobrirem suas diabolicas ten tações), mettendo a Eva em conversação, lhe perguntou: porque não comia do fructo da arvore da sciencia do Bem e do Mal? Respondeu-lhe Eva: porque Deus nol-o tem prohibido. Replicou-lhe a serpente: sabeis porque Deus lh'o prohibiu? porque comendo-o vós evosso esposo, haveis ficar semelhante aElle Deus. Creu Eva de ligeiro, como mulher, oque a serpente lhe tinha dito enganosamente, efoi logo com o alvitre a Adão a persuadil-o para que comesse do fructo vedado, comendo-o ella primeiro. E como Adão tanto amasse a Eva, sem reparar no preceito que lhe havia posto Deus, comeu do pomo, epor essa causa se vio logo despido da graça de que Deus o tinha vestido, efoi logo lançado

numa[106] serpente, porém com boa cara (que é o que costumam fazer os murmuradores, para melhor encobrirem suas diabólicas tentações), metendo Eva em conversação, lhe perguntou porque não comia do fruto da árvore da ciência do Bem e do Mal. Respondeu-lhe Eva: porque Deus no-lo tem proibido. Replicou-lhe a serpente: sabeis por que Deus lhe proibiu? Porque comendo-o, vós e vosso esposo haveis de ficar semelhantes a Ele, Deus. Creu Eva de ligeiro, como mulher, no que a serpente lhe tinha dito enganosamente e foi a logo com o alvitre a Adão a persuadi-lo para que comesse do fruto vedado, comendo-o ela primeiro. E como Adão tanto amasse a Eva, sem reparar no preceito que lhe havia posto Deus, comeu do pomo, e por esta causa se viu logo despido da graça de que Deus o tinha vestido e foi logo lançado

---

[106] É o que Ataliba encontra na passagem correspondente (p. 392 / p. 145).

— 102 —

uma serpente, porem com boa cara, (que é o que costumão fazer os murmuradores, para melhor encobrirem suas diabolicas tentações), mettendo a Eva em conversação, lhe perguntou: por que não comia do fructo da arvore da sciencia do Bem e do Mal? Respondeu-lhe Eva: por que Deus nol-o tem prohibido. Replicou-lhe a serpente: sabeis por que Deus th'o prohibiu? por que comendo-o vós e vosso esposo, havereis ficar semelhante a Elle Deus. Creu Eva de ligeiro, como mulher, o que a serpente lhe tinha dito enganosamente, e foi logo com o alvitre a Adão a persuadil-o para que comesse do fructo vedado, comendo-o ella primeiro. E como Adão tanto amasse a Eva, sem reparar no preceito que lhe havia posto Deus, comeu do pomo, e por esta causa se vio logo despido da graça de que Deus o tinha vestido, e foi logo lançado

103

do Paraizo; fazendo-nos a todos ficar sujeitos ao peccado original, expostos a padecer tantos trabalhos e infortunois. Que ruína tem padecido as famílias, que aborrecimento as gerações, que desgraça aos innocentos por causa da murmuração. Que honras, vidas e fazendas tem destruido as linguas dos murmuradores, por um falso testemunho. São taes os murmuradores que até das obras de Deus, murmurão: queixão-se dos tempos, da pouca saude e de serem pobres. E se vêem alguem com algum defeito natural ou moral, ja delles fallão e murmurão, e se diz o murmurado, que cada um é como Deus o fez, respondem os murmuradores; pois se Deus te fez assim, te quero desfazer e anequilar. Pode haver maior atrevimento, que chegar um homem a murmurar d'aquillo que Deus fez? O murmurador com um golpe de lingua faz tres feridas: offende

do Paraíso, fazendo-nos a todos ficar sujeitos ao pecado original, expostos a padecer tantos trabalhos e infortúnios. Que ruína têm padecido as famílias, que aborrecimento as gerações, que desgraça aos inocentes por causa da murmuração. Que honras, vidas e fazendas têm destruído as línguas dos murmuradores, por um falso testemunho. São tais os murmuradores que até das obras de Deus murmuram: queixam-se dos tempos, da pouca saúde e de serem pobres. E se veem alguém com algum defeito natural ou moral, já deles falam e murmuram e se diz o murmurado que cada um é como Deus o fez, respondem os murmuradores: pois se Deus te fez assim, te quero desfazer e aniquilar. Pode haver maior atrevimento que chegar um homem a murmurar daquilo que Deus fez? O murmurador com um golpe de língua faz três feridas: ofende

do Paraizo; fazendo-nos a todos ficar sujeitos ao peccado original, e3 postos a padecer tantos trabalhos e infortunios. Que ruina tem padecido as familias, que aborrecimento as gerações, que desgraça aos innocentes por causa da murmuração. Que honras, vidas e fazendas tem destruido as linguas dos murmuradores, por um falso testemunho. Saõ taes os murmuradores que até das obras de Deus, murmuraõ: queixão-se dos tempos, da pouca saude e de serem pobres. E se vêem alguem com algum defeito natural ou moral, ja delles fallão e murmuraõ; e se diz o murmurado que cada um é como Deus o fez, respondem os murmuradores; pois se Deus te fez assim, te quero desfazer e aniquilar. Pode haver maior atrevimento, que chegar um homem a murmurar d'aquillo que Deus fez? O murmurador com um golpe da lingua faz tres feridas: offende

104

a Deus, offende ao proximo eoffende a si. Offende a Deus, por que quebra o seu devino Preceito. Offende ao proximo, porque falta a Caridade em declarar afalta alheia, a inda que atinha, não sendo obrigado por direito abem da causa. Offende a si, porque todos fogem delle, vendo-se envergonhado diante dos que tem offendido. Disse o Senhor pelo Propheta Oséas: Levarei a alma ao diserto e lhe fallarei ao coração (Oséas, Cap. 2, v. 14).[107] Vejão sepode haver mais solida verdade para desengano dos murmuradores. Diz São João Chrisostomo, que não tem o demonio instrumento mais apropositо para nos fazer peccar, do que a nossa lingua. Diz São Bazelio, que o selencio é a eschola aonde si aprende a fallar acertadamente. São Paulo, admoestando aos falladores e curiosos de darem novas, disse: Que tratassem de suas

a Deus, ofende ao próximo e ofende a si. Ofende a Deus porque quebra o seu divino preceito. Ofende ao próximo porque falta à Caridade em declarar a falta alheia, ainda que a tinha, não sendo obrigado por direito a bem da causa. Ofende a si porque todos fogem dele, vendo-se envergonhado diante dos que têm ofendido. Disse o Senhor pelo profeta Oseias: Levarei a alma ao deserto e lhe falarei ao coração (Oseias, cap. 2, v.14). Vejam se pode haver mais sólida verdade para desengano dos murmuradores. Diz São João Crisóstomo que não tem o demônio instrumento mais a propósito para nos fazer pecar do que a nossa língua. Diz São Basílio[108] que o silêncio é a escola onde se aprende a falar acertadamente. São Paulo, admoestando aos faladores e curiosos de darem novas, disse: que tratassem de suas

---

[107] Oseias 2,14: *"Propter hoc, ecce ego lactabo eam, et ducam eam in solitudinem: et loquar ad cor ejus"* ["Por tanto, eis-aqui estou eu que a atttrahirei docemente a mim, e a levarei á soledade, e lhe fallarei ao coração"].
[108] Foi bispo na Capadócia e antes fundara um mosteiro, sendo considerado notável teólogo. Sua autoridade moral o fez ser chamado "Basílio Magno". Faleceu em 379.

a Deus, offende ao proximo e offende a si. Offende a Deus, porque quebra o seu divino Preceito. Offende ao proximo, porque falta a Caridade em declarar a falta alheia, ainda que a tinha, não sendo obrigado por direito a bem da causa. Offende a si, porque todos fogem delle, vendo-se envergonhado diante dos que tem offendido. Disse o Senhor pelo Propheta Oséas: Levarei a alma ao deserto e lhe fallarei ao coração. (Oséas, Cap. 2, v. 14) Vijão se pode haver mais solida verdade para desengano dos murmuradores. Diz São João Chrisostomo, que não tem o demonio instrumento mais aproposito para nos fazer peccar, do que a nossa lingua. Diz São Bazilio, que o silencio é a eschola aonde si aprende a fallar acatadamente. São Paulo, admoestando aos falladores e curiosos de darem novas, disse: Que tratassem de suas vidas trabalhando em silencio. Que irreparaveis dam nos faz a lingua, quando levanta um falso testemunho na honra, credito ou fama do proximo! E como vos parece cousa leve, não fazeis caso disso. Sendo que sem se dis dizer e satisfazer, não é possivel haver perdão; porque, como é em dam no de terceiro, em quanto este não está satisfeito, não as senta o perdão ou absolvição, ainda que se confesse com dôr e arrependimento. É erro d'aquelle que lhe entra no pensamento, que pode obrar cousa alguma bôa sem mui especial graça efavor de Deus, como fonte de toda aSabedoria, que muitas vezes dá a conhecer os seus Segredos aos mais humildes, para que aproveitem no mundo, o que grandes talentos não podem alcançar. Porque é certo que não bas tão forças humanas, para poderem conhecer seus Divinos

vidas trabalhando em silêncio.[109] Que irreparáveis danos faz a língua, quando levanta um falso testemunho na honra, crédito ou fama do próximo. E como vos parece cousa leve, não fazeis caso disso. Sendo que, sem se desdizer e satisfazer, não é possível haver perdão; porque como é em dano de terceiro, enquanto este não está satisfeito, não assenta o perdão ou absolvição, ainda que se confesse com dor e arrependimento. É erro daquele que lhe entra no pensamento, que pode obrar cousa alguma boa sem mui especial graça e favor de Deus, como fonte de toda a Sabedoria, que muitas vezes dá a conhecer os seus Segredos aos mais humildes,[110] para que aproveitem no mundo, o que grandes talentos não podem alcançar. Porque é certo que não bastam forças humanas para poder conhecer seus Divinos

---

[109] Veja 1 Tessalonicenses 4,11: "*Et operam dectis [detis] ut quieti sitis, et ut vestrum negotium agatis, et operemini manibus vestris, sicut praecepimus vobis*" ["E que procureis viverdes quietos, e que trateis do vosso negocio, e que trabalheis com as vossas mãos, como vol-o temos ordenado"].

[110] Alusão ao dito atribuído a Jesus em Mateus 11,25: "*Confiteor tibi, Pater, Domine caeli et terrae, quia abscondisti haec a sapientibus, et prudentibus, et revelasti ea parvulis*" [Graças te dou a ti, pai, senhor do Ceo, e da terra, porque escondeste estas coisas aos sabios, e entendidos, e as revelaste aos pequeninos"].

— 105 —

vidas trabalhando em silencio. Que irreparareis damnos faz a lingua, quando levanta um falso testemunho na honra, credito ou fama do proximo! E como vos parece cousa leve, não fazeis caso disto. Sendo que sem se desdizer e satisfazer, não é possivel haver perdão; porque, como é em damno de terceiro, em quanto este não está satisfeito, não assenta o perdão ou absolvição, ainda que se confesse com dôr e arrependimento. É erro d'aquelle que lhe entra no pensamento, que pode obrar cousa alguma bôa sem mui especial graça e favor de Deus, como fonte de toda a Sabedoria, que muitas vezes dá a conhecer os seus Segredos aos mais humildes, para que aproveitem no mundo, o que grandes talentos não podem alcançar. Porque é certo que não bastão forças humanas para poderem conhecer seus Divinos

106

Segredos, como consta de varios livros e logares da Sagrada Escriptura. (João, Cap. 15, v. 5). *Sine me nihil po tes tis facere.*III É conselho de todos os Mestres de esperito que dão para nos livrar do vicio da murmuração, usando da vertude do silencio, evetando as ruins conversações de pessoas o ciosas de máo exemplo. Porque não ha cousa que mais nos faça destrahir, do que semelhantes conversações, desnecessarias para obem esperitual. E não se pode com palavras encarecer o seu proveito, eo quanto é agradavel a Deus uma creatura que se mortifica na virtude do silencio: porque verdadeiramente quem assim se mortifica, tem muitas apparencias e visos na terra comos Esperitos Angelicos e Bemaventurados que estão no Céo. Porquesigundo ao penião mais provavel dos Santos Doutores

Segredos, como consta de vários livros e lugares da Sagrada Escritura (João, 15,5) *Sine me nihil potestis facere.* É conselho de todos os Mestres de espírito que dão para nos livrar do vício da murmuração, usando da virtude do silêncio, evitando as ruins conversações de pessoas ociosas de mau exemplo. Porque não há cousa que mais nos faça distrair do que semelhantes conversações, desnecessárias para o bem espiritual. E não se pode com palavras encarecer o seu proveito e o quanto é agradável a Deus uma criatura que se mortifica na virtude do silêncio: porque verdadeiramente quem assim se mortifica tem muitas aparências e visos na terra com os Espíritos Angélicos e Bem-Aventurados que estão no Céu. Porque, segundo a opinião mais provável dos Santos Doutores

---

III João 15,5: "*Sine me nihil potestis facere*" ["Sem mim não podeis fazer nada"].

— 106 —

Segredos, como consta de varios lugares da Sagrada Escriptura. (João, Cap. 15, v. 5). Sine me nihil potestis facere. É conselho de todos os Mestres de espirito que dão para nos livrar do vicio da murmuração, usando da vertude do silencio, evitando as ruins conversações de pessoas ociosas, de máo exemplo. Porque não ha cousa que mais nos faça destrahir, do que semelhantes conversações, desnecessarias para o bem espiritual. E não se pode com palavras encarecer o seu proveito, eo quanto é agradavel a Deus uma creatura que se mortifica na vertude do Silencio; porque verdadeiramente quem assim se mortifica, tem muitas apparencias e visos na terra com os Espiritos Angelicos e Bemaventurados que estão no Céo. Porque segundo a peniõa mais provavel dos Santos Doutores

107

da Igreja na Bemaventurança não se articulão palavras, e tudo se fáz por con certo; eestes tão acertados, como nascidos da Luz da Sabedoria, que é o mesmo Deus. E por contraposição, no inferno, tudo são vozes, gritos, blasfemias egemidos tão tristes como lamentaveis, pelo que consta de muitas revelações e affirma a Sagrada Escriptura.

da Igreja, na Bem-Aventurança não se articulam palavras e tudo se faz por concerto, e estes tão acertados como nascidos da Luz da Sabedoria, que é o mesmo Deus. E por contraposição, no inferno, tudo são vozes, gritos, blasfêmias e gemidos tão tristes como lamentáveis, pelo que consta de muitas revelações e afirma a Sagrada Escritura.[112]

---

[112] A base escriturística para essa afirmação parece ser a expressão "pranto e ranger de dentes" ["*fletus, et stridor dentium*"] encontrada em algumas passagens do Evangelho segundo Mateus (13,42; 25,30).

da Igreja na Bemaventurança naõ se articulaõ palavras, e tudo se faz por concerto; e estes taõ acertados, como nascidos da Luz da Sabedoria, que é o mesmo Deus. E por contraposiçaõ, no inferno, tudo saõ vozes, gritos, blasfemias e gemidos taõ tristes como lamentareis, pelo que consta de muitas revelaçoẽs e affirma a Sagrada Escriptura.

108

9º Mandamento

Do Preceito do Senhor se conhece a toda evidencia, quanto é grave a culpa d'aquelle que commette o adultério; a offensa que faz oadultero a Deus e ao proximo. Todos devem fugir deste peccado. Por que sebem considerasse um homem e uma mulher o damno que resulta des ta culpa, por ser irreparavel, nunca o havia de com metter pelos estragos, mortes e desamparo dos filhos. Seria bem util que tal mulher meditasse profundamente nestas verdades, tendo em mira aimportancia de seu estado, o bede cendo aseu esposo, relevando as suas faltas com paciencia, a conselhando-o com boas expressões, cumprindo com deligencia seus deveres; não se deixando vencer por qualquer convite que occasione uma offensa con-

9º Mandamento

Do Preceito do Senhor se conhece a toda evidência quanto é grave a culpa daquele que comete o adultério: a ofensa que faz o adúltero a Deus e ao próximo. Todos devem fugir deste pecado. Porque se bem considerasse um homem e uma mulher o dano que resulta dessa culpa, por ser irreparável, nunca o havia de cometer pelos estragos, mortes e desamparo dos filhos. Seria bem útil que tal mulher meditasse profundamente nestas verdades, tendo em mira a importância de seu estado, obedecendo a seu esposo, relevando as suas faltas com paciência, aconselhando-o com boas expressões, cumprindo com diligência seus deveres, não se deixando vencer por qualquer convite que ocasione uma ofensa con-

—108—

9.º Mandamento.

Do Preceito do Senhor se conhece a toda evidencia, quanto é grave a culpa d'aquelle que commette o adulterio; a offensa que faz o adultero a Deus e ao proximo. Todos devem fugir deste peccado. Por que se bem considerasse um homem e uma mulher o damno que resulta desta culpa, por ser irreparavel, nunca ohavia de commetter pelos estragos, mortes e desamparo dos filhos. Seria bem util que tal mulher meditasse profundamente nestas verdades, tendo em mira a importancia de seu estado, obedecendo a seu esposo, relevando as suas faltas com praciencia, aconselhando-o com boas expressões, cumprindo com deligencia seus deveres; não se deixando vencer por qualquer convite que occasione uma offensa contra seu estado. Considerem a cerca dos castigos que tem succedido neste mundo por causa do adulterio, como consta de varios exemplos. Na Lei de Moysés se mandava que morresse a adultera apedrejada. Quasi todas as Nações tem este deticto por culpa grave; que tão abominavel é. E assim todas as mulheres que sequizerem conservar em virtudes para comDeus e paz para com seus maridos, não só fujão de cahir em tão horrivel culpa, mas nem ainda deem a menor desconfiança a seus maridos; porque muitas vezes dissimulão com prudencia, o que de pois vem aexecutar apaixonados com razão. E tomem exemplo d'aquella discreta Matrona Herena que chegou dizer: antes mil vidas perder, que offensa a Deus e a meu marido. E se não vejão o que succedeu a Hypo, Matrona tão fallada por sua grande formosura; pois antes

tra seu estado. Considerem acerca dos castigos que têm sucedido neste mundo por causa do adultério, como consta de vários exemplos. Na lei de Moisés se mandava que morresse a adúltera apedrejada.[113] Quase todas as nações têm este delito por culpa grave, que tão abominável é. E assim todas as mulheres que se quiserem conservar em virtude para com Deus e paz com seus maridos, não só fujam de cair em tão horrível culpa, mas nem ainda deem a menor desconfiança a seus maridos, porque muitas vezes dissimulam com prudência o que depois vêm a executar apaixonadas, com razão.[114] E tomem a exemplo daquela discreta Matrona Herena,[115] que chegou a dizer: antes mil vidas perder que ofensa a Deus e a meu marido. E senão, vejam o que sucedeu a Hypo, Matrona tão falada por sua grande formosura, pois antes

---

[113] Veja João 8,4-5: "*Magister, haec mulier modo deprehensa est in adulterio. In lege autem Moyses mandavit nobis hujusmodi lapidare*" ["Mestre, esta mulher foi agora mesmo apanhada em adultério; e Moysés na lei mandou-nos apedrejar a estas taes"].
[114] Ataliba traz, na passagem correspondente, "[...] apaixonadas, com razão" (p. 407 / p. 149).
[115] Ataliba lê "Helena" (p. 407 / p. 149).

— 109 —

tra seu estado. Considerem a cerca dos castigos que tem succedido neste mundo por causa do adulterio, como consta de varios exemplos. Na Lei de Moysés se mandara que morresse a adultera apedrejada. Quasi todas as Naçoes tem este delicto por culpa grave; que tão abominavel é. E assim todas as mulheres que se quizerem conservar em virtudes para com Deus e paz para com seus maridos, não só fujão de cahir em tão horrivel culpa, mas nem ainda deem a menor desconfiança a seus maridos; porque muitas vezes dissimulão com prudencia, o que depois vem a executar apaixonados com razão. E tomem exemplo d'aquella discreta Matrona Herena que chegou dizer: antes mil vidas perder, que offensa a Deus e a meu marido. E se não vejão o que succedeu a Hypo, Matrona tão fallada por sua grande formosura; pois antes

110

quiz perder a vida, que violar a virtude dacastidade que tanto amava. E por isso fujão e todo tracto de conversação com homens e de lhes apparecer ainda que sejão parentes. Guardem-se, quanto for possivel de ter amizade com mulheres deshonestas. Não digão mal de seus maridos em presença de outrem para não incorrerem na nota de que os não amão como devem e são obrigadas. E se seus maridos lhe derem máo exemplo neste particular, nem por isso lhes venha tal tentações deos offender com outra semelhante injuria; por que, á lém da offensa que fazem a Deus, epõem as suas vidas em perigo deserem castigados pela justiça ou mor tas por seus maridos. Porque destas desattenções emodo de vingança tem succedido grandes males e desgraças lamentaveis. De nenhum modo acceitem dadivas sem cau-

quis perder a vida que violar a virtude da castidade que tanto amava. E por isso fujam de todo trato de conversação com homens e de lhes aparecer, ainda que sejam parentes. Guardem-se, quanto for possível, de ter amizade com mulheres desonestas. Não digam mal de seus maridos em presença de outrem para não incorrerem na nota de que os não amam como devem e são obrigadas. E se seus maridos lhes derem exemplo neste particular, nem por isso lhes venha tal tentação de os ofender com outra semelhante injúria; porque, além da ofensa que fazem a Deus, põem as suas vidas em perigo de serem castigadas pela justiça ou mortas por seus maridos. Porque destas desatenções e modo de vingança têm sucedido grandes males e desgraças lamentáveis. De nenhum modo aceitem dádivas sem cau-

- 110 -

quiz perder a vida, que violar a virtude da
castidade que tanto amara. E por isso fujão de todo tracto de conversação com homens
e de lhes apparecer ainda que sejão parentes.
Guardem-se, quanto for possivel de ter amizade com mulheres deshonestas. Não digão mal
de seus maridos em presença de outrem para
não incorrerem na nota de que os não amão
como devem e são obrigadas. E se seus maridos lhe derem máo exemplo nesta particular, nem por isso lhes venha tal tentação
de os offender com outra semelhante injuria; por que á bem da offensa que fazem
a Deus, põem as suas vidas em perigo de serem castigadas pela justiça ou mortas por
seus maridos. Por que destas desattenções e
modo de vingança tem succedido grandes
males e desgraças lamentaveis. De nenhum modo acceitem dadivas sem que

111

sa muito urgente, de homem algum. Não queirão em suas casas apparatos, mais do-que as suas posses alcançarem; porque pela cubiça cahirão no laço do demonio, oqual lhemostrará que sendo-lhe necessario dinheiro para esse fim, sobre openhor davossa honra, não faltará quem o impreste. Tambem devem ser muito hon esta novestir. E assim as mulheres casadas devem sêrfortes,[116] discretas e prudentes: dentro em suas casas zelosas, fora dellas recatadas; e emtodas as occasiões exemplares; e mais presa-das de sofridas; que de agastadas; porque pela maior parte todas as desordens que succedem entre os casados, são por falta de soffrimento e impertinentes suspeitos. Dos livros humanos com tão varios successos que no mundo houve entre oscasados, por desconfianças zelosas, por

sa muito urgente, de homem algum. Não queiram em suas casas aparatos, mais do que as suas posses alcançarem, porque pela cobiça cairão no laço do demônio, o qual lhe mostrará que, sendo-lhe necessário dinheiro para esse fim, sobre o penhor da vossa honra não faltará quem o empreste. Também devem ser muito honestas no vestir. E assim as mulheres casadas devem ser fortes, discretas e prudentes: dentro em suas casas zelosas, fora delas recatadas; e em todas as ocasiões exemplares; e mais preza-das de sofridas que de agastadas; porque pela maior parte todas as desordens que sucedem entre os casados são por falta de sofrimento e impertinentes suspeitas. Dos livros humanos com tão vários sucessos que no mundo houve entre os casados, por desconfianças zelosas, por

---

[116] O verbo "ser" parece ter sido acrescentado pelo copista, ao notar que o havia omitido ao redigir o texto.

—111—

sa muito urgente, de homem algum. Não
queirão em suas casas apparatos, mais do
que as suas posses alcançarem; porque pe
la cabeça cahirão no laço do demonio, o qual
lhe mostrará que sendo-lhe necessario di
nheiro para esse fim, sobre o penhor da
vossa honra não faltará quem o empres
te. Tambem devem ser muito honestas no
vestir. E assim as mulheres casadas devem
ser fortes, discretas e prudentes: dentro em su
as casas zelosas, fora dellas recatadas; em
todas as occasiões exemplares; e mais pre
sadas de soffridas; que de agastadas; por
que pela maior parte todas as desordens
que succedem entre os casados, são por
falta de soffrimento e impertir entre sus
peitos. Dos livros humanos com tão varias
successos que no mundo houve entre os
casados, por desconfianças zelosas, por

112

cuja causa acontecerão muitas des graças; e tal vez por falta de verdadeiro exame ecer teza. Occupem-se as mulheres em bons ex ercicios e não estejão ociosas. Devem evitar os paceios, tomando assim o exemplo do lastimoso caso que succedeu a nossos primeiros pais. Porque, se Eva tivesse em companhia de seu esposo, nem odemonio teria occasião de a enga nar, nem ella teria sido causa de fazer peccar aAdão. E assim as mulheres casadas que se quizerem conservar em serviço de Deus, e em paz para com seus maridos, fujão desemelhantes passeios e conversações degentes de máo procidimento. Se alguem vos solicitar para o peccado, ainda que para o conseguir vos ameassem com a morte resistão, embora que soffrão mor tal golpe. Entenderão por ventura que o insino

cuja causa aconteceram muitas desgraças e talvez por falta de verdadeiro exame e certeza. Ocupem-se as mulheres em bons exercícios e não estejam ociosas. Devem evitar os passeios, tomando assim o exemplo do lastimoso caso que sucedeu a nossos primeiros pais. Porque se Eva estivesse em companhia de seu esposo, nem o demônio teria ocasião de a enganar, nem ela teria sido causa de fazer pecar a Adão.[117] E assim as mulheres casadas que se quiserem conservar em serviço de Deus e em paz para com seus maridos, fujam de semelhantes passeios e conversações de gente de mau procedimento. Se alguém vos solicitar para o pecado, ainda que para o conseguir vos ameacem com a morte, resistam, embora que sofram golpe mortal. Entenderão porventura que o ensino

---

[117] De novo a referência é ao texto de Gênesis 3.

—112—

cuja causa acontecerão muitas desgraças; e tal vez por falta de verdadeiro exame e certeza. Occupem-se as mulheres em bons exercicios e não estejão ociosas. Devem evitar os paseios, tomando assim o exemplo do lastimoso caso que succedeu a nossos primeiros pais. Porque, se Eva tivesse em companhia de seu esposo, nem o demonio teria occasião de a enganar, nem ella teria sido causa de fazer peccar a Adão. Eassim as mulheres casadas que se quizerem conservar em serviço de Deus, e em paz para com seus maridos, fujão de semelhantes paseios e conversações degentes de máo procedimento. Se alguem vos solicitar para o peccado, ainda que para o conseguir vos ameaçassem com a morte resistão, embora que soffrão mortal golpe. Entenderão por ventura que o indevi-

113

desta moral é ex cessivamente rigido? Certamente que não; se tives sem em mira a salvação da vossa alma. Imitem pois o exemplo de Suzana, que sendo so licitada pelos velhos para commetter o peccado, a ponto dea terem ameaçado que se ella não fizesse o que elles desejavão, que de nunciarião aoJuizo, que a tinhão encontrado em seu jar dim commettendo adultério. Suzana porem como era temente a Deus não se deixou vencer por essa a meaça, pronunciando estas palavras: eu antes quero morrer innocente nas tuas mãos, do que tornar-me culpada diante d'Aquelle que me vê. Não foi debalde sua confiança, indo Daniel em seu socorro, que n'aquelle tempo tinha doze annos de idade, mas era cheio do Espirito de Deus; interrogouseparadamente os dous Anciãos, aponto de ter mostrado acontra-

desta moral é excessivamente rígido? Certamente que não, se tivessem em mira a salvação da vossa alma. Imitem, pois, o exemplo de Susana, que, sendo solicitada pelos velhos para cometer o pecado, a ponto de a terem ameaçado, que se ela não fizesse o que eles desejavam, denunciariam ao Juízo que a tinham encontrado em seu jardim cometendo adultério. Susana, porém, como era temente a Deus, não se deixou vencer por essa ameaça, pronunciando estas palavras: eu antes quero morrer inocente nas tuas mãos, do que tornar-me culpada diante d'Aquele que me vê. Não foi debalde a sua confiança, indo Daniel em seu socorro, que naquele tempo tinha doze anos de idade, mas era cheio do Espírito de Deus; interrogou separadamente os dois anciãos, a ponto de ter mostrado a contra-

— 113 —

desta moral é excessivamente rigido? Certamente que naõ, se tivessem em mira a salvação da vossa alma. Imitem pois o exemplo de Suzana, que sendo solicitada pelos velhos para commetter o peccado, a ponto de a terem ameaçada que se ella naõ fizesse o que elles desejavaõ, que denunciariaõ ao Juiz, que a tinhaõ encontrado em seu jardim commettendo adulterio. Suzana porem como era temente a Deus naõ se deixou vencer por essa ameaça, pronunciando estas palavras: eu antes quero morrer innocente nas tuas maõs, do que tornar-me culpada diante d'Aquelle que me vê. Naõ foi de balde sua confiança, indo Daniel em seu soccorro, que n'aquelle tempo tinha doze annos de idade, mas era cheio do Espirito de Deus, interrogou separadamente os dous Anciaõs, a ponto de ter mostrado a contra-

114

dição de seus ditos; livrando assim Suzana d'aquelle falso.

dição de seus ditos, livrando, assim, Susana daquele falso.[118]

---
[118] O episódio de Susana é narrado em Daniel 13.

— 114 —

dicçaõ de seus ditos; livrando assim Souza
nr, d'aquillo falso.

115

10º Mandamento

E uma offensa que commetti neste Preceito, aquelle que cubiça as cousas do proximo. A cubiça do alheio, diz São Paulo é a raiz de todos os males.¹¹⁹ Se bem considerasse a cretura nes tas expressões, certamente não cubiçaria à minima cousa do do proximo. É certo que cada um deve conformar-se com o seu estado; se vive opprimido do peso da indigencia, deve soffrer pacientemente. A felicidade do homem con siste em conformar-se com a vontade de Deus. Em quanto a inveja, vejão o que succedeu a Caim que pela ainveja matou a seu irmão Abel, e Deus permittiu q elle des esperasse. Dathan e Abiran tiverão en veja a Moysés e a terra os es tragou vivos. Os judeus tiverão inve-

10º Mandamento

É uma ofensa que comete neste preceito aquele que cobiça as cousas do próximo. A cobiça do alheio, diz São Paulo, é a raiz de todos os males. Se bem considerasse a criatura estas expressões, certamente não cobiçaria a mínima cousa do próximo. É certo que cada um deve conformar-se com o seu estado; se vive oprimido do peso da indigência, deve sofrer pacientemente. A felicidade do homem consiste em conformar-se com a vontade de Deus. E quanto à inveja, vejam o que sucedeu a Caim, que pela inveja matou a seu irmão Abel e Deus permitiu que ele desesperasse.¹²⁰ Datan e Abirão tiveram inveja a Moisés e a terra os estragou¹²¹ vivos. Os judeus tiveram inve-

---

¹¹⁹ Em 1 Timóteo 6,10 se lê: "*Radix enim omnium malorum est cupiditas: quam quidam appetentes erraverunt a fide, et inseruerunt se doloribus multis*" ["Porque a raiz de todos os males é a avareza: a qual cubiçando alguns se desencaminharam da fe, e se enredaram em muitas dores"].

¹²⁰ Veja Gênesis 4,1-16.

¹²¹ Na passagem correspondente do manuscrito de 1897, Ataliba leu "tragou" (p. 417 / p. 151). A prédica refere-se ao episódio narrado em Números 16,1-35.

— 115 —

10.º Mandamento.

Cuma offensa que commette neste Preceito, aquelle que cubiça as cousas do proximo. A cubiça do alheio, diz São Paulo é a raiz de todos os males. Se bem considerasse a cretura nestas expressões, certamente não cubiçaria à minima cousa do do proximo. É certo que cada um deve conformar-se com o seu estado; se vive opprimido do peso da indigencia, deve soffrer pacientemente. A felicidade do homem consiste em conformar-se com a vontade de Deus. Em quanto a inveja, vejão o que succedeu a Caim que pela inveja matou a seu irmão Abel, e Deus permittiu q'elle desesperasse. Lathan e Abiran tiverão inveja a Moysés e a terra os estragou vivos. Os Judeus tiverão inve-

116

ja a Jesus Christo; mas morrerão impenitentes. Bem pode a vista destas verdades acreatura conformar-se com a sua estr ella, por mais dispresivel que ella seja aos olhos do mundo. Deus muito nosencarregou a guarda de seus preceitos eMandamentos com toda a exactidão; e que os não havemos despresar com qualquer capa de necessidade, se não temel-os e amal-os. Reparem no que nos diz por David: *Tu mandas tis, manda ta tua cus toderinimis* (Ps. 118,).¹²² Em outro logar (Ps. 93 v. 20). O mesmo Rei David, como se disesse e fallasse para o caso presente, diz elle: É possivel que a tanto chega a tua maldade; (fallando com qualquer peccador) que finge difficuldade na observancia daLei epreceitos Devinos, quando estes devem guardar a tro co de todos os incom-

ja a Jesus Cristo; mas morreram impenitentes. Bem pode à vista destas verdades a criatura conformar-se com a sua estrela, por mais desprezível que ela seja aos olhos do mundo. Deus muito nos encarregou a guarda de seus preceitos e mandamentos com toda exatidão; e que os não havemos de desprezar com qualquer capa de necessidade, se não temê-los e amá-los. Reparem no que diz por Davi: *Tu mandasti mandata tua custodiri nimis* (Salmo 118). Em outro lugar (Salmo 93,20), o mesmo Rei Davi, como se dissesse e falasse para o caso presente, diz: É possível que a tanto chegue a tua maldade (falando com qualquer pecador), que finge dificuldade na observância da lei e preceitos divinos, quando estes devem guardar a troco de todos os incô-

---

[122] Trata-se do Salmo 118,4: "*Tu mandasti mandata tua custodiri nimis*" ["Tu ordenaste que os teus mandamentos fossem guardados à risca"].

— 116 —

ja a Jesus Christo, mas morrerão impenitentes. Bem pode a vista destas verdades a creatura conformar-se com a sua estrella, por mais dispresivel que ella seja aos olhos do mundo. Deus muito nos encarregou a guarda de seus preceitos e Mandamentos com toda a exactidão; e que os não havemos despresar com qualquer capa de necessidade, se não temel-os e amal-os. Reparem no que nos diz por David: Tu mandastes, manda ta tua Custoderi nimis (Ps. 118). Em outro logar (Ps. 93 v. 20). O mesmo Rei David, como se dissesse e fallasse para o caso presente, diz elle: É possivel que a tanto chega a tua maldade, (fallando com qualquer peccador) que finge difficuldade na observancia da Lei e preceitos Divinos, quando estes devem guardar a troco de todos os encommodos temporaes, pelo grande perigo dasalvação. Diz São Jeronyno que avida dos christãos não olha Deus para os principios della; porem sim para os seus progressos efins. E por isso convém e importa atodo christão que, se quizer salvar, ponha termo em seus peccados, pedin do muito a Deus que lhedê forças para abraçar * Santas ins perações, para se poder tirar da occasião da culpa; pois para isso nos deixou Deus o livre alvedrio nas nossas mãos. Porque é certo, que não querer largar a culpa, é signal de presito; e deixar-se estar nelle, é querer ir para o inferno. É a oração um poderoso auxilio contra o demônio, visto que não ha cousa que mais tema uma alma neste mundo, doque as sug gestões e tentaçõis do demonio. Diz São Thomaz que mais tinha aprendido orando, que estudan-

* suas

modos temporais pelo grande perigo da salvação.[123] Diz São Jerônimo que a vida dos cristãos não olha Deus para os princípios dela; porém, sim, para os seus progressos e fins. E por isso convém e importa a todo cristão que, se se quiser salvar, ponha termo em seus pecados, pedindo muito a Deus que lhe dê forças para abraçar as suas Santas inspirações, para se poder tirar da ocasião da culpa; pois para isso nos deixou Deus o livre alvedrio nas nossas mãos. Porque é certo que não querer largar a culpa é sinal de precito; e deixar-se estar nela é querer ir para o inferno. É a oração poderoso auxílio contra o demônio, visto que não há cousa que mais tema uma alma neste mundo do que as sugestões e tentações do demônio. Diz São Tomás que mais tinha aprendido orando que estudan-

---

[123] Salmo 93,20: *"Numquid adhaeret tibi sedes iniquitatis: qui fingis laborem in praecepto?"* ["Acaso tem união contigo a cadeira da iniquidade: quando tu nos impões mandamentos penosos?"].

mo dos temporaes, pelo grande perigo da salvação. Diz São Jeronymo que a vida dos Christãos não olha Deus para os principios della; porem sim para os seus progressos e fins. E por isso convém e importa a todo Christão que se quizer salvar, ponha termo em seus peccados, pedindo muito a Deus que lhe dé forças para abraçar Santas inspirações, para se poder tirar da occasião da culpa; pois para isso nos deixou Deus o livre alvedrio nas nossas mãos. Porque é certo, que não querer largar a culpa, é signal de presito; e deixar-se estar nella, é querer ir para o inferno. É a oração um poderoso auxilio contra o demonio, visto que não ha cousa que mais tema uma alma neste mundo, do que as suggestões e tentações do demonio. Diz Santo Thomaz que mais tinha aprendido orando, que estudando suas

do; do que se conhece o grande preceito que se alcança por meio da oração. Nosso Senhor Jesus Christo deixou aos homens o remedio na oração para os livrar das tentações, n'aquellas palavras do Padre Nosso: E não nos deixes cahir em tentação, mas livra-nos do mal. Amen. (Math. Cap 6, v. 13).[124] É por isto que diz São João Chrisostomo que a tentação não se atreve a chegar a alma que tem oração. E o que resta para serem os homens de Deus ouvido, éque fação muito por lhe merecer a sua graça. Porque, como será possivel acceitar Deus a oração d'aquelle que não guarda os seus Mandamentos? Por isso David dezia: Bem sei que não me ouvirá Deus se eu tiver peccado no meu coração. *Im quitatem se aş pexi in corde meo ex audiet Domenus* (Ps. 63, v. 18).[125] O

do; do que se conhece o grande proveito que se alcança por meio da oração. Nosso Senhor Jesus Cristo deixou aos homens o remédio na oração para os livrar das tentações, naquelas palavras do Padre Nosso. E não nos deixes cair em tentação, mas livra-nos do mal. Amém (Mateus 6,13). É por isto que diz São João Crisóstomo que a tentação não se atreve a chegar à alma que tem oração. E o que resta para serem ouvidos os homens de Deus é que façam muito por lhe merecer a sua graça. Porque, como será possível aceitar Deus a oração daquele que não guarda os seus mandamentos? Por isso Davi dizia: Bem sei que não me ouvirá Deus se eu tiver pecado no meu coração. *Iniquitarem se as pixe in corde meo ex audiet Dominus* (Salmo 63,18). O

---

[124] Mateus 6,13: "*Et ne inducas nos in temptationem. Sed libera nos a malo. Amen*" ["E não nos deixes cahir em tentação. Mas livra-nos do mal. Amen).
[125] Estamos efetivamente no Salmo 65,18: "*Iniquitatem si aspexi in corde meo: non exaudiet Dominus*" ["Se eu visse iniquidade pegada no meu coração, não me ouviria o Senhor"].

do; do que se conhece o grande proveito que se alcança por meio da oração. Nosso Senhor Jesus Christo deixou aos homens o remedio na oração para os livrar das tentações, n'aquellas palavras do Padre Nosso: E não nos deixes cahir em tentação, mas livra-nos do mal. Amen. (Math. Cap. 6, v. 13). E por isso que diz São João Chrisostomo que a tentação não se atreve a chegar a alma que tem oração. E o que resta para serem os homens de Deus ouvido, é que façaõ muito por lhe merecer a sua graça. Porque, como será possivel acceitar Deus a oração d'aquelle que não guarda os seus Mandamentos? Por isso David dizia: Bem sei que não me ouvirá Deus se eu tiver peccado no meu coração. Iniquitatem se aspexi in corde meo ex audiet Dominus (Ps. 63. v. 18). O

119

primeiro motu do pensamento é a suggestão que nos faz o demonio; passa ao appitite natural; d'aqui entra no entendemento; depois na vontade, e senesta ha consentimento em materia grave, é peccado mortal. E muito mais se duplicão e augmentão estes pensamentos, quando temos a vista estes objectos. E quanto tivermos mais repugnancia e resistencia a elles, teremos maior merecimento. E assim fica claro que o penśamento é o primeiro movel que faz ou deixa defazer a culpa. E qui das vistas e ouvidos segera no en ten dimento o peccado, para de pois se por emexecução. Posto que nin guem se possa livrar dos máos pensamentos, tam bem ánossa mão está afugir[126] delle usando dosremedios que nos en sinão o livros Esperetuaes, e os Mestres de espiritos. E na quellas

primeiro moto do pensamento é a sugestão que nos faz o demônio; passa ao apetite natural; daqui entra no entendimento; depois, na vontade, e se nesta há consentimento em matéria grave, é pecado mortal. E muito mais se duplicam e aumentam estes pensamentos, quando temos à vista estes objetos. E quanto mais tivermos repugnância e resistência a eles, teremos maior merecimento. E assim fica claro que o pensamento é o primeiro móvel que faz ou deixa de fazer a culpa. E que das vistas e ouvidos se gera no entendimento o pecado, para depois se pôr em execução. Posto que ninguém se possa livrar dos maus pensamentos, também à nossa mão está o fugir deles, usando dos remédios que nos ensinam os livros Espirituais e os Mestres de espíritos. E naquelas

---

[126] É o que Ataliba encontra na passagem correspondente do manuscrito de 1897 (p. 424 / p. 153).

— 119 —

primeiro motu do pensamento é a suggestão que nos faz o demonio; passa ao appetite natural; d'aqui entra no entendimento; depois na vontade, e se nesta ha consentimento em materia grave, é peccado mortal. E muito mais se duplicão e augmentão estes pensamentos, quando temos á vista estes objectos. E quanto tivermos mais repugnancia e resistencia a elles, teremos maior merecimento. E assim fica claro que o pensamento é o primeiro movel que faz ou deixa de fazer a culpa. E qui das vistas e ouvidas se gera no entendimento o peccado, para depois se por em execução. Posto que ninguem se possa livrar dos máos pensamentos, tambem á nossa mão está afugir delle, usando dos remedios que nos ensinão os livros Espirituaes, e os Mestres do espiritos. E naquellas

120

palavras do Padre Nosso nos deixou Nosso Senhor Jesus Christo que peçamos a Deus, que não nos deixe cahir emtentação, mas livra-nos do mal. Amen. Quem se não quizer achar affligido de pensamentos des honestos, tenha os olhos castos, e faça concerto com elles de não olhar o que lhe não é licito desejar. Ha muitos tem a vista sido causa de adulterio; além deoutros enormes peccados, que por ella tem entrodusido no mundo. E se não vejão oque succedeu a David á quelle pasmo de força assombro de saber, exemplo de vertude, e tão a migo de Deus: bastou uma só vista de olhos, quando se deixou embellezar de Bethzabec, para cahir em tão enorme culpa. Se não fora reprehendido por mandado de Deus pelo Propheta Nathan, se não tomasse o conselho e re-

palavras do Padre-Nosso nos deixou Nosso Senhor Jesus Cristo que peçamos a Deus que não nos deixe cair em tentação, mas livre-nos do mal. Amém. Quem se não quiser achar afligido de pensamentos desonestos, tenha os olhos castos e faça concerto com eles de não olhar o que lhe não é lícito desejar. A muitos tem a vista sido causa de adultério, além de outros enormes pecados que por ela se têm introduzido no mundo. E, senão, vejam o que sucedeu a Davi, àquele pasmo de força, assombro de saber, exemplo de virtude e tão amigo de Deus: bastou uma só vista de olhos, quando se deixou embelezar de Betzabé, para cair em tão enorme culpa. Se não fora repreendido por mandado de Deus pelo profeta Natã; se não tomasse o conselho e re-

palavras do Padre Nosso nos deixou
Nosso Senhor Jesus Christo que peçamos a Deus, que não nos deixe cahir em
tentação, mas livra-nos do mal. Amen.
Quem se não quizer achar affligido de
pensamentos deshonestos, tenha os olhos
castos, e faça concerto com elles de não olhar
o que lhe não é licito desejar. Ha muitos tem
a vista sido causa de adulterio; além de
outros enormes peccados, que por ella tem
introdusido no mundo. E se não vejão o
que succedeu a David áquelle pasmo
de força, assombro do saber, exemplo de
virtude, e tão amigo de Deus: bastou uma
só vista de olhos, quando se deixou embellezar de Bethzabé, para cahir em tão e-
norme culpa. Se não fôra reprehendido
por mandado de Deus pelo Propheta
Nathan, se não tomasse o Conselho e re-

121

prehensão; vejão oque lhe succederia. Porem David como era homem de muito claro entendimento, conheceu o erro e logo se arrependeu fazendo penitencia e Deus lhe perdoou o seu peccado.

preensão, vejam o que lhe sucederia. Porém Davi, como era homem de muito claro entendimento, conheceu o erro e logo se arrependeu, fazendo penitência, e Deus lhe perdoou o seu pecado.[127]

---

[127] A prédica refere-se ao episódio já mencionado anteriormente, lido em 2 Reis 11-12.

— 121 —

prehensão; vejão o que lhe succederia. Porem
David como era homem de muito claro entendimento, conheceu o erro e logo se arrependeu fazendo penitencia e Deus lhe perdoou o seu peccado.

122

Sobre a Cruz

Se quis vutt post me venere abneget semitipsum et lollal crucem sua et se quatur me (Math. cap 16, v. 24): Se alguem quer vir apoz de mim negue-se a si mesmo, tome asua Cruz e siga-me.[128] Assim disse Nosso Senhor Jesus Christo. O homem deve carregar sua Cruz de baixo de qualquer forma que se aprezente, deve penetrar-se assim de jubilo, sabendo que, em virtude della vai ao Céo. Tambem deve render as dividas graças ao Senhor por lhehaver feito tão grande beneficio. Ora, podem crêr que lhes tem verdadeiro amor aquelles que renunciam a Cruz que o Senhor lhes envia? Jesus Christo não buscou nem a sua Vontade, nem as suas communidades, diz Cornelio Alapedi, mas sacrificou tudo isso

Sobre a cruz

Si quis vult post me venire abneget semetipsum et tollat crucem suam et sequatur me (Mateus 16,24). Se alguém quer vir após mim, negue-se a si mesmo, tome a sua cruz e siga-me. Assim disse Nosso Senhor Jesus Cristo. O homem deve carregar sua cruz debaixo de qualquer forma que se aprezente, deve penetrar-se assim de júbilo, sabendo que em virtude dela vai ao céu. Também deve render as devidas graças ao Senhor por lhe haver feito tão grande benefício. Ora, podem crer que lhes têm verdadeiro amor aqueles que renunciam à Cruz que o Senhor lhes envia? Jesus Cristo não buscou nem a sua Vontade nem as suas comodidades,[129] diz Cornélio a Lapide, mas sacrificou tudo isto

---

[128] Mateus 16,24: "*Si quis vult post me venire, abneget semetipsum, et tollat crucem suam, et sequatur me*" ["Se algum quer vir após de mim, negue-se a si mesmo, e tome a sua cruz e siga-me"].

[129] Assumo a leitura que Ataliba faz da passagem correspondente no manuscrito de 1897, em que ele encontra "comodidades" (p. 487 / p. 171).

Sobre a Cruz.

Se quis vult post me venire abneget semetipsum et tollat crucem suam et sequatur me (Math. cap 16, v. 24). Se alguem quer vir após de mim negue-se a si mesmo, tome a sua Cruz e siga-me. Assim disse Nosso Senhor Jesus Christo. O homem deve carregar sua Cruz debaixo de qualquer forma que se apresente deve prenetrar-se assim de jubilo, sabendo que, em vertude della vai ao Céo. Tambem deve render as devidas graças ao Senhor por lhe haver feito tão grande beneficio. Ora, podem Crer que lhes tem verdadeiro amor aquelles que renunciam a Cruz que o Senhor lhes envia? Jesus Christo não buscou nem a sua Vontade, nem as suas Commu̅nidades diz Cornelio Alapedi; mas sacrificou tudo isso

123

ea propria vida para nossa Salva ção. Jesus, pelo amor que nos tenha não buscou os prazeres da terra, mas os soffrimentos eamorte, e entre tanto era innocente, eque buscamos nos pelo amor de Jesus Christo? Quem poderá escuzar-se de obedecer com o pretexto dequal quer incommodo havendo-se Jesus feito o bediente a té a morte? Quem poderá fugir as ignominias vendo a Jesus tractado com o um louco, como um Rei de theatro, como um malfeitor escarnecido, coberto de escarros e prezo a um patibulo? Quem poderá mais amar outro objecto do que aJesus, vendo-o cercado de tantas dores edisprezos afim de captivar nosso amor? Hum piedozo sulitario rogava a Deus q ue lheensinasse o que poderia fazer para chegar a ma-lo perfeitamente. O Senhor lhe revelou que para chegar a úm per-

e a própria vida para a nossa Salvação. Jesus, pelo amor que nos tinha, não buscou os prazeres da terra, mas os sofrimentos e a morte, e, entretanto, era inocente. Que buscamos nós pelo amor de Jesus Cristo? Quem poderá escusar-se de obedecer com o pretexto de qualquer incômodo, havendo-se Jesus feito obediente até a morte? Quem poderá fugir às ignomínias vendo a Jesus tratado como louco, como rei de teatro, como malfeitor escarnecido, coberto de escarros e preso a um patíbulo? Quem poderá mais amar outro objeto do que a Jesus, vendo-o cercado de tantas dores e desprezos a fim de cativar nosso amor? Um piedoso solitário rogava a Deus que lhe ensinasse o que poderia fazer para chegar a amá-lo perfeitamente. O Senhor lhe revelou que para chegar a um per-

— 123 —

a propria vida para nossa Salvação.
Jesus, pelo amor que nos tinha não buscou
os prazeres da terra, mas os soffrimentos e a morte, e entre tanto era innocente, e que buscamos
nos pelo amor de Jesus Christo? Quem poderá escuzar-se de obedecer com o pretexto de qualquer incommodo havendo-se
Jesus feito obediente até a morte? Quem
poderá fugir as ignominias vendo a Jesus
tractado como um louco, como um Rei de theatro, como um malfeitor escarnecido, coberto
de escarros e prego a um pratibulo? Quem
poderá mais amar outro objecto do que a
Jesus, vendo-o cercado de tantas dores e desprezos afim de captivar nosso amor? Hum
piedozo sulitario rogara a Deus que lhe
ensinasse o que poderia fazer para chegar a ma-lo perfeitamente. O Senhor
lhe revelou que para chegar a um fer-

124

feito amor de Deus, não havia exercicio mais util que me ditar muitas vezes nasua Paixão. Fallando ainda da Cruz, digo-vos: que são tão grande os bens que rezultam da veneração devida a Santa Cruz; que a Missa sendo tão excellente sacrifício que Deus fez, não se pode celebrar sem assistência da Cruz. Tanto que Deus creou oCéo, logo lhe poz uma Cruz, que vulgarmente chamão o Cruzeiro, feita e com posta de de luzentes estrellas, como visivelmente apparece da linha equeno cial para o Sul, da parte do Oriente. Foi também venerada aCruz no mundo em todos os tempos: tanto naLei da Natureza, como na Lei Escrita, eagora na Lei da Graça pelos Christãos. Foi estimada e venerada na Lei da naturesa pelos Santos Patriarchas, quando com ella abençoavão seus filhos efaziam alguma

feito amor de Deus não havia exercício mais útil que meditar muitas vezes na sua paixão. Falando ainda da Cruz, digo-vos: que são tão grandes os bens que resultam da veneração devida à Santa Cruz, que a Missa, sendo tão excelente sacrifício que Deus fez, não se pode celebrar sem assistência da Cruz. Tanto que Deus criou o Céu e logo lhe pôs uma Cruz, que vulgarmente chamam o Cruzeiro, feita e composta de luzentes estrelas, como visivelmente aparece na linha equinocial para o Sul, da parte do Oriente. Foi também venerada a Cruz no mundo em todos os tempos: tanto na Lei da Natureza como na Lei Escrita, e agora na Lei da Graça pelos Cristãos. Foi estimada e venerada na Lei da natureza pelos Santos Patriarcas, quando com ela abençoavam seus filhos e faziam alguma

feito amor de Deus, naõ haveria exercicio mais util que me ditar muitas vezes na sua Paixaõ. Fallando ainda da Cruz, digo vos: que saõ taõ grande os bens que rezultam da veneraçaõ devida a Santa Cruz, que a Missa sendo taõ excellente sacrificio que Deus fez, naõ se pode celebrar sem assistencia da Cruz. Tanto que Deus creou o Ceo, logo lhe poz uma Cruz, que vulgarmente chamaõ o Cruzeiro, feita e composta de luzentes estrellas, como visivelmente apparece da linha equenocial para o Sul, da parte do Oriente. Foi tambem venerada a Cruz no mundo em todos os tempos: tanto na Lei da Natureza, como na Lei Escrita, e agora na Lei da Graça pelos Christaõs. Foi estimada e venerada na Lei da natureza pelos Santos Patriarchas, quando com ella abençoavaõ seus filhos e faziam alguma

125

cousa de maior estimação no serviço de Deus. Assim se vio figurado no cajado comque Jacob, persiguido passou as agoas do Jordão. Tambem se representou nas mãos do mesmo Jacob trocada sobre Efraim e Manacés, onde escolhendo ao mais moço retratou o Espirito Santo a nova eleição que em virtude da Cruz de Jesus, se havia de fazer dagentilidade. Foi também representada aCruz no pau comque o Propheta Elizeu tirou do Jordão o ferro domachado, que nelle tinha cahido. Outrafigura da Cruz foi o sacrificio de Izac, pelo que depois sevio em Nosso Senhor Jesus Christo no Monte Calvario. Na Lei escripta foi venerada a Cruz nafigura da Vara de Moysés, como dizem e entendem os Santos Padres. E o mesmo Moysés não escaparia di ser afogado no Rio Nillo, quando nelle o lançaram seus Paes para o livrarem

cousa de maior estimação no serviço de Deus. Assim se viu figurada no cajado com que Jacó, perseguido, passou as águas do Jordão. Também se representou nas mãos do mesmo Jacó trocadas sobre Efraim e Manassés, onde, escolhendo o mais moço,[130] retratou o Espírito Santo a nova eleição que em virtude da Cruz de Jesus se havia de fazer da gentilidade. Foi também representada a Cruz no pau com que o Profeta Eliseu tirou do Jordão o ferro do machado que nele tinha caído.[131] Outra figura da Cruz foi o sacrifício de Isaac, pelo que depois se viu em Nosso Senhor Jesus Cristo no Monte Calvário.[132] Na Lei escrita foi venerada a Cruz na figura da Vara de Moisés, como dizem e entendem os Santos Padres. E o mesmo Moisés não escaparia de ser afogado no Rio Nilo, quando nele o lançaram seus Pais para o livrarem

---

[130] Remete-se a Gênesis 48,13-15, que descreve como Jacó, em seu leito, abençoa os filhos de seu filho José: a Efraim, que está a sua direita, impõe-lhe a mão esquerda; e a Manassés, a sua esquerda, abençoa com a mão direita. Os braços se cruzam, portanto.

[131] 4 Reis 6,5-7: "*Accidit autem, ut cum unus materiem succidisset, caderet ferrum securis in aquam; exclamavitque ille, et ait: Heu heu heu domine mi [...] Praecidit [Eliseus] ergo lignum, et misit illuc: natavitque ferrum.* ["Aconteceu porém, que um cortando uma arvore, caiu na agua o ferro do machado: e elle gritou, e disse: Ai, ai, ai, meu Senhor [...] Cortou pois Eliseu um páo, e o lançou no mesmo logar: e o ferro saíu acima nadando"].

[132] O texto do (quase) sacrifício de Isaac é Gênesis 22,1-19; para muitos autores cristãos ele prefigurava a morte de Jesus. Ilustra-o a seguinte passagem de Vieira, que, no entanto, acentua o contraste entre ambas as cenas: "Abraão caminhava com ciência, Isaac com ignorância; Abraão ao sacrifício sabido, Isaac ao sacrifício ignorado. Esta é a diferença que faz o sacrifício de Cristo a todos os que sacrificou a morte, por culpas do amor. Só Cristo caminhou voluntariamente à morte sabida, todos os outros sem vontade à morte ignorada" ("Sermão do mandato". In: Antonio Vieira, op. cit. t.I, p. 356).

cousa de maior estimação no serviço de Deos.
Assim teria figurado no Cajado com que Jacob, perseguido passou as agoas do Jordaõ. Tam_
bem se representou nas maõs do mesmo Jacob
trocada sobre Efraim e Manacés, onde esco_
lhendo ao mais moço retratou o Espirito San_
to a nova eleição que em virtude da Cruz de
Jesus, se haria de fazer da gentilidade. Foi
tambem representada a Cruz no pau com que
o Profheta Elizeu tirou do Jordaõ o ferro do
machado, que nelle tinha cahido. Outra fi_
gura da Cruz foi o sacrificio de Izac, pelo
que depois seria em Nosso Senhor Jesus_
Christo no Monte Calvario. Na Lei escripta
foi venerada a Cruz na figura da Vara de
Moysés como dizem e entendem os Santos
Padres. E o mesmo Moysés naõ escaparia
de ser afogado no Rio Nilo, quando nelle
o lançaram seus Paes para o livrarem

de Pharaó, e de seus Editos, se não fora dentro d'aquela cestinha de junco, tescida efeita de muitas Cruzes. Alem de outras muitas figura da Cruz, que nesse tempo se viram. Na Lei da Graça teve eteráaCruz estimação até ofim do mundo, por ser o instrumento da nossa Redempção, epelas as importantes maravilhas com que obrou Nosso Senhor Jesus Christo no seu amor para com nosco, consummando tudo quanto os Prophetas tinham escripto e dito de seus miligres. O que tudo fez para remedio da nossa Salvação, tomando a Cruz por instrumento de sua Sagrada Paixão, pois della, como de cadeira, deu ao mundo tanta doutrina: della, como de Altar, sacrificou sua Sagrada Pessoa em satisfação das nossas culpas: dela, como de baloarte fortissima, pelejou contra os inimigos mortaes, apo

do Faraó e de seus Editos, se não fora dentro daquela cestinha de junco, tecida e feita de muitas Cruzes.[133] Além de outras muitas figuras da Cruz, que nesse tempo se viram. Na Lei da Graça teve e terá a Cruz estimação até o fim do mundo por ser o instrumento da nossa Redenção e pelas importantes maravilhas com que obrou Nosso Senhor Jesus Cristo no seu amor para conosco, consumando tudo quanto os Profetas tinham escrito e dito de seus milagres. O que tudo fez para remédio da nossa Salvação, tomando a Cruz por instrumento de sua Sagrada Paixão, pois dela, como de cadeira, deu ao mundo tanta doutrina: dela, como de Altar, sacrificou sua Sagrada Pessoa em satisfação das nossas culpas: dela, como de baluarte fortíssimo, pelejou contra os inimigos mortais, apo-

---

[133] Veja Êxodo 2,3: "*cumque iam celare non posset, sumpsit fiscellam scirpeam, et linivit eam bitumine ac pice; posuitque intus infantulum, et exposuit eum in carecto ripae fluminis*" ["E como não podesse já tê-lo escondido, tomou um cestinho de junco e barrou-o com bitume e pez, e metteo dentro o menino e expô-lo num cannaveal que estava na ribanceira do rio"].

de Pharaó, e de seus Editos, se não fora dentro d'aquella cestinha de junco, tescida e feita de muitas Cruzes. Alem de outras muitas figura da Cruz que nesse tempo se virão. Na Lei da Graça terá a Cruz estimação até o fim do mundo, por ser o instrumento da nossa Redempção, e pelas as importantes maravilhas com que obrou Nosso Senhor Jesus Christo no seu amor para comnosco, consumindo tudo quanto os Prophetas tinham escripto e dito de seus miligres. O que tudo fez para remedio da nossa Salvação, tomando a Cruz por instrumento de sua Sagrada Paixão, pois della, como de cadeira, deu ao mundo tanta doutrina: della, como de Altar, sacrificou sua Sagrada Pessoa em satisfação das nossas culpas: della como de baluarte fortissima pelejou contra os inimigos mortaes, a po derados do mundo pelo pecado: della finalmente aperfeiçoou oque convinha para nosso remedio. E da qui veio ao Nosso adorável Jesus aquelle Nome que (como diz o Apostolo) é sobre todos os nomes, ea Elle se pros tam e ajoêlham os Anjos, os homens, e os demonios. Estas glorias, estas ditas logrão sim os fieis christãos deverem a Cruz de Nosso Senhor Jesus Christo. Porem para ospertinazes judeus eos mais enimigos danossa Santa Fé, em vez de gloria lhes causa maior pena verem e ouvirem fallar na Cruz; eles hão de sever nas mãos de Deus, de seu castigo. E para o demonio etodo enferno não pode haver maior terror, que verem a Cruz de Nosso Senhor Jesus Christo. Assim opublicam elle epor larga experiencia osabemos todos os cristãos. E isto se comprova com a quelle caso que sucedeu a-

derados do mundo pelo pecado: dela, finalmente, aperfeiçoou o que convinha para nosso remédio. E daqui veio ao Nosso adorável Jesus aquele Nome que (como diz o Apóstolo) é sobre todos os nomes e a Ele se prostram e ajoelham os Anjos, os homens e os demônios.[134] Estas glórias, estas ditas logram, sim, os fiéis cristãos de verem a Cruz de Nosso Senhor Jesus Cristo. Porém, para os pertinazes judeus e os mais inimigos da nossa Santa Fé, em vez de glória lhes cansa maior pena verem e ouvirem falar na Cruz, eles hão de se ver nas mãos de Deus, de seu castigo. E para o demônio e todo o inferno não pode haver maior terror que verem a Cruz de Nosso Senhor Jesus Cristo. Assim o publica ele e por larga experiência o sabemos todos os cristãos. E isto se comprova com aquele caso que sucedeu a

---

[134] Veja Filipenses 2,9-10: *"Propter quod et Deus exaltavit illum, et donavit illi nomen, quod est super omne nomen: ut in nomine Iesu omne genu flectatur caelestium, terrestrium, et infernorum"* ["Pelo que Deus tambem o exaltou, e lhe deu um Nome que é sobre todo o nome: para que ao Nome de Jesus se dobre todo o joelho dos que estão nos Ceos, na terra e nos infernos"].

— 127 —

dexados do mundo pelo peccado: della fi_
nalmente aperfeiçoou oque convinha pa_
ra nosso remedio. E da qui veio ao Nosso a_
doravel Jesus aquelle Nome que (como diz
o Apostolo) é sobre todos os nomes, e a Elle
se prostam e ajoelham os Anjos, os homens,
e os demonios. Estas glorias, estas ditas logrão
sem os fieis Christaõs deverem a Cruz de
Nosso Senhor Jesus Christo. Porem para os
pertinazes judeus e os mais inimigos da nos_
sa Santa Fé, em vez de gloria lhes causa
maior pena verem e ouvirem fallar na Cruz,
elles hão de ser nas mãos de Deus, de seu
castigo. E para o demonio e todo enferno não
pode haver maior terror, que verem a Cruz
de Nosso Senhor Jesus Christo. Assim o
publicam elle e por larga experiencia o
sabemos todos os Christaõs. E isto se com_
prova com aquelle caso que succedeu a_

128

um judeu, o qual a noitecendo longe doPovoado se recolheu a um Templo derribados de idolos, onde juntos os demonios como afaser audeencia, ou resenha dos seus sucessos, viram entrar o Judeu, que comgrande mêdo tinha feito o Signal da Cruz, benzendo-se. Mandou o maiorálaos outros que vissem o que era aquillo. O demonio, que chegou a reconhece-lo, dissi agrande brado. Ai ai que este vaso está vazio, mas bem callado! Motivo porque odeixaram, e d'ali se converteu o judeu, pelo oque ex perimentou se ver livre pela Cruz. E que pouca de voção tem muitos Christaos a Santa Cruz, aqual devião prezar tanto, como arma comque nos livra Deus de todos os perigos. E para maior intelligencia deste mysterio da Cruz, e suas excellencias, diga-vos: que trez

um judeu, o qual, anoitecendo longe do Povoado, se recolheu a um Templo derribado de ídolos, onde juntos os demônios, como a fazer audiência, ou resenha dos seus sucessos, viram entrar o Judeu que, com grande medo, tinha feito o Sinal da Cruz, benzendo-se. Mandou o maioral aos outros que vissem o que era aquilo. O demônio, que chegou a reconhecê-lo, disse a grande brado: Ai, ai, que este vaso está vazio, mas bem calado! Motivo porque o deixaram e dali se converteu o judeu, que experimentou se ver livre pela Cruz. E que pouca devoção têm muitos cristãos à Santa Cruz, a qual deviam prezar tanto como arma com que nos livra Deus de todos os perigos. E para maior inteligência deste mistério da Cruz e suas excelências, digo-vos: que três

um judeu, o qual a noite vendo longe do Povoado, se recolheu a um Templo derribado de idolos, onde juntos os demonios como a fazer audiencia, ou resenho dos seus successos, virão entrar o Judeu, que com grande medo tinha feito o Signal da Cruz, benzendo-se. Mandou o maioral aos outros que vissem o que era aquillo. O demonio, que chegou a reconhece-lo, disse a grande brado. Ai ai que este vaso esta vazio, mas bem sellado! Motivo porque o deixarão, e d'ali se converteu o Judeu, pelo o que experimentou se ver livre pela Cruz. E que pouca devoção tem muitos Christãos a Santa Cruz, a qual devião prezar tanto, como arma com que nos livra Deus de todos os perigos. E para maior intelligencia deste mysterio da Cruz, e suas excellencias, digo-vos: que tres

129

foram as bençãos que Deus fez emforma deCruz. A primeira foi ada Naturesa a segunda ada Graça, e a ter ceira ha de ser no fim do mundo, quando em corpo e alma formos gozar da Bem aventurança. Todas as tres nos mostrou Deus por figura erealidade, na criação do primeiro homem Adão quando o fez emfigura de Cruz: depois quando lhe enfundio a alma comos dotes da Graça, e ultimamente quando emcompanhia de Eva os abençoou emfigura da re surreição em que haviam de resus sitar. Estas bençãos se veém lançar os Papas, Cardeais, Bispos e todas mais pessoas constituidas endignidade Ecclesiastica, no fim da Missa, e mais serimonias da Igreja, quando abençoam ao povo Christão, invocando nella as Trez Pessoas da Santis sima Trindade, que as-

foram as bênçãos que Deus fez em forma de Cruz. A primeira foi a da Natureza, a segunda a da Graça e a terceira há de ser no fim do mundo, quando em corpo e alma formos gozar da Bem-Aventurança. Todas as três nos mostrou Deus por figura e realidade, na criação do primeiro homem, Adão, quando o fez em figura de Cruz: depois quando lhe infundiu a alma com os dotes da Graça, e ultimamente quando, em companhia de Eva, os abençoou em figura da ressurreição, em que haviam de ressuscitar. Estas bênçãos se veem lançar os Papas, Cardeais, Bispos e todas mais pessoas constituídas em dignidade Eclesiástica, no fim da Missa e mais cerimónias da Igreja, quando abençoam o povo cristão, invocando nela as Três Pessoas da Santíssima Trindade, que as

foram as benções, que Deus fez em forma de Cruz. A primeira foi a da Natureza a segunda a da Graça: e a terceira ha de ser no fim do mundo, quando em Corpo e alma formos gozar da Bemaventurança. Todas as tres nos mostrou Deus por figura e realidade, na criação do primeiro homem Adão quando o fez em figura de Cruz: depois quando lhe enfundio a alma com os dotes da Graça, e ultimamente quando em companhia de Eva os abençoou em figura da resurreição em que haviam de sussitar. Estas bençaõs se vem lançar os Papas, Cardeaes, Bispos e todas mais pessoas constituidas em dignidade Ecclesiastica, no fim da Missa, e mais serimonias da Igreja, quando abençoam ao povo Christaõ, invocando nella as Tres Pessoas da Santissima Trindade, que as

130

formou ederigiu para bem nosso. Na vara do sumo Pontífice se vé expressamente estas trez Cruzes; symbol do Supremo Puder da quelle supremo Ministro deDeus. Esta Cruz se vê levarem todos Arcebispos, e Bispos de ante de Sinos seus Arcebispados: e os Primases por todo o Reino onde o são. E ainda em muitas Religião emacto de communidade quando administram os officios Divinos a levam alçada para nos mos trar em que com a quelle estandarte nos remiu Nosso Senhor Jesus Christo do captiveiro de nossos pecados. E por isso quem não ãma a Cruz, pra ticamente nega afé. O que os homens menos entendem é a doutrina da Cruz, para os Judeus escandalo, para os gentios loucura. Que um Deus morresse para salvar os homens, mysterio é profundo perante o-

formou e dirigiu para bem nosso. Na vara do sumo Pontífice se veem expressamente estas três Cruzes, símbolo do Supremo Poder daquele supremo Ministro de Deus. Esta Cruz se vê levarem todos os Arcebispos e Bispos diante de Si nos seus Arcebispados: e os Primazes por todo o Reino onde o são. E ainda em muitas Religiões em ato de comunidade, quando administram os ofícios Divinos a levam alçada para nos mostrarem que com aquele estandarte nos remiu Nosso Senhor Jesus Cristo do cativeiro de nossos pecados. E por isso quem não ama a Cruz, praticamente nega a fé. O que os homens menos entendem é a doutrina da Cruz, para os Judeus escândalo, para os gentios loucura.[135] Que um Deus morresse para salvar os homens, mistério é profundo perante o

---

[135] Veja 1 Coríntios 1,22-23: *"Quoniam et Iudaei signa petunt, et Graeci sapientiam quaerunt: nos autem praedicamus Christum crucifixum: Iudaeis quidem scandalum, gentibus autem stultitiam"* ["Por tanto os judeos pedem milagres, como os gregos buscam sabedoria; mas nós pregamos a Christo crucificado: que é um escandalo de facto para os Judeos, e uma estulticia para os gentios"].

— 130 —

formou e derigio para bem nosso. Na vara do summo Pontifice se vê expressamente estas três Cruzes, Symbolo do Supremo Puder daquelle Supremo Ministro de Deus. Esta Cruz se vê levarem todos Arcebispos, e Bispos de ante de Sinos seus Arcebispados: e os Primases por todo o Reino onde o são. E ainda em muitas Religiãoem acto de communidade quando administram os officios Devinos a levam alçada para nos mostrarem que com aquelle estandarte nos remiu Nosso Senhor Jesus Christo do captiveiro de nossos peccados. E por isso quem não ama a Cruz, praticamente nega a fé. O que os homens menos entendem é a doutrina da Cruz, para os Judeus escandalo, para os gentios loucura. Que um Deus morresse para salvar os homens, mysterio é profundo perante o—

131

qual se inclinára sua razão; porem que deve assossiar-se a este grande sacrificio, morrendo assim mesmos, as suas paixões, eis oque os es candaliza, e lhes faz dizer como osCarpharnaitas: esta palavra é dura equem pode ouvi-la? Forçoso é porem que a ouçamos, pois della depende nossa salvação. A Cruz reconciliou o Céo com a terra que estava em guerra. Da arvore da Cruz brota opomo de vida que se perdeu no Paraiso terreal; de seu tronco mysterioso rebentam viciosos ramos que se elevam até o Céo. A Abracemo-nos pois com o Lenho sagrado em que estive pendente o Salvador do mundo; seja Elle neste desterro nossa consolação, assim como é nos sa fortaleza enossa esperança. Quando, por sua bondade, Deus nos enviar alguma tribulação, digamos com Santo André: "Ó doce Cruz! por mim tão deseja-

qual se inclinara sua razão; porém, que deve associar-se a este grande sacrifício, morrendo a si mesmos, às suas paixões, eis o que os escandaliza e lhes faz dizer como os Cafarnaítas: esta palavra é dura e quem pode ouvi-la?[136] Forçoso é, porém, que a ouçamos, pois dela depende nossa salvação. A Cruz reconciliou o Céu com a terra, que estava em guerra. Da árvore da Cruz brota o pomo de vida que se perdeu no Paraíso terreal; de seu tronco misterioso rebentam viçosos[137] ramos que se elevam até o Céu. Abracemo-nos, pois, com o Lenho sagrado em que esteve pendente o Salvador do mundo; seja Ele neste desterro[138] nossa consolação, assim como é nossa fortaleza e nossa esperança. Quando, por sua bondade, Deus nos envia alguma tribulação, digamos como Santo André: Ó doce Cruz! Por mim tão deseja-

---

[136] Veja João 6,61: *"Multi ergo audientes ex discipulis ejus dixerunt: Durus est hic sermo, et quis potest eum audire?"* ["Muitos pois dos seus discípulos, ouvindo isto, disseram: Duro é este discurso, e quem o póde ouvir?"].

[137] É o que encontra Ataliba na passagem correspondente do manuscrito de 1897 (p. 503 / p. 174), e soa mais apropriado.

[138] A vida humana na terra vem sendo interpretada no cristianismo como exílio e punição, ao menos desde Orígenes (século III), a partir de suas reelaborações da cosmovisão e antropologia platônicas. Algo expresso, por exemplo, na popular oração da *Salve, Rainha*: "a vós bradamos, os *degredados* filhos de Eva, a vós suspiramos, *gemendo e chorando neste vale de lágrimas* [...]. E depois deste *desterro* mostrai-nos Jesus[...]" (o destaque é meu). Segundo o padre Roquete, "valle de lagrimas" é este "misero desterro", "mofino mundo", "terra de tormento e dor, a que fomos condemnados em razão da desobediencia e soberba" (*Novas Horas Marianas, ou Officio Menor da Ssma. Virgem Maria e Novo Lecionário mui Completo de Orações e Exercicios de Piedade.* Paris / Lisboa, Guillard, Aillaud & Cia, 1885, p. 209).

qual se inclinára sua razão; porem que deve assossiar-se a este grande sacrificio, morrendo assim mesmos, as suas paixões; eis o
que os escandaliza, e lhes faz dizer como os
Carpharnaitas: esta palavra é dura e quem
póde ouvila? Forçoso é porem que a ouçamos, pois della depende nossa salvação.
A Cruz reconceiliou o Céo com a terra que es-
tara em guerra. Da arvore da Cruz brota o
pomo de vida que se perdeu no Paraiso terreal; de seu tronco mysterioso rebentam viciosos ramos que se elevam até o Céo. Abracemo-nos pois como Lenho sagrado em que
esteve pendente o Salvador do mundo; seja
Ella neste desterro nossa consolação, assim
como é nossa fortaleza e nossa esperança.
Quando por sua bondade, Deus nos enviar
algum tribulação, digamos com Santo
André: O' doce Cruz! por mim tão deseja-

132

da e agora preparada para esta alma que por ella tão ar dentemente suspira!" Todos os Santos sentiram este abrazado desejo, todos fallaram a mesma linguagem; "Soffrer ou morrer," repetia a miudo Santa Thereza! e nos soffrimentos achava mais quietação e ventura que não gozam nunca os que o mundo chama felizes Uma só lagrima derramada aos pés de Jesus – Crucificado é mil vezes mais deliciosa que todos os prazeres do Seculo. Formosa Cruz, mais resplandescente e rica com o sangue do devino Cordeiro que formosos rubins. Tu fostes o fim de seus trabalhos, tú o começo de seu repouso, tú a victoria de sua batalha, tu a entrada de sua gloria eposse deseu reinado. Tu és a minha herança, que deste Senhor meficou: adoro-te, recebo-te por meu rico thesouro. Ó mais formosa

da e agora preparada para esta alma que por ela tão ardentemente suspira! Todos os Santos sentiram este abrasado desejo, todos falaram a mesma linguagem. "Sofrer ou morrer", repetia amiúde Santa Teresa! E nos sofrimentos achava mais quietação e ventura que não gozam nunca os que o mundo chama felizes. Uma só lágrima derramada aos pés de Jesus Crucificado é mil vezes mais deliciosa que todos os prazeres do Século. Formosa Cruz, mais resplandecente e rica com o sangue do divino Cordeiro que formosos rubis. Tu foste o fim de seus trabalhos, tu o começo de seu repouso, tu a vitória de sua batalha, tu a entrada de sua glória e posse de seu reinado. Tu és a minha herança, que deste Senhor me ficou: adoro-te, recebo-te por meu rico tesouro. Ó mais formosa

— 132 —

da, agora preparada para esta obra que por ella tão ardentemente suspira!... Todos os Santos sentiram este abrazado desejo, todos fallaram a mesma linguagem. "Soffrer ou morrer," repetia a miudo Santa Thereza! e nos soffrimentos achava mais quietação e ventura que não gozam nunca os que o mundo chama felizes. Uma só lagrima derramada aos pés de Jesus Crucificado é mil vezes mais deliciosa que todos os prazeres do Seculo. Formosa Cruz, mais resplandecente e rica com o sangue do divino Cordeiro que formosos rubins. Tu fostes o fim de seus trabalhos, tu o começo de seu repouso, tu a Victoria de sua batalha, tu a entrada de sua gloria e posse de seu reinado. Tu és a minha herança, que deste Senhor me ficou: adoro-te, recebo-te por meu rico thesouro. Ó mais formosa

133

que todas as estrellas, mais forte que todos os ex ercitos, triunphadora de todos os inimigos. Tu és minha corôa, minha gloria, minha riqueza, e minha esperança no tremendo dia do juizo. Amen. Cruz estandarte da Gloria, symbolo da Fé, chave doParaizo, devino Arcoires da paz entreDeus eos homens, terrôr do inferno, espada contra o demonio, alegria dos Christãos, esforços dosfracos, escudo dos fortes justificados na Graça de Deus, Cruz. Bemdita, sempre es timada de Deus, desde o principio do mundo, no fim do qual haveis de apparecer como es tan darte Real nas mãos do Verdadeiro Deus, castigando com a sua Justiça os maus, e triunfo de Gloria para os Bem avinturados.

que todas as estrelas, mais forte que todos os exércitos, triunfadora de todos os inimigos. Tu és minha coroa, minha glória, minha riqueza e minha esperança no tremendo dia do juízo. Amém. Cruz estandarte da Glória, símbolo da Fé, chave do Paraíso, divino Arco-Íris da paz entre Deus e os homens, terror do inferno, espada contra o demônio, alegria dos Cristãos, esforço dos fracos, escudo dos fortes justificados na Graça de Deus, Cruz bendita, sempre estimada de Deus, desde o princípio do mundo, no fim do qual haveis de aparecer como estandarte Real nas mãos do Verdadeiro Deus, castigando com a sua Justiça os maus, e triunfo de Glória para os Bem-Aventurados.

que todas as estrellas, mais forte que todos os exercitos, triumphadora de todos os inimigos. Tu és minha coroa, minha gloria, minha riqueza, e minha esperança no tremendo dia do juizo. Amen. Cruz estandarte da Gloria, symbolo da Fé, chave do Paraizo, divino Arco-iris da paz entre Deus e os homens, terror do inferno, espada contra o demonio, alegria dos Christãos, esforço dos fracos, escudo dos fortes justificados na Graça de Deus, Cruz Bemdita, sempre estimada de Deus, desde o principio do mundo, no fim do qual haveis de apparecer como estandarte Real nas mãos do Verdadeiro Deus, castigando com a sua Justiça os maus, e triumpho de Gloria para os Bemaventurados.

134

Sobre a Paixão de Nosso Senhor Jesus Christo

Quando Jesus exclamou comgrande brado, disendo: Meu Deus! meu Deus, porque me abandonastes? Como ficaria oCoração do Padre Eterno penetrado de profundo sintimento, vendo seu Filho innocente, a sua mesma Pessoa cercado decrueis tormentos, produção do mais rancoroso o dio dos Judeus, que procuravão atormenta-lo o mais que pudessem, sem puder allivia-lo, por que deixariam de satisfazer a sua Justiça? Em verdade como podemos conter opranto á vista deste grande sacrifício? Como podemos considera-lo sem compaixão, medita-lo sem dor eaelle as sistir sem penalizar-nos? A Paixão de Nosso adoravel Jesus, no que diz respeito a os tormentos de que foi victima,

Sobre a Paixão de Nosso Senhor Jesus Christo

Quando Jesus exclamou com grande brado, dizendo: Meu Deus! meu Deus, por que me abandonastes?,[139] como ficaria o Coração do Padre Eterno penetrado de profundo sentimento, vendo seu Filho inocente, a sua mesma Pessoa cercada de cruéis tormentos, produção do mais rancoroso ódio dos Judeus, que procuravam atormentá-lo o mais que pudessem, sem poder aliviá-lo, por que deixariam de satisfazer a sua Justiça? Em verdade, como podemos conter o pranto à vista deste grande sacrifício? Como podemos considerá-lo sem compaixão, meditá-lo sem dor e a ele assistir sem penalizar-nos? A Paixão de Nosso adorável Jesus, no que diz respeito aos tormentos de que foi vítima,

---

[139] Veja Mateus 27,46: "*Deus meus, Deus meus ut quid dereliquisti me?*" ["Deus meu, Deus meu, por que me desamparaste?"].

Sobre a Paixão de Nosso Senhor Jesus Christo.

Quando Jesus exclamou com grande brado, dizendo: Meu Deus! meu Deus, por que me abandonastes? Como ficaria o Coração do Padre Eterno penetrado de profundo sintimento, vendo seu Filho innocente, a sua mesma Pessoa cercado de crueis tormentos, producão do mais rancoroso odio dos Judeus, que procuravão a tormenta-lo o mais que pudessem, sem poder allivia-lo, por que deixariam de satisfazer a sua Justiça? Em verdade como podemos conter o pranto á vista deste grande sacrificio? Como podemos considera-lo sem compaixão, medita-lo sem dor, a elle assistir sem penalizar-nos? A Paixão do Nosso adoravel Jesus, no que diz respeito aos tormentos, de que foi Victima,

135

foi ex cessivamente dolorosa, e Deus assim con sentiu para Redempção dos homens, deu liberdade a Satanaz para inventar as mais es quisitas torturas contra seu Filho. Mais quanto pesa diante da divina Justiça opeccado dos homens, ese Deus não poupou o seu Filho Bem amado, em quem tinha posto todas as suas complacencias, como se pode ad'mittir que Ele poupe o peccador que não quer abandonar o peccado? Oh! quem não vê aqui aduresa filha do peccado! Quem não conhece que a culpa de tal homem obsecou-lhe ocoração para não amar a Jesus, que re nuncia Voluntariamente as devinas ins pirações comque Jesus justifica sua infinita bondade e misericordia? E possível que o terno edôce affecto com que Elle vos chama aoarrependimento, não prenda ecaptive o-

foi excessivamente dolorosa, e Deus assim consentiu para Redenção dos homens, deu liberdade a Satanás para inventar as mais esquisitas torturas contra seu Filho. Mas quanto pesa diante da divina Justiça o pecado dos homens, e se Deus não poupou o seu Filho Bem-Amado, em quem tinha posto todas as suas complacências,[140] como se pode admitir que Ele poupe o pecador que não quer abandonar o pecado? Oh! Quem não vê aqui a dureza filha do pecado! Quem não conhece que a culpa de tal homem obsecou-lhe o coração para não amar a Jesus, que renuncia Voluntariamente às divinas inspirações com que Jesus justifica sua infinita bondade e misericórdia? É possível que o terno e doce afeto com que Ele vos chama ao arrependimento não prenda e cative o

---

[140] Expressão derivada do que se lê em Mateus 3,17; 17,5 e paralelos em Marcos e Lucas.

—135—

foi excessivamente dolorosa, e Deus assim consentiu para Redempção dos homens, deu liberdade a satanaz, para inventar as mais exquisitas torturas contra seu Filho. Mais quanto pesa diante da divina Justiça o peccado dos homens, e se Deus não poupou o seu Filho Bem amado, em quem tinha posto todas as suas Complacencias, como se pode admittir que Elle poupe o peccador que não quer abandonar o peccado? Oh! quem não vê aqui a dureza filha do peccado! Quem não conhece que a culpa de tal homem obsecou-lhe o coração para não amar a Jesus, que renuncia voluntariamente as divinas inspirações com que Jesus justifica sua infinita bondade e misericordia? E possivel que o terno e doce affecto com que Elle vos chama a arrependimento, não prenda e captive o vosso coração? Que ainda não vos inspire horrôr ao pecado? Que ainda não se penetre de compaixão para com vossa alma? Seja portanto vosso zelo vosso cuidado eavossa deligencia para salvação della, um dia ir gosar as delícias do Céo, cujo premio Deus tem destinado para aquelle que sinceramente se converte para Elle. Nenhuma lingua pode exprimir aingratidão d'aquelles que ouvindo estas verdades, ainda caminham para o peccado; É sem duvida que Deus usará para com elles de sua Justiça, visto que não desejam asua Salvação, como diz Nosso Senhor Jesus Christo no Evangelho. Salvar a quem não quer ser salvo, nem apiedade de meu Pai consente. Quando menos elles não esperam vem á morte, e alguns há que morrem derrepente, sem puder pronunciar uma só pa-

vosso coração? Que ainda não vos inspire horror ao pecado? Que ainda não se penetre de compaixão para com vossa alma? Seja, portanto, vosso zelo, vosso cuidado e a vossa diligência para salvação dela, um dia ir gozar as delícias do Céu, cujo prêmio Deus tem destinado para aquele que sinceramente se converte para Ele. Nenhuma língua pode exprimir a ingratidão daqueles que, ouvindo estas verdades, ainda caminham para o pecado. É sem dúvida que Deus usará para com eles de sua Justiça, visto que não desejam a sua Salvação, como diz Nosso Senhor Jesus Cristo no Evangelho. Salvar a quem não quer ser salvo, nem a piedade de meu Pai consente. Quando menos eles não esperam vem a morte, e alguns há que morrem de repente, sem poder pronunciar uma só pa

—136—

vosso coração? Que ainda não vos inspire horror ao peccado? Que ainda não se penetre de contrição para com vossa alma? Seja portanto vosso zelo vosso cuidado e a vossa deligencia para salvação delta, um dia ir gosar as delicias do Céo, cujo premio Deus tem destinado para aquelle que sinceramente se converte para Elle. Nenhuma lingua pode exprimir a ingratidão d'aquelles que ouvindo estas verdades, ainda caminham para o peccado; É sem duvida que Deus usará para com elles de sua Justiça, visto que não desejam a sua salvação, como diz Nosso Senhor Jesus-Christo no Evangelho: Salvar a quem não quer ser salvo, nem a piedade de meu Pai consente. Quando menos elles não esperam vem á morte, e alguns há que morrem derrepente sem poder pronunciar uma só pa-

137

lavra. E d'ali por diante não haverá mais que á Eternidade, a qual permanece para sempre sem fim. Eis-aqui a es trella enfeliz dequem morre no peccado. Qualfoi aorige de tantas miserias? É claro ser a culpa do homem obstinado, que só veveu para o demonio, para o mundo, para suas paixões, para o peccado, satisfasendo os appetites do corpo, que só parece não ter aminima affeição a sua alma, como que não lheentrou no pensamento que não tinha dedar contas a Deus. Convertão-se em quanto étempo, que na outra vida é errimidiavel o arrependimento. E, se nesta occasião emque a Graça vos bate aporta, ainda fórem insensiveis a sua ternura, então verificar-se-ha serem do numero d'aquelles, para quem o Salvador será alvo de contradicção, as lagrimas que a Virgem Purissima

lavra. E dali por diante não haverá mais que a Eternidade, a qual permanece para sempre sem fim. Eis aqui a estrela infeliz de quem morre no pecado. Qual foi a origem de tantas misérias? É claro ser a culpa do homem obstinado, que só viveu para o demônio, para o mundo, para suas paixões, para o pecado, satisfazendo os apetites do corpo, que só parece não ter a mínima afeição a sua alma, como que não lhe entrou no pensamento que não tinha de dar contas a Deus. Convertam-se enquanto é tempo, que na outra vida é irremediável o arrependimento. E, se nesta ocasião em que a Graça vos bate à porta, ainda forem insensíveis a sua ternura, então verificar--se-á serem do número daqueles para quem o Salvador será alvo de contradição, as lágrimas que a Virgem Puríssima

— 137 —

barra. E d'ali por diante não haverá mais que a Eternidade, a qual permanece para sempre sem fim. Eis-aqui a estrella enfeliz de quem morre no peccado. Qual foi a origem de tantas misérias? É claro ser a culpa do homem obstinado, que só vive para o demonio, para o mundo, para suas paixões, para o peccado, satisfasendo os appetites do corpo, que só parece não ter arminima affeição a sua alma, como que não lhe entrou no pensamento, que não tinha de dar contas a Deus. Convertão-se em quanto é tempo, que na outra vida é errimidiavel o arrependimento. E, si nesta occasião em que a Graça vos bate a porta, ainda forem insensiveis a sua ternura, então verificarse-ha serem do numero d'aquelles para quem o Salvador será alvo de contradicção, as lagrimas que a Virgem Puríssima

138

derramou pelas des graças dos filhos do seu povo, serão extensivas a deplorar vossa voluntaria infelicidade.

derramou pelas desgraças dos filhos do seu povo serão extensivas a deplorar vossa voluntária infelicidade.

— 138 —

derramou pelas desgraças dos filhos do seu povo, serão extensivas a deplorar vossa voluntaria infelicidade.

139

Sobre a Missa

Se bem soubera um christão o que lucra em as sistir e ouvir Missa todos os dias, deicharia os maiores negocios deste mundo, para não faltar tão grande bem esperitual. Primeiramente, a Missa é a melhor cousa e a mais Sagrada que Deus deixou asua Igreja, por ser uma representação da Paixão e Morte de Nosso Senhor Jesus Christo para que, lembrando-nos do que por nós padeceu, nos seja essa repetida memoria um des per tador grande, para amar a Deus e servi-lo. E acousa mais agradavel e acceita a este Senhor que quanto pudemos faser eo brar os Anjos, e os Santos. E quando se está a Missa se offerecce eotempo mais opportuno que ha para aoração, epara se fallar com Deus, pedir

Sobre a Missa

Se bem soubera um cristão o que lucra em assistir e ouvir a Missa todos os dias, deixaria os maiores negócios deste mundo para não faltar a tão grande bem espiritual. Primeiramente, a Missa é a melhor cousa e a mais Sagrada que Deus deixou à sua Igreja, por ser a representação da Paixão e Morte de Nosso Senhor Jesus Cristo para que, lembrando-nos do que por nós padeceu, nos seja essa repetida memória um despertador grande para amar a Deus e servi-lo. É a cousa mais agradável e aceita a este Senhor que quanto pudemos fazer, e obrar os Anjos e os Santos. E quando se está à Missa e se oferece, é o tempo mais oportuno que há para a oração e para se falar com Deus, pedir-

—139—

Sobre a Missa.

Se bem soubera um christão o que lucra em assistir e ouvir Missa todos os dias, deixaria os maiores negocios deste mundo, para não faltar tão grande bem espiritual. Primeiramente, a Missa é a milhor cousa e mais Sagrada que Deus deixou a sua Igreja, por ser uma representação da Paixão e Morte de Nosso Senhor Jesus Christo para que, lembrando-nos do que por nós padeceu, nos seja essa repetida memoria um despertador grande, para amar a Deus e servi-lo. E a cousa mais agradavel e aceita a este Senhor que quanto pudemos fazer e obrar os Anjos, e os Santos. E quando se está a Missa se offerece é o tempo mais opportuno que ha para a oração, e para se fallar com Deus, peder

140

-lhe mercêr em companhia demilhares de Anjos, que lhe assistém, ajudando-os: por ser aoração um dos maiores remedios, que há para des truir os vicios, chegarmos a Deus, egrangiar virtudes: faz abater a soberba, deixar a varisa, applacar a ira, esquecer da gulla, extinguir a inveja e finalmente da tibios e epreguiçasos nos faz deligente no serviço de Deus tambem a Missa é a milhor obra, de mais proveito, que podemos offerecer pelas almas do Purgatorio, e não há palavra, nem signal nem seremonia nella que não tenhão segnificações e mys terios. Diz São Lourenço Justiniano, que agrada mais a Deus uma Missa, que todos os merecimentos dos Anjos, e Santos da terra. E São Bernardo diz: que em uma Missa offerecemos muito mais a Deus, que se dera-

-lhe mercê em companhia de milhares de Anjos, que o assistem, ajudando-o por ser a oração um dos maiores remédios que há para destruir os vícios, chegarmos a Deus e granjear virtudes: faz abater a soberba, deixar a avareza, aplacar a ira, esquecer da gula, extinguir a inveja; e, finalmente, de tíbios e preguiçosos nos faz diligentes no serviço de Deus. Também a Missa é a melhor obra, de mais proveito, que podemos oferecer pelas almas do Purgatório, e não há palavra, nem sinal, nem cerimônia nela que não tenha significações e mistérios. Diz São Lourenço Justiniano que agrada mais a Deus a Missa que todos os merecimentos dos Anjos e Santos da terra. E São Bernardo diz que em uma missa oferecemos muito mais a Deus que se déra-

—160—

-bre mercês em companhia de milhares de Anjos, que lhe assistem, ajudando-os: por ser a oração em dos maiores remedios que há para destruir os vicios, chegar-mos a Deus, egrangiar virtudes: faz abater a soberba, diminue a vaida, aplacar a ira, esquecer da gulla, extinguir a inveja e finalmente de tibios e preguiçosos nos faz deligente no serviço de Deus tambem a Missa é a milhor obra, demais proveito, que podemos offerecer pelas almas do Purgatorio, e não há palavra, nem signal, nem seremonia nella que não tenhão segnificações e mysterios. Diz São Lourenço justiniano, que agrada mais a Deus uma Missa, que todos os merecimentos dos Anjos, e Santos da terra. E São Bernardo diz: que em uma Missa offerecemos muito mais a Deus, que lhe dera-

141

-mos tudo quanto temos aos pobres, ainda que fossemos Senhor do univerço e diramos de esmola toda ao mundo e suas rendas. E arrazão é: por que neste Sacrificio offerecemos a Deus seu Filho, eEste e seus mericementos excedem infinitamente a todos bens da furtuna, e da Graça: n'Elle apresentamos ao Padre Eterno o mais e o milhor que lhe podemos dar e Sua Devina Magestade nos pode pedir. Desde que sahimos de casa para ouvir Missa, (conforme oque diz Santo Agostinho,) logo nosso Anjo da Guarda, comessa acontar nossos passos, e escrever no Livro das boas obras. E alem dasmuitas egrandes endulgencias que pelos Summos Pontifices tem applicado a os que ouvem a Missa os Papas Urbanos IV, Martinho V e Eugenio IV, consederam dusentos annos de indulgencias a quem devotamente

mos tudo quanto temos aos pobres, ainda que fôssemos Senhor do universo e déramos de esmola toda ao mundo e suas rendas. E a razão é porque neste Sacrifício oferecemos a Deus seu Filho, e Este e seus merecimentos excedem infinitamente a todos os bens da fortuna e da Graça. N'Ele apresentamos ao Padre Eterno o mais e o melhor que lhe podemos dar e Sua Divina Majestade nos pode pedir. Desde que saímos de casa para ouvir Missa (conforme o que diz Santo Agostinho), logo nosso Anjo da Guarda começa a contar nossos passos e escrever no Livro das boas obras. E além das muitas e grandes indulgências que os Sumos Pontífices têm aplicado aos que ouvem a Missa, os Papas Urbano IV, Martinho V e Eugênio IV concederam duzentos anos de indulgência a quem devotamente

mos tudo quanto temos aos pobres, ainda que fossemos Senhor do Universo e dira= rios de esmola toda ao mundo e suas ren- das. E arrazão é: porque neste Sacrificio offerecemos a Deus seu Filho, Este é seus merecimentos excedem infinitamente a to= dos bens da fortuna, e da Graça. n'Elle apre sentamos ao Padre Eterno o mais e o milhor que lhe podemos dar e Sua Divina Mages tade nos pode pedir. Desde que sahimos de casa para ouvir Missa, (conforme o que diz Santo Agostinho,) logo nosso Anjo da Guarda, começa a contar nossos passos, e escrever no Livro das boas obras. E a bem das muitas e grandes endulgencias que pelos Summos Pontifices tem applicado aos que ouvem Missa os Papas Urbanos IV, Mar- tinho V e Eugenio IV, consederam dusentos annos de endulgencias a quem devotamente

142

ouve Missa, ou adiz, ou dar esmola para ella, como de suas Bullas consta. Vejam agora o que perde um Christão por um breve tempo que deixa de ouvir Missa. Nosso Senhor Jesus Christo, disse por (São Matheus Cap 6 v. 33). Buscai pois, primeiramente o Reino de Deus e a sua Justiça, e todas estas cousas se vos accressentarão.[141] Finalmente neste Sagrado sacrificio da Missa, se acha para os afflitos alivio, para os tristes consolação, para os atribulados remedio, para os combatidos socorros, para os desconçollados esperança e toda mais pascienscia, fortaleza, graça por meio deste Devino sacrificio se alcança porque é fonte, Luz graças indulgencias para os vivos, e tambem para asalmas do Purgatorio.

ouve Missa, ou a diz, ou dá esmola para ela, como de suas Bulas consta. Vejam agora o que perde um Cristão por um breve tempo que deixa de ouvir Missa. Nosso Senhor Jesus Cristo disse (Mateus 6,33): Buscai, pois, primeiramente o Reino de Deus e a sua Justiça e todas estas cousas se vos acrescentarão. Finalmente, neste Sagrado sacrifício da Missa se acha para os aflitos alívio, para os tristes consolação, para os atribulados remédio, para os combalidos socorro, para os desconsolados esperança e toda mais paciência, fortaleza, graça por meio desse Divino sacrifício se alcança porque é fonte, Luz, graças, indulgência para os vivos, e também para as almas do Purgatório.

---

[141] Mateus 6,33: "*Quaerite ergo primum regnum Dei, et justitiam ejus: et haec omnia adjicientur vobis*" ["Buscai pois primeiramente o reino de Deus, e a sua justiça: e todas estas cousas se vos accrescentarão"].

ouvir Missa, ou a dizer ou dar esmola para
ella, como de suas Bullas consta. Vejam agora o que perde um Christão por um breve
tempo que deixa de ouvir Missa. Nosso
Senhor Jesus Christo, disse por São Mattheus Cap.
6 V. 33). Buscai pois, primeiramente o Reino
de Deus e a sua Justiça, e todas estas Cousas
se vos accrescentarão. Finalmente neste
Sagrado Sacrificio da Missa, se acha para
os afflitos alivio, para os tristes Consolação,
para os atribulados remedio, para os combatidos soccorros, para os desconsolados esperança e toda mais pasciencia; fortaleza, graça por meio deste Divino Sacrificio se alcança, porque é fonte Seis, graças indulgencias para os vivos, e tambem para as almas
do Purgatorio.

143

Sobre a Justiça de Deus

Deus é pasciente, diz Santo Agostinho, porque é Eterno. Mas depois dos dias de pasciencia virá o dia da Justiça, dia tremendo, dia innevitavel; em que todos os homens comparecerão diante do Rei da Eternidade, para darem conta de suas obras, e a té de seus pensamentos. Transportai-vos em espirito a esse momento formidavel: eis que opò dos tumulos se commove; e de toda parte amultidão dos mortos corre aos pés do Supremo Juiz. Ali todos os segredos sedescobrem, a consceencia já não tem trevas, e cada um espera em silencio a sorte que lhe estar reservada para todo sempre. É para espantar que seja necessario dizer continuadamente ao homem: Pensa em tua alma, o tempo foge, vem chegando

Sobre a Justiça de Deus

Deus é paciente, diz Santo Agostinho, porque é Eterno. Mas depois dos dias de paciência virá o dia da Justiça, dia tremendo, dia inevitável; em que todos os homens comparecerão diante do Rei da Eternidade, para darem conta de suas obras, e até de seus pensamentos. Transportai-vos em espírito a esse momento formidável: eis que o pó dos túmulos se comove; e de toda parte a multidão dos mortos corre aos pés do Supremo Juiz. Ali todos os segredos se descobrem, a consciência já não tem trevas, e cada um espera em silêncio a sorte que lhe está reservada para todo sempre. É para espantar que seja necessário dizer continuadamente ao homem: Pensa em tua alma, o tempo foge, vem chegando

Sobre a Justiça de Deus.

Deus é pasciente, diz Santo Agostinho, porque é Eterno. Mas depois dos dias da pasciencia virá o dia da Justiça, dia tremendo, dia inevitavel; em que todos os homens compareceraõ diante do Rei da Eternidade, para darem conta de suas obras, e até de seus pensamentos. Transportai-vos em espirito a esse momento formidavel: eis que opó dos tumulos se commove; e de toda parte a multidaõ dos mortos corre aos pez do Supremo Juiz. Ali todos os segredos se descobrem, a consciencia já naõ tem trevas, e cada um espere em silencio a sorte que lhe estar reservada para todo sempre.

É para espantar que seja necessario dizer continuadamente ao homem: Pensa em tua alma, o tempo foge, vem chegando

144

a Eternidade, amanhã, talvez hoje, começará para ti e toda via é verdade que senão me lembrarsem a cada ora esta verdade tremenda, a cada hora a esqueceria, tão funesta é a cegueira do mundo pàra acreatura que não se converte. Acorda, desperta dosomno da culpa, não deffiras por mais tempo o cuidado da unica cousa necessaria; apressa-te em por mãos a obra imquanto ainda é dia, Olha que já vem chegando a noite, durante a qual ninguem pode trabalhar: noite me donha, pavorosa noite que nunca tera aurora. Deixem, deixem, sem perder um instante, a estrada da perdição, e entrem na vereda da vida. Combatão vigorosamente aspropensões da naturesa para o mal, renuncia a ti mesmo eleva tua cruz: na Cruz esta a fortaleza, aesperança e a salvação. Detoso pois aquel-

a Eternidade, amanhã, talvez hoje, começará para ti e todavia é verdade que senão me lembrassem a cada hora esta verdade tremenda, a cada hora a esqueceria, tão funesta é a cegueira do mundo para a criatura que não se converte. Acorda, desperta do sono da culpa, não defiras por mais tempo o cuidado da única cousa necessária; apressa-te em pôr mãos à obra enquanto ainda é dia. Olha que já vem chegando a noite, durante a qual ninguém pode trabalhar:[142] noite medonha, pavorosa noite que nunca terá aurora. Deixem, deixem, sem perder um instante, a estrada da perdição, e entrem na vereda da vida. Combatam vigorosamente as propensões da natureza para o mal, renuncia a ti mesmo e leva tua cruz: na Cruz está a fortaleza, a esperança e a salvação. Ditoso, pois, aque-

---

[142] Veja João 9,4: *"Me oportet operari opera ejus, qui misit me, donec dies est: veni nox, quando nemo potet operari"* ["Importa que eu faça as obras daquelle, que me enviou, em quanto é dia: a noite vem, quando ninguem póde obrar"].

— 144 —

a Eternidade, amanhã, talvez, hoje, começará para ti. É toda via é verdade que se não me lembrassem a cada ora esta verdade tremenda, a cada hora a esqueceria, tão funesta é a cegueira do mundo para a creatura que não se converte. Acorda, desperta do somno da culpa, não differas por mais tempo o cuidado da unica cousa necessaria; apressa-te em por mãos a obra emquanto ainda é dia. Olha que já vem chegando a noite, durante a qual ninguem pode trabalhar; noite medonha, pavorosa noite que nunca terá aurora. Deixem, deixem, sem perder um instante, a estrada da perdição, e entrem na vereda da vida. Combatão vigorosamente as propensões da natureza para o mal, renuncia a ti mesmo leva tua Cruz: na Cruz está a fortaleza, a esperança e a Salvação. Ditoso pois aquel

145

le que não sabe, como o Apostolo senão Jesus, Jesus crucificado! No dia final, ouvirá estas palavras de eterna alegria. Vinde Bemditos de meu Pai possuir o Reino que vos es tá preparado desde oprincipio domundo (Math Cap. XXVI v. 31.) Porem osque despresarem a Cruz, os que setiverem buscado a si mesmo, differente sorte os espera.

le que não sabe, como o Apóstolo, senão Jesus, Jesus crucificado! No dia final, ouvirá estas palavras de eterna alegria: Vinde, Benditos de meu Pai, possuir o Reino que vos está preparado desde o princípio do mundo (Mateus 26,31).[143] Porém os que desprezarem a Cruz, os que se tiverem buscado a si mesmo, diferente sorte os espera.

---

[143] Efetivamente estamos no capítulo 25, e não 26, de Mateus: *"Venite benedicti Patris mei, possidete paratum vobis regnum a constitutione mundi"* ["Vinde bem ditos de meu Pai, possuio o reino que vos está preparado desde o principio do Mundo"].

— 145 —

le que não sabe, como o Apostolo se não
Jesus, Jesus crucificado! No dia final, ouvirá estas palavras de eterna alegria. Vinde Benditos de meu Pai possuir o Reino
que vos está preparado desde o principio do
mundo. (Math. cah. XXVI v. 34.) Porem os
que despresarem a Cruz, os que estiverem
buscado a si mesmo, differente sorte os espera.

146

Sobre a Fé

Areligião Santifica tudo, enão destroi cousa alguma, excepto opeccado, não prohibe asaffeições naturaes; pelo contrario algumas ha que ella ordena expressamente, e o preceito mutuo é um da quelles que o Evangelho en culca com mais cuidado. Amai--vos uns a os outros, repete continuamente o Apostolo São João. Aquelle que não ama está morto, não conhece a Deus, por que Deus é amor. E na noite da Cêa, não vemos nós discansar sobre o peito de Jesús o discípulo que elle amava? Porem para serem puras, nossas affeições, hão de ter o seu princepio em Deus, e sua regra na Vontade divina. Disconfia de toda affeição que perturba apaz do coração. Nenhuma creatura deve ser amada se não

Sobre a Fé

A religião Santifica tudo, e não destrói cousa alguma, exceto o pecado; não proíbe as afeições naturais; pelo contrário, algumas há que ela ordena expressamente, e o preceito mútuo é um daqueles que o Evangelho inculca com mais cuidado. Amai-vos uns aos outros, repete continuamente o Apóstolo São João.[144] Aquele que não ama está morto, não conhece a Deus, porque Deus é amor.[145] E na noite da Ceia, não vemos nós descansar sobre o peito de Jesus o discípulo que ele amava?[146] Porém, para serem puras nossas afeições, hão de ter o seu princípio em Deus, e sua regra na Vontade divina. Desconfia de toda afeição que perturba a paz do coração. Nenhuma criatura deve ser amada se não

---

[144] Veja João 15,17: "*Haec mando vobis: ut diligatis invicem*" ["Isto é o que eu vos mando, que vos ameis uns aos outros"]. Pode-se supor que o texto, em suas referências ao quarto Evangelho, faça eco ao que se lê na instrução "sobre o amor do próximo", de Manoel José Gonçalves Couto, op. cit., p. 408.

[145] Veja 1 João 4,7-8: "*diligamus nos invicem: quia caritas ex Deo est. Et omnis, qui diligit, ex Deo natus est, et cognoscit Deum. Qui non diligit, non novit Deus, quoniam Deus caritas est*" ["amemo-nos uns aos outros: porque a caridade vem de Deus. E todo o que ama, é nascido de Deus, e conhece a Deus. Aquelle, que não ama, não conhece a Deus: porque Deus é caridade"].

[146] Veja João 13,23: "*Erat ergo recumbens unus ex discipulis ejus in sinu Iesus, quem diligebat Iesus*" ["Ora um dos seus discipulos ao qual amava Jesus, estava recostado á meza no seio de Jesus"].

146

Sobre a Fé.

A religião Santifica tudo, e não destroe cousa alguma, excepto o peccado, não prohibe as affeiçoeñs naturaes; pelo contrario algumas ha que ella ordena expressamente, e o preceito mutuo é um daquelles que o Evangelho enculca com mais cuidado. Amai-vos uns aos outros repete continuamente o Apostolo São João. Aquelle que não ama está morto, não conhece a Deus, por que Deus é amor. E na noite da Cêa, não vemos nós descansar sobre o peito de Jesus o discipulo que elle amava? Porem para serem puras nossas affeiçoeñs hão de ter o seu principio em Deus, e sua regra na vontade divina. Disconfia de toda affeição que perturba a paz do Coração. Nenhuma creatura deve ser amada senão

147

com uma submissão perfeita as ordem daProvidencia. Sempre devemos está promptos a supportar sem queixa o que afflige mais a naturesa, a ausencia, o apartamento, ate a morte, lembrando-nos do que diz o Apostolo: Não queremos, meus irmão que estejaes na ignoran cia pelo que toca aos fallecidos Para que não vos entresteçais como os outros homens, que não tem esperança. Porque se acreditamos que Jesus Christo morreu e re sus sitou tam bem Deus resussitará com Jesus os que nelle tiverem fallecido. Digo-vos isto segundo a palavra do Senhor. Nós que vivemos seremos tambem elevados com Elle nas nuvens, ao encontro de Christo no meio dos ares, e as sim es taremos para sempre com o Senhor. Con sollai-vos pois uns aos outros nestas palavras.

com uma submissão perfeita às ordens da Providência. Sempre devemos estar prontos a suportar sem queixa o que aflige mais a natureza, a ausência, o apartamento, até a morte, lembrando-nos do que diz o Apóstolo: Não queremos, meus irmãos, que estejais na ignorância pelo que toca aos falecidos, para que não vos entristeçais como os outros homens, que não têm esperança. Porque, se acreditamos que Jesus Cristo morreu e ressuscitou, também Deus ressuscitará com Jesus os que nele tiverem falecido. Digo-vos isto segundo a palavra do Senhor. Nós que vivemos seremos também elevados com Ele nas nuvens, ao encontro de Cristo no meio dos ares, e assim estaremos para sempre com o Senhor. Consolai-vos, pois, uns aos outros nestas palavras.[147]

---

[147] Reprodução parcial de 1 Tessalonicenses 4,12-17, com sutil modificação (indicada no destaque): *"Nolumus autem vos ignorate [ignorare] fratres de dormientibus, ut non contristemini, sicut et ceteri, qui spem non habent. Si enim credimus quod Iesus mortuus est et resurrexit: ita et Deus eos, qui dormierunt per Iesum, adducet cum eo. Hoc enim vobis dicimus in verbo Domini quia nos, qui vivimus [...] simul rapiemur cum illis in nubibus obviam Domino in aera; et sic semper cum Domino erimus. Itaque consolamini invicem in verbis istis"* ["E não queremos, irmãos, que vós ignoreis cousa alguma acerca dos que dormem, para que não vos entristeçais como tambem os outros que não têem esperança. Porque se cremos que Jesus morreu, e resuscitou: assim tambem Deus trará com Jesus aquelles que dormiram por elle. Nós pois vos dizemos isto na palavra do Senhor, que nós outros, que vivemos, [...] seremos arrebatados juntamente com *elles* nas nuvens a receber a Cristo nos ares, e assim estaremos para sempre com o Senhor. Por tanto consolai-vos uns aos outros com estas palavras"]. No texto dos *Apontamentos...* cuidadosamente se evitam alguns tópicos delicados da passagem bíblica, particularmente aquele que coloca a manifestação escatológica de Jesus ainda em vida do apóstolo.

com uma submissão perfeita as ordens da Providencia. Sempre devemos está promptos a supportar sem queixa o que afflige mais a natureza, a ausencia, o apartamento, até a morte, lembrando-nos do que diz o Apostolo: Não queremos, meus irmão que estejaes na ignorancia pelo que toca aos fallecidos. Para que não vos entresteçais como os outros homens, que não tem esperança. Porque se acreditamos que Jesus Christo morreu e resussitou tambem Deus resussitará com Jesus os que nelle tiverem fallecido. Digo-vos isto segundo a palavra do Senhor. Nós que vivemos seremos tambem elevados com Elle nas nuvens, ao encontro de Christo no meio dos ares, e assim estaremos para sempre com o Senhor. Consollai-vos pois uns aos outros nestas palavras.

148

Sobre a Paciencia Nostrabalhos.

Permitte Deus que nossa alma seja algumas vezes como abandonada. Nenhuma consolação, nemhuma luz: más de todas as partes provações, trabalhos, tenta ções, angustias: parece-lhe que vai su cumbir, porque não sente já obraço que as sus tentava. Que faremos então? diremos como Jesus: Meu Deus, meu Deus, porque medes amparastes? E con tudo ficaremos empaz no Soffrimento, e nas trevas, a té que declinem as sombras e discubramos a aurora de um novo dia. Este estado é o maior exercicio da fé, é para a alma uma imagem da morte, fria, sem movimento insensivel em apparencia, está como enserrada notumulo, e parece não se unir a Deus senão por uma vontade frouxa. Oh! quantas

Sobre a Paciência nos Trabalhos

Permite Deus que nossa alma seja algumas vezes como que abandonada. Nenhuma consolação, nenhuma luz: mas de todas as partes provações, trabalhos, tentações, angústias: parece-lhe que vai sucumbir, porque não sente já o braço que a sustentava. Que faremos então? Diremos como Jesus: Meu Deus, meu Deus, por que me desamparastes?[148] E, contudo, ficaremos em paz no Sofrimento, e nas trevas, até que declinem as sombras e descubramos a aurora de um novo dia. Este estado é o maior exercício da fé, é para a alma uma imagem da morte, fria, sem movimento, insensível em aparência, está como encerrada no túmulo, e parece não se unir a Deus senão por uma vontade frouxa. Oh! Quantas

---

[148] Veja Mateus 27,46: *"Deus meus, Deus meus ut quid dereliquisti me?"* ["Deus meu, Deus meu, por que me desamparaste?"].

Sobre a paciencia nos trabalhos.

Permitte Deus que nossa alma seja algumas vezes como abandonada. Nenhuma consolação, nenhuma luz; más de todas as partes turvações, trabalhos, tentações, angustias: parece-lhe que vai succumbir, porque não sente já o braço que a sustentava. Que faremos então? diremos como Jesus: «Meu Deus, meu Deus, porque me desamparastes?» E com tudo ficaremos em paz no soffrimento, e nas trevas, até que declinem as sombras e discubramos a aurora de um novo dia. Este estado é o maior exercicio da Fé, é para a alma uma imagem da morte, fria, sem movimento insensivel em apparencia; está como enterrada no tumulo, e parece não se unir a Deus senão por uma vontade frouxa. Oh! quantas

149

graças são ofructo desta agonia supportada com humilde pasciencia! Oh! quantos peccados resgata este padecimento! Então se complete em nós o mysterio da Salvação, e vimos a ser verdadeiramente comformes a Jesus, con tanto que não cescemos derepeti, com uma fé sincera, estas palavras de resignação: sim, Pai meu, aceito o Calix, quero bebê-lo até as fezes; Sim, Pai Santo, porque essa é vossa vontade. Por que não aprendo de vós, meu Devino Mestre, aonde heide ir buscar o remedio consollação quando me vejo tentado e affligido? Por que busco fora de vós consollação, alegria deminha alma? Quem me a póde dar senão vós? Adoro-te, divina e amorosa mão que castigando conso-las, atribulando animas, affligindo alegras, derribando a levantas e matando dás vida.

graças são o fruto desta agonia suportada com humilde paciência! Oh! Quantos pecados resgata este padecimento! Então se complete em nós o mistério da Salvação, e vimos a ser verdadeiramente conformes a Jesus, contanto que não cessemos de repetir, com uma fé sincera, estas palavras de resignação: sim, Pai meu, aceito o Cálix, quero bebê-lo até as fezes; Sim, Pai Santo, porque essa é vossa vontade.[149] Por que não aprendo de vós, meu Divino Mestre, onde hei de ir buscar o remédio consolação quando me vejo tentado e afligido? Por que busco fora de vós consolação, alegria de minha alma? Quem me a pode dar senão vós? Adoro-te, divina e amorosa mão que castigando consolas, atribulando animas, afligindo alegras, derribando levantas e matando dás vida.

---

[149] Evidentemente essa passagem se baseia na oração de Jesus no Getsêmani: "*Pater mi, si possibile est, transeat à me calix iste [...] Pater mi, si non potest hic calix transire nisi bibam illum, fiat voluntas tua*" ["Pai meu, se é possivel, passe de mim este calis [...] Pai meu, se este calis não póde passar sem que eu o beba, faça-se a tua vontade"] (Mateus 26,39.42).

— 149 —

graças são ofructo desta agonia supportada com humilde pasciencia! Oh! quantos peccados resgata este padecimento! Então se complete em nós o mysterio da Salvação e vimos a ser verdadeiramente conformes a Jesus, com tanto que não cecemos de
repetir com uma fé sincera, estas palavras
de resignação: Sim, Pai meu, acceito o Calix,
quero bebê-lo até as fezes; Sim, Pai Santo,
porque esta é Vossa Vontade. Por que não
aprendo de Vós, meu Divino Mestre, aonde
heide ir buscar o remedio consollação quando me vejo tentado e affligido? Por que
busco fora de Vós consollação, alegria de minha alma? Quem me a póde dar senão
Vós? Adoro-te, divina e amorosa mão que
castigando consolas, atribulando animas,
affligindo alegras, derribando alevan-
tas e matando dás vida.

150

Sobre a Religião:

A religião faz duas cousas: mostra-nos nossa miseria, e indica-nos oremedio para ella, ensina-nos que, de nós mesmos, nada po demos para a salvação, mas que podemos tudo por aquelle que nos fortifica. D'aqui vem a quellas palavras de São Paulo tão profundas de verdades como temorosas para o orgulho humano: Eu miglorificarei em minhas infermidades, para que a virtude de Jesus Christo abite em mim. Sim, continua elle, com prazo-me em minhas fraquesas: porque quando me sinto fraco, então é que estou mais forte. Entremos nopensamento do Apostolo, e aprende mos a humilhar-nos, a sentir nossa fraqueza, agosar de certo modo de nosso nada. Quando tiver-mos regeitados toda vã opinião

Sobre a Religião

A religião faz duas cousas: mostra-nos nossa miséria, e indica-nos o remédio para ela, ensina-nos que, de nós mesmos, nada podemos para a salvação, mas que podemos tudo por aquele que nos fortifica.[150] Daqui vêm aquelas palavras de São Paulo tão profundas de verdades como temorosas para o orgulho humano: Eu me glorificarei em minhas enfermidades, para que a virtude de Jesus Cristo habite em mim. Sim, continua ele, comprazo-me em minhas fraquezas: porque quando me sinto fraco, então é que estou mais forte.[151] Entremos no pensamento do Apóstolo, e aprendamos a humilhar-nos, a sentir nossa fraqueza, a gozar de certo modo de nosso nada. Quando tivermos rejeitado toda vã opinião

---

[150] Veja Filipenses 4,13: "*omnia possum in eo, qui me confortat*" ["tudo posso naquelle, que me conforta"].
[151] Veja 2 Coríntios 12,9b-10: "*Libenter igitur gloriabor in infirmitatibus meis, ut inhabitet in me virtus Christi. Propter quod placeo mihi in infirmitatibus méis, in contumeliis, in necessitatibus, in persecutionibus, in angustiis pro Christo: Cum enim infirmor, tunc potens sum*" ["Portanto de boa vontade me gloriarei nas minhas enfermidades, para que habite em mim a virtude de Christo. Pelo que sinto complacencia nas minhas enfermidades, nas affrontas, nas necessidades, nas perseguições, nas angústias por Christo: Porque quando estou enfermo, então estou forte"].

—150—

Sobre a Religião.

A Religião faz duas cousas: mostra-nos nossa miseria, e indica-nos o remedio para ella, ensina-nos que, de nós mesmos nada podemos para a salvação, mas que podemos tudo por aquelle que nos fortifica. D'aqui vem aquellas palavras de São Paulo tão profundas de verdades como temerosas para o orgulho humano: Eu me glorificarei em minhas infermidades, para que a virtude de Jesus Christo abite em mim. Sim, continua elle, Comprazo-me em minhas fraquesas: porque quando me sinto fraco, então é que estou mais forte. Entremos no pensamento do Apostolo, e aprendamos a humilhar-nos, a sentir nossa fraqueza a gosar de certo modo de nosso nada. Quando tivermos regeitadas toda vã opinião de nós mesmo, e cavado, por assim dizer, um leito profundo em nossa alma, correntes degraças ali siprecipitarão. Apaz nos será dada na terra. por que, quem pode perturbar apaz da quelle que, esquecendo-se e dis presando-se a si, não se firma senão em Deus, e a elle só ama? Paz aos homens de boa vontade, aos humildes de coração, paz na terra: e no Céo a sociedade da Gloria. Assim como as vigias suspiram pela manhã para discansarem do trabalho da moite, e para gosarem do trabalho da lúz de todo odia, até que torne a noitecer, assim, e muito mais minha alma vive, e se sus tenta com as es peranças que em vós tem, Deus meu. Por que, quando mecercam as trevas demeus peccados, e os perigos de minhas tentações, sei de certo que só vossa presença, pode alentar minha pobre fraque-

de nós mesmos e cavado, por assim dizer, um leito profundo em nossa alma, correntes de graças ali se precipitarão. A paz nos será dada na terra, porque, quem pode perturbar a paz daquele que, esquecendo-se e desprezando-se a si, não se firma senão em Deus, e a ele só ama? Paz aos homens de boa vontade, aos humildes de coração, paz na terra: e no Céu a sociedade da Glória. Assim como as vigias suspiram pela manhã para descansarem do trabalho da noite,[152] e para gozarem do trabalho da luz de todo o dia, até que torne a anoitecer, assim e muito mais minha alma vive, e se sustenta com as esperanças que em vós tem, Deus meu. Porque quando me cercam as trevas de meus pecados, e os perigos de minhas tentações, sei decerto que só vossa presença pode alentar minha pobre fraque-

---

[152] O copista parece ter escrito, inicialmente, "morte"; logo terá corrigido, trocando o "r" pelo "i".

— 151 —

de nós mesmo, e cansados fazei assim dizer, sem hesitar profundo em nossa alma: Correntes de graças ahi se precipitarão. A paz nos será dada na terra, por que quem pode perturbar a paz daquella que só que cuida de dispresando-se a si, não se firma senão em Deus, e a elle só ama? Paz aos homens de boa vontade, aos humildes de coração faz na terra: e no Céo a sociedade da Gloria. Assim como as vigias suspiram pela manhã para discansarem do trabalho da noite, e para gosarem da luz de todo o dia, até que torne a noitecer; assim, e muito mais minha alma vive, e se sustenta com as esperanças que em Vós tem, Deus meu. Por que quando me cercam as trevas de meus peccados, e os perigos de minhas tentações, sei de certo que só vossa presença pode alentar minha pobre fraque-

152

sa, e por isso por vossa luz espera, para que veja, epor vossa misericordia para que possa com seus trabalhos, epor vossa infinita bondade alcance a victoria.

za, e por isso por vossa luz espera, para que veja, e por vossa misericórdia para que possa com seus trabalhos, e por vossa infinita bondade alcance a vitória.

— 152 —

da, é por isto por vossa luz espero, para que veja, é por vossa misericordia para que possa com seus trabalhos, é por vossa infinita bondade alcance a victoria.

153

Sobre a Confissão.

Não há cousa mais util ao christão nem mais en dispençavel para commungar dignamente, do que discer asua consciencia, e escrutar, com saudavel severidade, seus tristes es condrigios. Temos em nós mesmos como a imagem do reino das trevas: ali, vive, cresse e se propaga a innumeravel família dos vicios, nascidos da tripla com cupiscencia que enfictou avida humana em sua origem. Quem examinar sériamente seu coração, nelle achará ogermem de tudo que é mau, uma sober ba ora atrevida e violenta, ora desfarçada eastuciosa, uma curiosidade des midida, appetites insaciaveis, o ó dio acompanhado da injuria, de ultrage e da calumnia, a inveja mãi do homicidio, a vareza que diz-

Sobre a Confissão

Não há cousa mais útil ao cristão nem mais indispensável para comungar dignamente do que descer à sua consciência e escrutar, com saudável severidade, seus tristes esconderijos. Temos em nós mesmos como a imagem do reino das trevas: ali vive, cresce e se propaga a inumerável família dos vícios, nascidos da tríplice concupiscência que infectou a vida humana em sua origem. Quem examinar diariamente o seu coração, nele achará o germe de tudo que é mau, uma soberba ora atrevida e violenta, ora disfarçada e astuciosa, uma curiosidade desmedida, apetites insaciáveis, o ódio acompanhado da injúria, do ultraje e da calúnia, a inveja, mãe do homicídio, a avareza que diz

— 153 —

Sobre a confissão.

Naõ há cousa mais util ao Christaõ nem mais indispençavel para commungar dignamente, do que discer a sua consciencia, e escrutar com saudavel severidade, se as tristes es condiçoes. Temos em nós mesmos como a imagem do reino das trevas: ali vive, cresce e se propaga a innumeravel familia dos vicios, nascidos da tripli concupiscencia que enfectou a vida humana em sua origem. Quem examinar seriamente seu coraçaõ, nelle achará o germen de tudo, que é mau, uma soberba ora atrevida e violenta, ora desfarcada e astuciosa, uma curiosidade desmidida, appetites insaciaveis, o odio acompanhado da injuria, do ultrage e da Calumnia, a inveja mai do homicidio, a varixa que diz

154

continuamente: Traze, traze, a duresa da alma, as alegria culpaveis do esperito: e posto que estas sementes de morte não se desinvolvam emcada homemno mesmo grau, todas astem em si, e só agraça as pode mais ou menos domar ere premir. Tal é, dis pois do peccado original, a herança dos filhos de Adam (Prov. XXX, v. 15). Quem não ex clamará aDeus dofundo desta grande miseria, * implorar d'elle auxilio e misericordia? Deus abandona osque es condem seus crimes eper dôa aos que os accuzam. Movido de compaixão afavor dos peccadores, instituio Jesus Christo o Sacramento de pinitencia, que os regenera no sangue do Cordeiro eos reveste da innocencia premitiva. Eis a veste nupcial necessaria para assitir aobanquete do Esposo Vós que andais oprimidos com opeso de vos sos peccados, dai-vos [ilegível][153] ide, com dôr sincera e amorosa esperança,

                  * para

continuamente: traze, traze; a dureza da alma, as alegrias culpáveis do espírito: e posto que estas sementes de morte não se desenvolvam em cada homem no mesmo grau, todos as têm em si e só a graça as pode mais ou menos domar e reprimir. Tal é, depois do pecado original, a herança dos filhos de Adão (Provérbios 30,15).[154] Quem não exclamará a Deus do fundo desta grande miséria para implorar d'Ele auxílio e misericórdia? Deus abandona os que escondem os seus crimes e perdoa os que o acusam. Movido de compaixão a favor dos pecadores, instituiu Jesus Cristo o Sacramento de penitência, que os regenera no sangue do Cordeiro e os reveste da inocência primitiva. Eis a veste nupcial necessária para assistir ao banquete do Esposo. Vós, que andais oprimidos com o peso de vossos pecados,[155] dai-vos pressa; ide, com dor sincera e amorosa esperança,

---

[153] Na passagem correspondente do manuscrito de 1897, Ataliba lê "pressa" (p. 520 / p. 178).

[154] Não localizo esta citação; o que soa mais próximo parece ser Eclesiástico 40,1: "*Jugum grave super filios Adam, a die exitus de ventre matris eorum usque in diem sepulturae, in matrem omnium*" ["Um pesado jugo carrega sobre os filhos d'Adão, desde o dia em que elles sahem do ventre de sua mãi, até o dia da sua sepultura, em que elles entram na mãi commum de todos"].

[155] Expressão que ecoa, apenas de longe, Mateus 11,28: "*Venite ad me omnes, qui laboratis, et onerati, et ego reficiam vos*" [Vinde a mim todos os que andais em trabalho, e vos achais carregados, e eu vos alliviarei"].

continuamente: trazem a doença da alma, as alegrias culpaveis do espirito: e posto que estas sementes de morte não se desenvolvam em cada homem no mesmo grau, todas as tem em si, e só a graça as póde mais ou menos domar e reprimir. Tal é, dispois do peccado original, a herança dos filhos de Adam. (Prov. XX v. 15). Quem não exclamará a Deus do fundo desta grande miseria implorar d'elle auxilio e misericordia? Deus abandona os que escondem seus crimes e perdôa aos que os accusam. Movido de compaixão a favor dos peccadores, instituio Jesus Christo o Sacramento de Penitencia, que os regenera no sangue do Cordeiro e os reveste da innocencia primitiva. Eis a veste nupcial necessaria para assistir ao banquete do Esposo. Vós que andais opprimidos com o peso de vossos peccados, dai-vos pressa, ide, com dôr sincera e amorosa esperança, para

155

aliviar-vos delle aos pés da quelle que, no tribunal da penitencia, faz as vezes do Filho de Deus; ide e humilhai-vos, ide e chorai amão devina inchugará vossas lagrimas, e, restabelicidos em graça com Deus, em paz com vosco, cantareis com alegria o hynno do perdão: Ditosos aquelles cujas iniquidades foram perduadas e cuberto seus peccados! Feliz aquelle a quem o Senhor não emputou seu crime e cujo coração não é fraudolento! (Ps, XXXI e I e 2.) Admira oprocedimento daquelles que deixam de confessar-se ao menos uma vez cada an no, ainda que elles observassem religiosam ente este preceito da Santa Igreja, não eram dignos de terem em si a Jesus este Deus immenso, queo universo não pode conter, tornando nosso hospede inseparavel, logo que o recebemos em nosso coração na Sagrada communhão.

aliviar-vos dele aos pés daquele que, no tribunal da penitência, faz as vezes do Filho de Deus; ide e humilhai-vos, ide e chorai; a mão divina enxugará vossas lágrimas e, restabelecidos em graça com Deus, em paz convosco, cantareis com alegria o hino do perdão. Ditosos aqueles cujas iniquidades foram perdoadas e cobertos seus pecados! Feliz aquele a quem o Senhor não imputou seu crime e cujo coração não é fraudulento! (Salmo 31,1-2).[156] Admira o procedimento daqueles que deixam de confessar-se ao menos uma vez cada ano. Ainda que eles observassem religiosamente este preceito da Santa Igreja, não seriam dignos de ter em si a Jesus, este Deus imenso, que o universo não pode conter, tornado nosso hóspede inseparável, logo que o recebemos em nosso coração na Sagrada comunhão.

---

[156] Salmo 31,1-2: *"Beati, quorum remissae sunt iniquitates: et quorum tecta sunt peccata. Beatus vir, cui non imputavit Dominus peccatum, nec est in spiritu ejus dolus"* ["Bemaventurados aquelles, cujas iniquidades são perdoadas: e cujos peccados são cobertos. Bemaventurado o homem, a quem o Senhor não imputou peccado, e cujo espírito é izempto de dolo"].

aliviai-vos delle aos pés daquella que, no tribunal da penitencia, faz as vezes do Filho de Deus; ide e humilhai-vos, ide e chorai: a mão divina inchugará vossas lagrimas, e, restabelecidos em graça com Deus, em paz comnosco, cantareis com alegria o Hymno do perdão. Ditosos aquelles cujas iniquidades foram perduadas e coberto seus peccados! Feliz aquelle a quem o Senhor não emputou seu crime e cujo coração não é fraudolento! (Ps. Cap. XXXI, 1, 2.) Admira o procedimento daquelles que deixam de confessar-se ao menos uma vez cada anno, ainda que elles observassem religiosamente este preceito da Santa Igreja, não eram dignos de ter em si a Jesus este Deus immenso, que o universo não póde conter, tornado nosso hospede inseparavel, logo que o recebemos em nosso coração na Sagrada communhão

156

Por esta razão considerando este excesso de amor, com que affecto efervor de coração não se nutre aquelle que fielmente orecebe? Oh prodigio de vossa ternura para com os homem! São Paulo con sidera otempo em que Jesus nos con sedeu este dom da Eucharistia, dom que excede ato das aquelles que pode dar um Deus Todo Poderoso. Oh! Senhor o mais digno objecto da nossa ternura, vós veistes ganhar nossos corações pela vossa Paixão, na qual fizeste resplandecer o amor immenso que nos tendes, com summando a obra de nossa Re dempção, que tem sido para vós um oceano de dores ede igno mi nias. Nosso Senhor Jesus Christo está na Sagrada comm unhão, com tantas perfeições, como esteve no seio da Virgem Maria, e acha-se a dêstra do Eterno Pai. Confessem-se

Por esta razão, considerando este excesso de amor, com que afeto e fervor de coração não se nutre aquele que fielmente o recebe? Oh, prodígio de vossa ternura para com os homens! São Paulo considera o tempo em que Jesus nos concedeu este dom da Eucaristia, dom que excede a todos aqueles que pode dar um Deus Todo-Poderoso. Ó Senhor, o mais digno objeto da nossa ternura, vós viestes ganhar nossos corações pela vossa Paixão, na qual fizeste resplandecer o amor imenso que nos tendes, consumando a obra de nossa Redenção, que tem sido para vós um oceano de dores e ignomínias. Nosso Senhor Jesus Cristo está na Sagrada comunhão, com tantas perfeições, como esteve no seio da Virgem Maria, e acha-se à destra do Eterno Pai. Confessem-se

— 156 —

Por esta razão considerando este excesso de amor, com que affecto e fervor de coração não se nutre aquelle que fielmente o recebe? Oh prodigio de Vossa ternura para com os homens! São Paulo considera o tempo em que Jesus nos concedeu este dom da Eucharistia, dom que excede até das aquellas que pode dar um Deus Todo Poderoso. Oh! Senhor o mais digno objecto da nossa ternura, Vós vieste ganhar nossos corações pela Vossa Paixão, na qual fizestes resplandecer o amor immenso que nos tendes, consummando a obra de nossa Redempção, que tem sido para Vós um oceano de dores e de ignominias. Nosso Senhor Jesus Christo está na Sagrada Communhão, com tantas perfeições como esteve no seio da Virgem Maria, e acha-se a dextra do Eterno Pai. Confessem-se

157

pois ao menos uma vez cada anno não abandõnem obenificio de Deus, que, movido por tão ardente amor, quiz deixar-se asi mesmo aos homens, no Santissimo Sacramento do Altar. Como é que, com tanto indiferentismo muitos delles deixam de confessar-se? Como é que a mimoria de um tão grande benefício fique viva entre elle? Que origem de amargura para o Terno coração de Jesus, vendo o dispreso que elles fazem de tão salutar benifecio! Aconfissão é encontes tavelmente necessaria para a Salvação eterna em vertude della são perduado os peccados. Epara confirmação detudo, digo-vos que a creatura depois que morre contricto e confessado de seus peccados, mas que não fez penitencia, nem boas obras, por isso vai paga-los por aquelle tempo que Deus tem determinado e depois de ter

pois ao menos uma vez cada ano, não abandonem o benefício de Deus, que, movido por tão ardente amor, quis deixar-se a si mesmo aos homens, no Santíssimo Sacramento do Altar. Como é que, com tanto indiferentismo, muitos deles deixam de confessar-se? Como é que a memória de um tão grande benefício não fica viva entre eles? Que origem de amargura para o Terno coração de Jesus, vendo o desprezo que eles fazem de tão salutar benefício! A confissão é incontestavelmente necessária para a Salvação eterna; em virtude dela são perdoados os pecados. E para confirmação de tudo, digo-vos que a criatura, depois que morre contrita e confessada de seus pecados, mas que não fez penitência, nem boas obras, por isso vai pagá-los por aquele tempo que Deus tem determinado, e depois de ter

pois ao menos uma vez cada anno naõ
abandonem o benificio de Deus, que, movido
por taõ ardente amor, quiz deixar-se a si
mesmo aos homens, no Santissimo Sacramento do Altar. Como é que, com tanto indiffe-
rentismo muitos delles deixam de confessar-
se? Como é que a memoria de um taõ
grande benificio fique viva entre elles?
Que origem de amargura para o Terno Coração de Jesus, vendo o dispreso que elles fazem de taõ salutar benificio! A confissaõ
é encontestavelmente necessaria para a
Salvaçaõ eterna em vertude della saõ perduado os peccados. E para confirmaçaõ de
tudo, digo-vos que a creatura depois que
morre contricto e confessado de seus peccados,
mas que naõ fez penitencia, nem boas obras,
por isto vai paga-los por aquelle tempo
que Deus tem determinado e depois de ter

158

purgado a ultima culpa, vai para o Céo a companhado dos Anjos. Os justos que tiverem afelicidade de morrer tão justificados vão logo para o Céo. Para fazer uma confissão bem feita, é necessario que preceda oexame de consciencia: descorrendo pelos Mandamentos da Lei de Deus, peccados mortaes, obras de misericordia e peccado de commissão que versa sobre a aquelle que não obra como deve em qual quer cargo ou puder em que siver constituido. Devem declarar todos peccados commettidos com as sircums tancias que os a companharam, não occultando um só por mais horroroso que elle seja. Tambem devem penetrar-se deviva dor de haver commettido tantas miserias, e d'ahi por diante faserem firme proposito de emenda, assim como satisfaserem a penetencia que for emposta pe-

purgado a última culpa, vai para o Céu acompanhado dos Anjos. Os justos que tiverem a felicidade de morrer tão justificados vão logo para o Céu. Para fazer uma confissão bem-feita, é necessário que preceda o exame de consciência: discorrendo pelos Mandamentos da Lei de Deus, pecados mortais, obras de misericórdia e pecados de omissão, que versam sobre aquele que não obra como deve em qualquer cargo ou poder em que se vir constituído. Devem declarar todos os pecados cometidos com as circunstâncias que os acompanharam, não ocultando um só, por mais horroroso que ele seja. Também devem penetrar-se de viva dor de haver cometido tantas misérias, e daí por diante fazerem firme propósito de emenda, assim como satisfazerem a penitência que for imposta pe-

— 158 —

purgado a ultima culpa, vai para o Céo acompanhado dos Anjos. Os justos que tiverem a felicidade de morrer tão justificados vão logo para o Céo. Para fazer uma confissão bem feita, é necessario que proceda o exame de consciencia, descorrendo pelos Mandamentos da Lei de Deus, peccados mortaes, Obras de misericordia e peccado de commissão que versa sobre aquelle que não obra como deve em qualquer cargo ou poder em que se ver Constituido. Detem declarar todos peccados commettidos com as circumstancias que os acompanharem, não occultando um só por mais horroroso que elle seja. Tambem devem penetrar-se de vivá dor de haver commettido tantas miserias e d'ahi por diante fazerem firme proposito de emenda, assim como satisfazerem a penitencia que for imposta pe-

159

lo Confessor. O demonio conhecendo o incomparavel bem que produz a confissão, tem sug gerido pensamentos terriveis a muitos fiéis, inspirando-lhes a repugnancia, para não confessarem, como fim de perde-los. Aquelles porem que tem attendido seu imbuste, que deixam de confessar-se aomenos uma vez cada anno,[157] bem podem combater contra o demonio, vencendo generozamente suas tentações.

lo Confessor.[158] O demônio, conhecendo o incomparável bem que produz a confissão, tem sugerido pensamentos terríveis a muitos fiéis, inspirando-lhes a repugnância, para não confessarem, com o fim de perdê-los. Aqueles, porém, que têm atendido a seu embuste, que não deixam de confessar-se ao menos uma vez cada ano, bem podem combater contra o demônio, vencendo generosamente suas tentações.

---

[157] O contexto parece sugerir "que *não* deixam de confessar-se".
[158] Termina aqui a prédica correspondente no manuscrito de 1897 (p. 528 / p. 179).

do Confessor. O demonio conhecendo o intem-
paravel bem que produz a confissão, tem
suggerido pensamentos terriveis a muitos
fieis inspirando-lhes a repugnancia para não confessarem, como fim de perde-los.
Aquelles porem que tem attendido seu
imbuste, que deixam de confessar-se ao
menos uma vez cada anno, bem podem
combater contra o demonio, vencendo generozamente suas tentações.

160

Sobre a obediencia

Acreatura deve estar sempre prompta ao bedecer, nunca afrouxá nem dis animá. Na tristeza, e na alegria, na consollação e no soffrimento, louva e bem diz igualmente a quelle que fere e cura segundo os devinos conselhos, em penetraveis a humana creatura. Se attentação vem prova-lo peleja, resiste com animo soccegado, por que não conta sobre suas proprias forças, e espera a victoria do auxillio que vem do alto. Se alguma vez cai, levanta-se logo sem tur bação, humilhado mais não abatido. Seu arrependimento, posto que profundo, é des assombrado por que é exemplo de irritação da soberba. Suas faltas affligem-no, mas não lhe cauzam espanto. Conhece sua fraqueza, ea-

Sobre a obediência

A criatura deve estar sempre pronta a obedecer, nunca afrouxar nem desanimar. Na tristeza, e na alegria, na consolação e no sofrimento, louva e bendiz igualmente aquele que fere e cura segundo os divinos conselhos, impenetráveis à humana criatura. Se a tentação vem prová-lo, peleja, resiste com ânimo sossegado, porque não conta sobre suas próprias forças, e espera a vitória do auxílio que vem do alto. Se alguma vez cai, levanta-se logo sem turbação, humilhado, mas não abatido. Seu arrependimento, posto que profundo, é desassombrado, porque é exemplo de irritação da soberba. Suas faltas afligem-no, mas não lhe causam espanto. Conhece sua fraqueza, e a

— 16 —

Sobre a obediencia

A creatura deve estar sempre prompta á obedecer, nunca afrouxá nem desanimá. Na tristeza, e na alegria, na consollação e no soffrimento, louva e bemdiz igualmente aquelle que fere e cura segundo os divinos conselhos, impenetraveis á humana creatura. Se a tentação vem prova-lo, peleja, resiste com animo socegado, por que não conta sobre suas proprias forças, e espera a victoria do auxilio que vem do alto. Se alguma vez cai, levanta-se logo sem hesitação, humilhado mais não abatido. Seu arrependimento, posto que profundo, é desassombrado, por que é exempto da irritação da soberba. Suas faltas affligem-no, mas não lhe causam espanto. Conhece sua fraqueza, e a—

161

de plora, cheio de confiança na graça que o sus tentará, sefor fiel. Des apegado da terra e de suas vaidades, que chamam bens, que quer elle? o que Deus quizer, não tem outra vontade, nem outro desejo. Se o Filho de Deus se fez obediente áté á morte, e morte de Cruz, que homem há que recuze obedece-lo? No mundo não há ordem nem vida senão pela obediencia: ella é o laço dos homens entre si ecom seu autor, ofundamento da paz, eoprincipio da harmonia universal. Afamilia, a cidade, a Igreja não subsis tem senão pela obediencia, a mais alta perfeição nas creaturas não é mais que uma perfeita obediencia: ella só nos preserva do erro do peccado. Quando obedecemos a um homem revistido de autoridade, obedecemos a Deus; elle é o unico Monarcha,

deplora, cheio de confiança na graça que o sustentará, se for fiel. Desapegado da terra e de suas vaidades, que chamam bens, que quer ele? O que Deus quiser, não tem outra vontade, nem outro desejo. Se o Filho de Deus se fez obediente até a morte, e morte de Cruz,[159] que homem há que recuse obedecer-lhe? No mundo não há ordem nem vida senão pela obediência: ela é o laço dos homens entre si e com seu autor, o fundamento da paz, e o princípio da harmonia universal. A família, a cidade, a Igreja não subsistem senão pela obediência, a mais alta perfeição nas criaturas não é mais que uma perfeita obediência: ela só nos preserva do erro do pecado. Quando obedecemos a um homem revestido de autoridade, obedecemos a Deus; ele é o único Monarca,

---

[159] Veja Filipenses 2,8: "*Humiliavit [Christus Iesus] semetipsum factus oboediens usque ad mortem, mortem autem crucis*" ["Humilhou-se [Christo Jesus] a si mesmo feito obediente até á morte, e morte de cruz"].

de flora, cheio de confiança na graça que o sustentará, se for fiel. Desapegado da terra e de suas vaidades, que chamam bens, que quer elle? o que Deus quizer, não tem outra vontade nem outro desejo. Se o Filho de Deus se fez obediente até á morte, e morte de Cruz, que homem há que recuze obedece-lo? No mundo não há ordem nem vida senão pela obediencia; ella é o laço dos homens entre si e com seu autor, o fundamento da paz e o principio da harmonia universal. A familia, a cidade, a Igreja não subsistem senão pela obediencia; a mais alta perfeição nas creaturas não é mais que uma perfeita obediencia: ella só nos preserva do erro do peccado. Quando obedecemos a um homem revistido de autoridade, obedecemos a Deus; elle é o unico Monarcha, e todo o puder legitimo é uma emanação de sua Omnipotencia Eterna. Todo puder vem de Deus, diz o Apostolo, está sugeito a uma regra divina, tanto na ordem temporal, como na espiritual, de sorte que, obedecendo ao Pontifice, ao Principe, ao Pai a quem é realmente Ministro de Deus para o bem, a Deus só obedecemos. Feliz aquelle que comprehende esta celistial doutrina: livre da es cravidão do erro e daspaixões; docil á voz de Deus e da consciencia. gosa da verdadeira liberdade dosfilhos de Deus.

e todo o poder legítimo é uma emanação de sua Onipotência Eterna. Todo poder vem de Deus, diz o Apóstolo, está sujeito a uma regra divina, tanto na ordem temporal como na espiritual, de sorte que, obedecendo ao Pontífice, ao Príncipe, ao Pai, a quem é realmente Ministro de Deus para o bem, a Deus só obedecemos.[160] Feliz aquele que compreende esta celestial doutrina: livre da escravidão do erro e das paixões; docil à voz de Deus e da consciência, goza da verdadeira liberdade dos filhos de Deus.

---

[160] Veja Romanos 13,1: *"Omnis anima potestatibus sublimioribus subdita sit: Non est enim potestas nisi a Deo: quae autem sunt, a Deo ordinatae sunt"* ["Todo o homem esteja sugeito ás potestades superiores: Porque não ha potestade que não venha de Deus: e as que ha, essas foram por Deus ordenadas"]. Esta passagem está no centro dos conflitos que opuseram Antonio Conselheiro aos missionários enviados ao arraial, em maio de 1895, para tratar de dissolvê-lo. A transcrição do Novo Testamento que antecede estes *Apontamentos...* interrompe-se exatamente diante dela. Por outro lado, ela é central no que Ataliba Nogueira denominou "Sermão sobre a República", que consta do caderno de 1897 (p. 560-623 / p. 185-95), e sobre o qual já propus algumas considerações (*O Belo Monte de Antonio Conselheiro: Uma Invenção "Biblada"*. Maceió, Edufal, 2015, p. 287-89).

e todo o poder legitimo é uma emanação de sua Omnipotencia Eterna. Todo poder vem de Deus, diz o Apostolo, está sugeito a uma regra divina, tanto na ordem temporal como na espiritual; de sorte que obedecendo ao Pontifice, ao Principe, ao Pai a quem é realmente Ministro de Deus para obem, a Deus só obedecemos. Felix aquelle que comprehende esta Celestial doutrina; livre da escravidão do erro e das paixões, docil á voz de Deus e da Consciencia, gosa da verdadeira liberdade dos filhos de Deus.

163

Sobre ofim do homem

Ohomem nascido da mulher vive poucos dias, e é opprimido demuitas miserias. Esta é a sorte que nos fez o peccado. Ouví os gemidos de toda humanidade cuja figura era Job. Pereça o dia em que nasci, e a noite em que se disse: Um homem foi concebido! Porque não morri no seio da minha mãi, ou não pereci quando vim ao mundo? Por que me teve ella em seus braços e me creou a seus peitos? Agora dor mirei im selencio, e discansarei em meu sonno. Job. Mas sobre esta grande miséria se levantava ja a aurora de gran díssima esperança. Sei que meu Redemptor vivi, eque serei de novo revistido de minha carne e nella verei á meu Deus; hei devê-lo, e meus olhos o contemplarão. Job.

Sobre o fim do homem

O homem nascido da mulher vive poucos dias, e é oprimido de muitas misérias. Esta é a sorte que nos fez o pecado. Ouvi os gemidos de toda humanidade, cuja figura era Jó: Pereça o dia em que nasci, e a noite em que se disse: Um homem foi concebido! Por que não morri no seio da minha mãe, ou não pereci quando vim ao mundo? Por que me teve ela em seus braços e me criou a seus peitos? Agora dormirei em silêncio, e descansarei em meu sono."[161] Jó. Mas sobre esta grande miséria se levantava já a aurora de grandíssima esperança. Sei que meu Redentor vive, e que serei de novo revestido de minha carne e nela verei a meu Deus; hei de vê-lo, e meus olhos o contemplarão. Jó.[162]

---

[161] Veja Jó 3,3.11-13: "*Pereat dies in qua natus sum et nox in qua dictum est: Conceptus est homo. [...] Quare non in vulva mortuus sum, egressus ex utero non statim perii? Quare exceptus genibus? cur lactatus uberibus? Nunc enim dormiens silerem, et somno meo requiescerem*" ["Pereça o dia em que eu fui nado, e a noite em que se disse: Foi concebido um homem. [...] Porque não morri eu dentro do ventre de minha mãi, porque não pereci tanto que saí d'elle? Porque fui recebido entre os joelhos? porque me alimentaram com o leite dos peitos? Porque agora dormindo estaria em silencio, e descançaria no meu somno"].

[162] Veja Jó 19,25-27: "*Scio enim quod Redemptor meus vivit, et in novissimo die de terra surrecturus sum: et rursum circumdabor pelle mea, et in carne mea videbo Deum meum. Quem visurus sum ego ipse, et oculi mei conspecturi sunt*" ["Porque eu sei que o meu remidor vive, e que eu no derradeiro dia surgirei da terra: e serei novamente revestido da minha pelle, e na minha propria carne verei a meu Deus. A quem eu mesmo hei de ver, e meus olhos hão de contemplar"].

Sobre o fim do homem

O homem nascido da mulher vive poucos dias, e é opprimido de muitas miserias. Esta é a sorte que nos fez o peccado. Ouvi os gemidos de toda humanidade cuja figura era Job. Pereça o dia em que nasci; e a noite em que se disse: Um homem foi concebido! Porque não morri no seio de minha Mãi ou não pereci quando vim ao mundo? Por que me tere ella em seus braços e me creou a seus peitos? Agora dormirei em silencio, e descansarei em meu somno. Job. Mas sobre esta grande miseria se levantará já a aurora de grandissima esperança. Sei que meu Redemptor vive, e que serei de novo revestido de minha carne e nella verei a meu Deus; hei de vê-lo, e meus olhos o contemplarão. Job.

164

Desde logo tudo muda: aquellas dores, antes sem consollação alguma, unidas as do Redemptor, não são mais que uma expiação necessaria, uma prova da Justiça e de misericordia, um germen de eterna alegria. Christo Nosso Redemptor abriu, por sua morte, o Céo ao homem lapso, que, por graça unica, pedia a terra uma se pultura. E nós poderia-mos queixar-nos dos soffrimentos aque Deus reserva a tão grande premio! Murmurariamos quando, pelas tribulações degnasse Jesus Christo de associar--nos aos meritos de seu sacrificio. Feito é, Senhor reconhêço minha cegueira, minha ingratidão, enada mais quero desejar neste mundo que ter parte em vossa Paixão, afim de ser um dia partecepante da vossa gloria.

Desde logo tudo muda: aquelas dores, antes sem consolação alguma, unidas às do Redentor, não são mais que uma expiação necessária, uma prova da Justiça e de misericórdia, um germe de eterna alegria. Cristo Nosso Redemptor abriu, por sua morte, o Céu ao homem lapso, que, por graça única, pedia à terra uma sepultura. E nós poderíamos queixar-nos dos sofrimentos que Deus reserva a tão grande prêmio? Murmuraríamos quando, pelas tribulações se dignasse Jesus Cristo a associar--nos aos méritos de seu sacrifício? Feito é, Senhor, reconheço minha cegueira, minha ingratidão, e nada mais quero desejar neste mundo que ter parte em vossa Paixão, a fim de ser um dia participante da vossa glória.

— 164 —

Desde logo tudo muda: aquellas dores, antes sem consolação alguma, unidas as do Redemptor, não são mais que uma expiação necessaria, uma prova de justiça e de misericordia um germen de eterna alegria. Christo Nosso Redemptor abriu, por sua morte, o Ceo ao homem lapso, que, por graça unica, pedia a terra uma sepultura. E nós poderia-mos queixar-nos dos soffrimentos a que Deus reserva tão grande premio! Murmurariamos quando pelas tribulações dignas se Jesus Christo de associar-nos aos meritos de seu sacrificio. Feito ó Senhor, reconheço minha cegueira, minha ingratidão, e nada mais quero desejar neste mundo que ter parte em vossa Paixão, afim de ter um dia parte esiante de vossa gloria.

165

Como Adam e Eva foram feito por Deus: o que lhes sucedeu no Paraizo até que foram desterrados delle por causa dopeccado

Deus Criou o Céo e a Terra, e todas as mais creaturas, como consta da Sagrada Escritura, e de pois fez o primeiro homem que foi Adam, o qual foi formado fora do Paraiso, no campo Damasceno, pelas mãos de Deus. Equerendo Deus dar-lhe principio, disse atoda Santissima Trindade: Façamos o homem á nossa Imagem e se melhança.E logo tomou daquella terra limoza, que estava na superficie edaquelle embrulhou emfórma de Cruz (Aqui teve principio a Cruz) começou a de leniar aquelle Supremo Autor, ao nosso primeiro Pai, havendo-se então Deus como um Estatuario, quando dá principio a-

Como Adão e Eva Foram Feitos por Deus: O que lhes Sucedeu no Paraíso até que Foram Desterrados Dele por Causa do Pecado

Deus criou o Céu e a Terra, e todas as mais criaturas, como consta da Sagrada Escritura, e depois fez o primeiro homem que foi Adão, o qual foi formado fora do Paraíso, no campo Damasceno, pelas mãos de Deus. E querendo Deus dar-lhe princípio, disse a toda Santíssima Trindade: Façamos o homem à nossa Imagem e semelhança. E logo tomou daquela terra limosa, que estava na superfície e daquele embrulhou[163] em forma de Cruz (aqui teve princípio a Cruz[164]) começou a delinear aquele Supremo Autor ao nosso primeiro Pai, havendo-se então Deus como um Estatuário, quando dá princípio a

---

[163] Gênesis 1-3 e tradições daí derivadas estão na base do capítulo VIII do *Compêndio Narrativo do Peregrino da América*, e é dele que se recolhe grande parte do conteúdo desta prédica. E exatamente aqui se identifica uma confusão: em lugar do incompreensível "daquele embrulhou", no livro de Nuno Marques se lê "daquele embrião" (op. cit., p. 95).

[164] Veja prédica anterior "Sobre a Cruz".

Como Adam e Eva foram feito por Deus: o que lhes succedeu no Paraizo até que foram desterrados delle por causa do peccado.

Deus Criou o Céo e a Terra, e todas as mais creaturas, como consta da Sagrada Escritura, e depois fez o primeiro homem que foi Adam, o qual foi formado fora do Paraiso, no campo Damasceno, pelas mãos de Deus E querendo Deus dar-lhe principio, disse a toda Santissima Trindade: Façamos o homem á nossa Imagem e similhança. E logo tomou daquella terra limoza, que estava na superficie e daquelle embruthou em forma de Cruz (Aqui teve principio a Cruz) começou a debuxar aquelle Supremo Autor ao nosso primeiro Pai havendo-se então Deus como um Estatuario, quando dá principio a uma estatua, com os braços abertos, e depois deoa perfeiçoar e con sumado, ficou uma formozissima creatura. E assim feito Adam, logo Deus ocompôz de quatro humores da composição de quatro elementos, de que necessita acreatura vivinte para se conservar, que foram: Terra, Agua, Ar, e Fogo; dando á Terra amateria de que foi criado; a Agua para a composição da massa o Ar, o refrigerio para respirar, o Fogo para o calor. Con sumado assim finalmente o corpo de Adam, lhe inspirou Deus a alma racional. Viu-se Adam feito homem contão relevantes dotes da natureza, como foram: Sciencia infusa, livre alvidrio, memoria, entindimento, vontade, e outras defferentes graças, de que estava a dornado ecomposto pelas mãos de Deus, e com uma rectidão naturál, que chamão justiça original, comque naturalmente a alma racional obe-

uma estátua, com os braços abertos, e depois de o aperfeiçoar e consumá-lo, ficou uma formosíssima criatura. E assim feito Adão, logo Deus o compôs de quatro humores da composição de quatro elementos, de que necessita a criatura vivente para se conservar, que foram: Terra, Água, Ar e Fogo;[165] dando a Terra a matéria de que foi criado; a Água para a composição da massa; o Ar, o refrigério para respirar, o Fogo para o calor. Consumado assim, finalmente, o corpo de Adão, lhe inspirou Deus a alma racional. Viu-se Adão feito homem com tão relevantes dotes da natureza, como foram: Ciência infusa, livre alvedrio, memória, entendimento, vontade, e outras diferentes graças de que estava adornado e composto pelas mãos de Deus, e com uma retidão natural, que chamam justiça original, com que naturalmente a alma racional obe-

---

[165] O texto obviamente assume o postulado tradicional a respeito dos quatro elementos originadores de tudo quanto existe.

uma estatua, com os braços abertos; depois de
a aperfeiçoar e consumar, ficou uma formozissima creatura. Assim feito Adam, logo
Deus o compôz de quatro humores da composição de quatro elementos, de que necessita a
creatura vivente para se conservar, que foram:
Terra, Agua, Ar, e Fogo; dando á Terra a materia de que foi criado; a Agua para composição da massa; o Ar, o refrigerio para respirar,
o Fogo para o calor. Consumado assim finalmente o corpo de Adam, lhe inspirou Deus
a alma racional. Vio-se Adam feito homem com tão relevantes dotes da natureza,
como foram: Sciencia infusa, livre alvedrio,
memoria, entendimento, Vontade, e outras differentes graças, do que estava a dormir, e composto pelas mãos de Deus, e com uma rectidão
natural, que chamão justiça original, com
que naturalmente a alma racional obe-

167

dece a Deus e senhoria-se aos sentidos emem bros corporaes, e a todos os animaes. Aqui se pôz de Joêlhos Adam, reconhecendo a seu Creador o beneficio da sua creação, e das suas mais graças de que havia-o adornado. Deste acto se segueo Deus lançar-lhe abenção emforma de Cruz, e esta foi a segunda vez que seviu a Cruz fei ta pelas maos de Deus: uma quando formou Adam; e outra quando lhe infundiu a graça. Desta sorte sahio Adam feito das mãos de Deus, a mais bella eperfeita criatura que sevio. Ecomo sahio Jesus Christo das mãos dos homens quando oposerám na Cruz? Tão dolorozamente morto nella por nossa salvação Vêde agora oquanto vaidas obras dos homens, ás obras de Deus. Os homens affeando a mais perfeita bellesa, e nem se hade ver no Mundo

dece a Deus e senhoreia-se aos sentidos e membros corporais, e a todos os animais. Aqui se pôs de Joelhos Adão, reconhecendo a seu Criador o benefício da sua criação, e das suas mais graças de que o havia adornado. Deste ato se seguiu Deus lançar-lhe a bênção em forma de Cruz, e esta foi a segunda vez que se viu a Cruz feita pelas mãos de Deus: uma quando formou Adão; e outra quando lhe infundiu a graça. Desta sorte saiu Adão feito das mãos de Deus, a mais bela e perfeita criatura que se viu. E como saiu Jesus Cristo das mãos dos homens quando o puseram na Cruz? Tão dolorosamente morto nela por nossa salvação. Vede agora o quanto vai das obras dos homens às obras de Deus. Os homens afeando a mais perfeita beleza, e nem se há de ver no Mundo

dice a Deus e senhoria-se dos sentidos e
membros corporaes, e a todos os animaes.
Aqui se póz de joelhos Adam, reconhecendo a seu Creador o beneficio da sua creação, e das mais graças de que havia-o a-
dornado. Deste acto se seguio Deus lançar-lhe a benção em forma de Cruz e esta
foi a segunda vez que se viu a Cruz feita pelas mãos de Deus: uma quando formou a Adam e outra quando lhe infundio
a graça. Desta sorte sahio Adam feito
das mãos de Deus, a mais bella e perfeita
criatura que se vio. E como sahio Jesus
Christo das mãos dos homens quando o pose-
rám na Cruz? Tão dolorosamente morto
nella por nossa salvação. Vede agora o quanto vai das obras dos homens ás obras de
Deus. Os homens affeando a mais perfeita belleza, e nem se ha de ver no Mundo

outro homem com tanta perfeição como e Jesus Christo. E Deus, de uma vil materia como foi limo e barro, fez Adam tão perfeita creatura. Formado assim o homem no Campo Damasceno perto de Hebrom[166] logo o passou o Senhor ao Paraizo de deleites, que éra um horto amenissimo situado na parte do Oriente o mais alto da terra, em cujo meio estava aarvore da vida, da Sciencia do Bem e do Mal, e outras varias arvores fructiferas, hervas eflores cheirosas: e neste meio nascia uma fonte, de que procediam quatro Rios Granges, Nilo, Tigre, e Eufrates; os quaes regavam o mesmo Paraizo, e depois escondendo-se de baixo da terra e tornando a sahir emoutras partes, fertilizavão Todo o Mundo. Estando Adam neste tão delicioso Paraizo, pôz em lingua Hebraica seus proprios nomes a todos os animais que foram trazi-

outro homem com tanta perfeição como é Jesus Cristo. E Deus, de uma vil matéria como foi limo e barro, fez Adão tão perfeita criatura. Formado assim o homem no Campo Damasceno, perto de Hebron, logo o passou o Senhor ao Paraíso de deleites, que era um horto ameníssimo situado na parte do Oriente, o mais alto da terra, em cujo meio estava a árvore da vida, da Ciência do Bem e do Mal, e outras várias árvores frutíferas, ervas e flores cheirosas: e neste meio nascia uma fonte, de que procediam quatro Rios: Ganges, Nilo, Tigre e Eufrates,[167] os quais regavam o mesmo Paraíso, e depois, escondendo-se debaixo da terra e tornando a sair em outras partes, fertilizavam Todo o Mundo. Estando Adão neste tão delicioso Paraíso, pôs em língua Hebraica seus próprios nomes a todos os animais que foram trazi-

---

[166] Textos judeus mostram Adão feito de argila vermelha do Campo Damasceno, perto de Hebron (ao sul de Jerusalém) e da gruta de Macpela, em que, segundo a tradição, os patriarcas estão sepultados (Robert Graves e Rafael Patai, *Los mitos hebreos: el libro del Génesis*. Buenos Aires, Losada, 1969. Disponível em: <http://www.scribd.com/doc/8663931/Los-Mitos-Hebreos-Robert-GravesRafael-Patai>. Acesso em: 16 fev. 2009. Esta tradição aparece no livro de frei Pantaleão de Aveiro, *Itinerario da Terra Santa, e suas particularidades*, Lisboa, Antonio Pedrozo Galram, 1721, no capítulo intitulado "Da cidade Hebron, & do campo Damasceno, aonde dizem foy creado nosso pay Adão, & da sepultura dos Santos Patriarcas": "Quasi hum tiro de arco da sepultura dos santos Patriarcas, para o Poente, nos mostram o campo Damasceno, no qual afirmão que foi criado nosso pay Adam [...]". Disponível em: <http://purl.pt/287/1/P383.html>. Acesso em: 16 fev. 2009.

[167] O texto bíblico nomeia os dois últimos rios. A identificação do Fison e do Geon com o Ganges e o Nilo, respectivamente, deriva de tradição conhecida já de Josefo, historiador judeu do século I de nossa era (*Antigüedades de los judíos* I, I,3, Barcelona, Clie, 1988, t. 1, p. 10).

outro homem com tanta perfeição como e Jesus Christo. E Deus, de uma vil materia como foi limo e barro, fez Adam taõ perfeita creatura. Formado assim o homem no Campo Damasceno perto de Hebrom logo o passou o Senhor ao Paraizo de deleites, que era um horto amenissimo situado na parte do Oriente o mais alto da terra, em cujo meio estava a Arvore da vida, da Sciencia do Bem e do Mal, e outras Varias arvores fructiferas, hervas, e flores cheirosas: e neste meio nascia uma fonte, de qui procediam quatro Rios Granges, Nilo, Tigre, e Eufrates; os quaes regavam o mesmo Paraizo, e depois escondendo-se debaixo da terra e tornando a sahir em outras partes, fertilizaraõ Todo o Mundo. Estando Adam neste taõ delicioso Paraizo, pôz em lingua Hebraica seus proprios nomes a todos os animais que foram trati-

169

dos a sua presença, por mandado de Deus. E depois, para que não es tivese sem companhia, lhe deu Deus um somno, e tirando-lhe uma costella do seu lado, es tando dormindo, della formou uma mulher que foi Eva, e a deu a Adam por companhia em Matrimonio, deitando-lhes a ambos asua abenção e esta foi a terceira Cruz, que fez Deus na creação de Adam e Eva para que crescessem im successão e multipliçação e emchêssem a terra, e governassem a todos, os animaes, e se sus ten tassem a seu gosto e vontade dos fructos e só lhes mandou que se obstivessem de comer da Arvore da Seciencia do bem edo mal: com pena de morrerem se comessem della. Porque não comendo da quella arvore vevirião no Paraizo com toda afelicidade, emperpetuo e continuo contentamento de seus

dos à sua presença, por mandato de Deus. E depois, para que não estivesse sem companhia, lhe deu Deus um sono, e tirando-lhe uma costela do seu lado, estando dormindo, dela formou uma mulher que foi Eva, e a deu a Adão por companhia em Matrimônio, deitando-lhes a ambos a sua bênção, e esta foi a terceira Cruz, que fez Deus na criação de Adão e Eva para que crescessem em sucessão e multiplicação e enchessem a terra, e governassem a todos os animais, e se sustentassem a seu gosto e vontade dos frutos, e só lhes mandou que se abstivessem de comer da Árvore da Ciência do bem e do mal, com pena de morrerem se comessem dela. Porque não comendo daquela árvore viveriam no Paraíso com toda a felicidade, em perpétuo e contínuo contentamento de seus

dos a sua presença, por mandado de Deus.
E depois, para que não estivesse sem companhia, lhe deu Deus um somno, e tirando-
lhe uma costella do seu lado, estando dormindo, della formou uma mulher que
foi Eva, e a deu a Adam por companhia
em Matrimonio, deitando-lhes a ambos a
sua abenção e esta foi a terceira Cruz que
fez Deus na creação de Adam e Eva para
que crescessem em successão e multiplicação
e enchessem a terra, e governassem a todos
os animaes, e se sustentassem a seu gosto
a vontade dos fructos e só lhes mandou
que se obstivessem de comer da Arvore
da Sciencia do bem e do mal: com pena
de morrerem se comessem della. Porque não comendo da quella arvore viri-
rião no Paraizo com toda a felicidade, em
perpetuo e continuo contentamento de seu

170

entendimentos e saude de seus corpos, partes em virtudes e forças da rectidão uriginal, e parte em sustento dos fructos das mais arvores para alimento da vida: e emfim sem morrerem seriam transladados vivos com toda a successão, e mudados aos Céos, onde para sempre em eterna Bemavinturança gozassem de Deus em companhia dos Anjos; Porém Adam constituido em todas estas honras não guardou o preceito de Deus, porque comeu do fruto prohibido que lhe deu Eva, a qual tinha dito o demonio, transformado em serpente, que comendo-o, elles serão como Deus. Comerão finalmente dofruto da arvore vedada, primeiro Eva depois Adam e desta sorte se fizerão a si e a todos os seus de cendentes sujeitos não só aopeccado, que é a morte da alma, mas tambem a varias calamidades do corpo, e á mor-

entendimentos e saúde de seus corpos, partes em virtudes e forças da retidão original, e parte em sustento dos frutos das mais árvores para alimento da vida; e, enfim, sem morrerem seriam transladados vivos com toda a sucessão, e mudados aos Céus, onde para sempre, em eterna Bem-Aventurança, gozassem de Deus em companhia dos Anjos. Porém Adão, constituído em todas estas honras, não guardou o preceito de Deus, porque comeu do fruto proibido que lhe deu Eva, a qual tinha dito o demônio, transformado em serpente, que o comendo, eles serão como Deus. Comeram finalmente do fruto da árvore vedada, primeiro Eva, depois Adão, e desta sorte se fizeram a si e a todos os seus descendentes sujeitos não só ao pecado, que é a morte da alma, mas também a várias calamidades do corpo, e à mor-

— 170 —

entendimentos e saude de seus corpos, partes em virtudes e forças da rectidão original, e parte em sustento dos fructos das mais arvores para alimento da vida: e emfim sem morrerem seriam trasladados vivos com toda a successaõ, e mudados aos Ceos, onde para sempre em eterna Bemaventurança gozassem de Deus em companhia dos Anjos. Porém Adam constituido em todas estas honras naõ guardou o preceito de Deus, porque comeo do fruto prohibido que lhe deu Eva, á qual tinha dito o demonio, transformado em serpente, que comendo-o, elles seriaõ como Deus. Comeraõ finalmente do fructo da arvore vedada, primeiro Eva depois Adam e desta sorte se fizeraõ a si e a todos os seus descendentes sujeitos naõ só ao peccado, que é a morte da alma, mas tambem a varias calamidades do corpo, e á mor-

171

te corporal, e condem nação eterna, epor esta razão se chama este peccado de nossos primeiros Paes, peccado uriginal. Do qual nas ceu, que viciada a rectidão uriginal, sin tin do-se e conhecendo-se a mesma carne rebelde ao espírito, e tendo Adam e Eva pejo de se verem nús, cobrirão-se com folhas de figueira, e ouvindo a vóz do Senhor que passeava ao fresco do ar no Paraizo depois do meio dia, envergonhados temerão ese esconderão da Face do Senhor; Porem chamando-os Deus, vierão á sua Devina prezença (porque a Deus não ha quem se-lhe es con da-se) e lhes deu o Senhor asen-tença, a cada um conforme a pena do seu peccado, ouvindo-os primeiro, e tambem a serpente não ficou sem castigo. Á serpente amaldiçoou, que andaria sempre arras tada e se sus tem taria da ter[168]

te corporal, e condenação eterna, e por esta razão se chama este pecado de nossos primeiros Pais pecado original. Do qual nasceu, que viciada a retidão original, sentindo-se e conhecendo-se a mesma carne rebelde ao espírito, e tendo Adão e Eva pejo de se verem nus, cobriram-se com folhas de figueira, e ouvindo a voz do Senhor que passeava ao fresco do ar no Paraíso depois do meio-dia, envergonhados temeram e se esconderam da Face do Senhor. Porém, chamando-os Deus, vieram à sua Divina presença (porque a Deus não há quem se lhe esconda) e lhes deu o Senhor a sentença, a cada um conforme a pena do seu pecado, ouvindo-os primeiro, e também a serpente não ficou sem castigo. A serpente amaldiçoou,[169] que andaria sempre arrastada e se sustentaria da terra.

---

[168] Ao que parece faltou a última sílaba da palavra "terra", que finaliza a frase.
[169] Obviamente a serpente está aqui na função de objeto direto, e não de sujeito, como a construção da frase sugeriria.

— 171 —

te corporal, e condemnação eterna; e por esta razão se chama este peccado de nossos primeiros Paes, peccado original. Do qual nasceu, que viciada a rectidão original, sentindo-se e conhecendo-se a mesma carne rebelde ao espirito, e tendo Adam e Eva pejo de se verem nús, cobrirão-se com folhas de figueira, e ouvindo a voz do Senhor que passeara ao fresco do ar no Paraizo depois do meio dia, envergonhados temerão e se esconderão da Face do Senhor; Porem chamando-os Deus vierão á sua Divina prezença (porque a Deus não ha quem se lhe esconda-se) e lhes deu o Senhor a sentença, a cada um conforme a pena do seu peccado, ouvindo-os primeiro, e tambem a serpente não ficou sem castigo. A serpente amaldiçoou, que andaria sempre arrastada e se sustentaria da ter-

172

A Eva que teria dores no parto, e es taria sujeita ao varião, e a Adam que comeria o pão com o suor de seu rosto – cultivando a terra. E finalmente a hora nona, isto é ás trez depois do meio dia, vis tindo Deus Adam e Eva com tunicas de pelle de animais, os desterrou da quelle lugar eos levou aJudéa, junto ao Hebrom, serrando-lhes as portas do Paraizo e pondo diante delle um Cherubim com uma espada de fogo, para guardar o caminho da arvore da vida. Agora é preciso advertir[170] que antes de ter dado Deus o estado de Matrimonio a Adam não lhe disse que criasse e multiplicasse, por estar sendo solteiro: E só depois que o constituio no estado de cazado lhe concedeu a propagação. Assim pois convecei-vos que foi o casamento de Adam um dos mais preciosos que houve,[171] nem pode ha-

A Eva, que teria dores no parto, e estaria sujeita ao varão, e a Adão que comeria o pão com o suor de seu rosto – cultivando a terra. E finalmente à hora nona, isto é, às três depois do meio-dia, vestindo Deus Adão e Eva com túnicas de pele de animais, os desterrou daquele lugar e os levou à Judeia, junto ao Hebron, serrando-lhes as portas do Paraíso e pondo diante dele um Querubim com uma espada de fogo, para guardar o caminho da árvore da vida. Agora é preciso advertir que antes de ter dado Deus o estado de Matrimônio a Adão não lhe disse que criasse e multiplicasse, por estar sendo solteiro: E só depois que o constituiu no estado de casado lhe concedeu a propagação. Assim pois convencei-vos que foi o casamento de Adão um dos mais preciosos que houve, nem pode ha-

---

[170] Entre as letras "d" e "v", encontra-se um sinal, que tanto poderia ser um "i" inserido depois que a palavra já estava escrita, ou, o que parece mais provável por conta do formato, um apóstrofo.
[171] Esta vírgula parece ter sido acrescentada após a escrita da linha em que se encontra.

— 172 —

a Eva que teria dores no parto, e estaria sujeita ao Varão, e a Adam que comeria o pão com o suor do seu rosto — cultivando a terra. E finalmente a hora nona, isto é ás trez de hoje do meio dia, vestindo Deus Adam e Eva com tunicas de pelle de animais, os desterrou daquelle lugar e os levou a Judéa, junto ao Hebron, serrando-lhes as portas do Paraizo e pondo diante delle um Cherubim com uma espada de fogo, para guardar o caminho da arvore da vida. Agora é preciso advertir que antes de ter dado Deus o estado de Matrimonio a Adam não lhe disse que criasse e multiplicasse, por estar sendo solteiro: E só depois que o constituio no estado de cazado lhe concedeu a propagação. Assim pois convencemos que foi o casamento de Adam um dos mais preciosos que houve, nem pode ha-

173

ver, pois que teve todos os requezitos de verda* dispozorio. Nelles se contrahirão as vontades entre os dous contrahentes, por não haver mais que desejar, nem appetecer: houve assistencia do mais Perfeito Parocho, que foi Deus, Padre Eterno: Teve tes temunhas que forão osCortezãos dos Céos, Espiritos Angelicos. Fizerão-se fin almente todas as outras cerimonias, que se observão hoje na Lei da Graça, porque tambem tiveram as bençãos de que aIgreja uza com os dis posorios. E deste modo foi solemnimente cazado e recebido Adam com Eva, como a essa imitação manda a Santa Madre Igreja de Roma, e dispõe o Sagrado Concilio Tre dentino.

*deiro

ver, pois que teve todos os requisitos de verdadeiro desposório. Neles se contraíram as vontades entre os dois contraentes, por não haver mais que desejar, nem apetecer: houve assistência do mais Perfeito Pároco, que foi Deus, Padre Eterno: teve testemunhas que foram os Cortesãos dos Céus, Espíritos Angélicos. Fizeram-se finalmente todas as outras cerimônias, que se observam hoje na Lei da Graça, porque também tiveram as bênçãos de que a Igreja usa com os desposórios. E deste modo foi solenemente casado e recebido Adão com Eva, como a essa imitação manda a Santa Madre Igreja de Roma, e dispõe o Sagrado Concílio Tridentino.

ver, pois que teve todos os requezitos de verdadê
dispozorio. Nelles se contrahirão as Vontades
entre os dous contrahentes, por não haver mais que desejar, nem appetecer: houve assistencia do mais Perfeito Parocho, que foi Deus,
Padre Eterno: Serve tes temunhas que forão os
Cortezaõs dos Ceós, Espiritos Angelicos. Fizerão-se finalmente todas as outras ceremoni-
as, que se observão hoje na Lei da Graça, porque tambem tiverão as benções de que a
Igreja uza com os disposorios. E deste modo
foi solemnimente cazado e recebido A-
dam com Eva, como a esta imitação manda
a Santa Madre Igreja de Roma, e dispoê
o Sagrado Concilio Tridentino.

O deiro

174

O Profeta Jonas

–Depois da morte de Elizeu, escolheu Deus a Jonas, e lhe disse: Vai á Cidade de Ninive, eprega penitencia áquelle povo, por que o clamor de seus crimes tem chegado até aosmeus ouvidos. Era Ninive Capital do Imperio de Assyria, e tão mergulhado na impiedade e ido latria, que Jonas antes queria vêl-a arrasada, e por isso, para esquivar-se ao mandado do Senhor, tomou um Navio que dava a vela para aEspanha. Mas Deus mandou tão desabrido temporal, que os marinheiros es pavoridos, poserão-se a pedir socorro ao Céo, pois o Navio hia já sem governo equase comido das ondas. Entre tanto, dormia Jonas a somno solto no porão do Navio. Chegou então a elle o pilôto e accordan-

O Profeta Jonas

Depois da morte de Eliseu,[172] escolheu Deus a Jonas, e lhe disse: Vai à Cidade de Nínive, e prega penitência àquele povo, porque o clamor de seus crimes tem chegado até os meus ouvidos. Era Nínive Capital do Império de Assíria, e tão mergulhada na impiedade e idolatria, que Jonas antes queria vê-la arrasada, e por isso, para esquivar-se ao mandado do Senhor, tomou um Navio que dava a vela para a Espanha. Mas Deus mandou tão desabrido temporal que os marinheiros, espavoridos, puseram-se a pedir socorro ao Céu, pois o Navio ia já sem governo e quase comido das ondas. Entretanto, dormia Jonas a sono solto no porão do Navio. Chegou então a ele o piloto e acordan-

---

[172] A prédica fundamentalmente resume o conteúdo que se lê no livro bíblico que leva o nome do profeta Jonas, fazendo também uma alusão ao vínculo entre os destinos de Jonas e Jesus sugerido nos evangelhos. Curioso, contudo, é o dado cronológico proposto, inexistente no livro, pelo qual Jonas é chamado a profetizar após a morte de Eliseu. Este dado decorre do que se lê em 4 Reis: em seu capítulo 13 descreve-se a morte de Eliseu e no capítulo seguinte (v. 25) menciona-se um profeta Jonas, com o qual o Jonas do livro de mesmo nome acaba por ser identificado.

-174-

O Profeta Jonas-

Depois da morte de Elizeu, escolheu Deus a Jonas, e lhe disse: Vai á Cidade de Ninive, e prega penitencia áquelle povo, por que o clamor de seus crimes tem chegado até aos meus ouvidos. Era Ninive Capital do Imperio de Assyria, e tão mergulhada na impiedade e idolatria, que Jonas antes que ria vêl-a arrasada, e por isso para es quivar-se ao mandado do Senhor, tomou um Navio que dava a vela para Es panha. Mas Deus mandou tão desabri do temporal, que os marinheiros espavo ridos, poserão-se a pedir soccorro ao Ceo, pois o Navio hia já sem governo e qua se comido das ondas. Entre tanto, dormia Jonas a somno solto no porão do Navio. Chegou então a elle o piloto e accordan

175

do-lhe, disse: como podes tu dormir emtamanho perigo? Levanta-te e invoca aoteu Deus, talvez se lembre de nós, e nos livre da morte. Disserão de pois os marinheiros uns aos outros: Deitemos sortes a ver quem é causa desta des graça. A sorte cahio em Yonas, o qual comfessou a falta que fisera de fugir da Face do Senhor para não ir aonde elle mandára, e com clui dizendo: Lançai-me ao mar, porque por minha causa é que soffreis esta grande tempestade. Os marinheiros pegarão em Jonas e atirarão com elle ao mar e logo o mar ficou em bonança. No mesmo ins tante mandou Deus vir um grande Peixe que engoliu a Jonas, e no ventre deste Peixe, passou o Profetas trez dias etrez noites, o rando e en commendando-se ao Senhor. Sua oração foi ouvida, e no terceiro dia o pei-

do-o, disse: como podes tu dormir em tamanho perigo? Levanta-te e invoca ao teu Deus, talvez se lembre de nós, e nos livre da morte. Disseram depois os marinheiros uns aos outros: Deitemos sortes a ver quem é causa desta desgraça. A sorte caiu em Jonas, o qual confessou a falta que fizera, de fugir da Face do Senhor para não ir aonde ele mandara, e conclui dizendo: Lançai-me ao mar, porque por minha causa é que sofreis esta grande tempestade. Os marinheiros pegaram em Jonas e o atiraram ao mar e logo o mar ficou em bonança. No mesmo instante mandou Deus vir um grande Peixe que engoliu a Jonas, e no ventre deste Peixe, passou o Profeta três dias e três noites, orando e encomendando-se ao Senhor. Sua oração foi ouvida, e no terceiro dia o pei-

do Navio, disse: como podes tu dormir em tamanho perigo? Levanta-te e invoca ao teu Deus, talvez se lembre de nós, e nos livre da morte. Disserão depois os marinheiros uns aos outros: Deitemos sortes a ver quem é causa desta desgraça. A sorte cahio em Jonas, o qual confessou a falta que fizera de fugir da Face do Senhor para não ir aonde elle mandára, e conclui dizendo: Lançai-me ao mar, porque por minha causa é que soffreis esta grande tempestade. Os marinheiros pegarão em Jonas e atirarão com elle ao mar e logo o mar ficou em bonança. No mesmo instante mandou Deus vir um grande Peixe que engolio a Jonas, e no ventre deste Peixe passou o Profeta três dias e três noites, orando e encommendando-se ao Senhor. Sua oração foi ouvida, e no terceiro dia o peixe foi ovomitar são e salvo na praia do mar Jonas e uma figura de Nosso Senhor Jesus Christo. Quando lançaram o Profeta ao mar, com sacrificio de um só, ficarão todos os outros preservados da morte e o mar empolado a mainou oseu furor. Assim se aplacou a Jus tiça imfinita de Deus com a morte de Jesus, oqual depois de estar trez dias na sepultura, ao ter ceiro dia re surgio dos mortos para cumprir a gloriosa missão de Salvador dos homens. Jonas foi então para Ninyve e entrou a clamar: Daqui aquarenta dias se há de arrazar a Ninyve. O povo se cobriu de cinza. evistio-se de cilicio e jejuou. Até o Rei fez penitencia, cobrio a cabeça com cinza e mandou lançar este bando por toda a Cidade: Deixe cada um de seus máus caminhos,

xe foi vomitá-lo são e salvo na praia do mar. Jonas é uma figura de Nosso Senhor Jesus Cristo. Quando lançaram o Profeta ao mar, com sacrifício de um só, ficaram todos os outros preservados da morte e o mar empolado amainou o seu furor. Assim se aplacou a Justiça infinita de Deus com a morte de Jesus, o qual, depois de estar três dias na sepultura, ao terceiro dia ressurgiu dos mortos para cumprir a gloriosa missão de Salvador dos homens.[173] Jonas foi então para Nínive[174] e entrou a clamar: Daqui a quarenta dias se há de arrasar a Nínive. O povo se cobriu de cinza, e vestiu-se de cilício e jejuou. Até o Rei fez penitência, cobriu a cabeça com cinza e mandou lançar este brado por toda a Cidade: Deixe cada um de seus maus caminhos,

---

[173] Veja Mateus 12,40: "*Sicut enim fuit Ionas in ventre ceti tribus diebus, et tribus noctibus; sic erit Filius hominis in corde terrae tribus diebus, et tribus noctibus*" ["Porque assim como Jonas esteve no vente da balêa tres dias e tres noites; assim estará o Filho do Homem tres dias, e tres noites no coração da terra"].

[174] Tanto nesta referência como na próxima, parece ter havido algum titubeio do escriba em registrar "Ninyve" ou "Ninive", como apareceu logo ao início da prédica.

se foi arometar são e salvo na praia
do mar Jonas e uma figura de Nosso
Senhor Jesus Christo. Quando lançaram
o Profeta ao mar, com sacrificio de um só,
ficarão todos os outros preservados da morte e o mar empolado amainou o seu furor. Assim se aplacou a Justiça infinita de Deus com a morte de Jesus o qual
depois de estar trez dias na sepultura, ao
terceiro dia resurgio dos mortos para cumprir a gloriosa missão de Salvador dos
homens. Jonas foi então para Ninive
e entrou a clamar. D'aqui a quarenta
dias se há de arrazar Ninive. O povo
se cobrio de cinza. e vistio-se de cilicio
e jejuou. Até o Rei fez penitencia,
cobrio a cabeça com cinza e mandou
lançar este bando por toda a Cidade:
Deixe cada um seus máus caminhos,

177

quem sabe se o Senhor não nos perdoará ainda, e não nos salvará da morte. Come-ffeito, quando Deus viu apenetencia da quelle povo, e ouviu suas orações teve dó delle e removeu o castigo tremendo, de que o havia ameaçado. Jonas zeloso como era pela honra do Senhor, sentiu que a Cidade não fosse destruida. Então fez Deus nas cer hervas no muro da Cidade onde o Profeta cos tumava vir todos os dias descançar. EJonas muito gostou dafresca sombra que lhe dava a quella folhagem, mas no outro dia demanhã permittiu Deus, que um verme roêsse a arbusto, e elle ficou secco, de modo que os raios ardentes do sol davão em cheio na cabeça de Jonas. Sentiu o Profeta tão grande des con forto, des maio e afflição que chegou a desejar a morte. Mas Deus

quem sabe se o Senhor não nos perdoará ainda, e não nos salvará da morte. Com efeito, quando Deus viu a penitência daquele povo, e ouviu suas orações, teve dó dele e removeu o castigo tremendo de que o havia ameaçado. Jonas, zeloso como era pela honra do Senhor, sentiu que a Cidade não fosse destruída. Então fez Deus nascer ervas no muro da Cidade onde o Profeta costumava vir todos os dias descansar. E Jonas muito gostou da fresca sombra que lhe dava aquela folhagem, mas no outro dia de manhã permitiu Deus que um verme roesse o arbusto, e ele ficou seco, de modo que os raios ardentes do sol davam em cheio na cabeça de Jonas. Sentiu o Profeta tão grande desconforto, desmaio e aflição que chegou a desejar a morte. Mas Deus

— 177 —

quem sabe si o Senhor naõ nos perdoará ainda, e naõ nos salvará da morte. Com effeito, quando Deus viu a penitencia daquelle povo, e ouviu suas orações teve dó delle e removeu o castigo tremendo, de que o havia ameaçado. Jonas zeloso como era pela honra do Senhor, sentiu que a Cidade naõ fosse destruida. Entaõ fez Deus nascer hervas no muro da Cidade onde o Profeta costumava vir todos os dias descançar. E Jonas muito gostou da fresca sombra que lhe dara aquella folhagem; mas no outro dia de manhã permittiu Deus que um verme roêsse o arbusto, e elle ficou secco, de modo que os raios ardentes do sol daraõ em cheio na cabeça de Jonas. Sentiu o Profeta taõ grande desconforto, desmaio e afflicaõ, que chegou a desejar a morte. Mas Deus

178

lhe disse: Oh! Jonas? tanto te affliges por uma planta mis quinha que tu não fizeste crescer, enão queres que eu media[175] da grande Cidade de Nineve, aonde ha mais de 120,000 homens?

lhe disse: Oh! Jonas? Tanto te afliges por uma planta mesquinha que tu não fizeste crescer, e não queres que eu me doa da grande Cidade de Nínive, onde há mais de 120 mil homens?

---

[175] É o que se consegue ler, embora não pareça fazer sentido. Acima das duas vogais finais há um sinal, parecendo um acento circunflexo. Teriamos, então, "medôa"?

-178-

lhe disse: Oh! Jonas? tanto te affliges por uma planta mesquinha que tu não fizeste crescer, e naõ queres que eu me dôa da grande Cidade de Ninive, aonde ha mais de 120,000 homens?

179

Paciencia de Job.

Em tempo dos Patriarchas, vivia na Arabia um homem de nome Job, o qual tinha setes filhos e trez filhas, epossuia 7,000 ovelhas, 3,000 Camêlos, 500 juntas de bois, 500 jumentos, e muito servos. Gosava Job degrande conceito em todo o Oriente, em razão de suas posses e riquezas, e ainda mais por sua piedade. Um dia desse Deus asatanaz: Tens tú considerando em meu servo Job, homem singelo, recto e temente aDeus como não há outro sobre a terra?
Respondeu satanaz Job, acha proveito em vós servir, tendes abençoado o trabalho de suas mãos, e augmentado seus cabedaes; mas expirementai-o tirando-lhe o que possue, e vereis como elle Vos amaldiçôa e abandona. Disse o Senhor: Pois seja:

Paciência de Jó

Em tempo dos Patriarcas, vivia na Arábia um homem de nome Jó, o qual tinha sete filhos e três filhas, e possuía 7 mil ovelhas, 3 mil Camelos, 500 juntas de bois, 500 jumentos, e muitos servos. Gozava Jó de grande conceito em todo o Oriente, em razão de suas posses e riquezas, e ainda mais por sua piedade. Um dia disse Deus a satanás: Tens tu considerado em meu servo Jó, homem singelo, reto e temente a Deus como não há outro sobre a terra?
Respondeu satanás: Jó acha proveito em vos servir, tendes abençoado o trabalho de suas mãos, e aumentado seus cabedais; mas experimentai-o tirando-lhe o que possui, e vereis como ele Vos amaldiçoa e abandona. Disse o Senhor: Pois seja:

Paciencia de Job.

Em tempo dos Patriarchas, vivia na Arabia um homem de nome Job, o qual tinha sete filhos e trez filhas, e possuia 7,000 ovelhas, 3000 Camélos, 500 juntas de bois, 500 jumentos, e muitos servos. Gosava Job de grande conceito em todo o Oriente, em rasão de suas posses e riquezas, e ainda mais por sua piedade. Um dia disse Deus a satanaz: Tens tú considerado em meu servo Job, homem singelo, recto e temente a Deus como não há outro sobre a terra? Respondeu satanaz Job, acha proveito em vós servir; tendes abençoado o trabalho de suas mãos e augmentado seus cabedais; mas experimentai-o tirando-lhe o que possue, e vereis como elle vos amaldiçoa e abandona. Disse o Senhor: Pois seja:

180

Tudo quanto elle possue está a teu dispôr, somente não toques na sua pessôa.. Um dia que os filhos* de Job tinham hido banquetear-se juntos, á caza do irmão mais velho festejando-lhe os annos, chegou um portador que disse a Job: Os Sabeus vieram de arrancada e roubarão todos os teus bois e jumentos, e matarão os pastores; só es capei eu para te vir dar novas deste dezastre. Ainda bem não acabara este de fallar, quando chegava outro portador disendo: Cahio fogo do Céo sobre teus Carneiros, e pastores, e tudo foi abrasado e con sumido; só eu escapei do raio para vir dar-te tão triste noticia. Ainda estava este fallando, quando chegava terceiro portador disendo: Os Caldeus deram de subito sobre teus Camelos eos levaram comsigo; salvei-me eu só para te dizer isto. Eisaque se aprezentou
   * i filhas

Tudo quanto ele possui está a teu dispor, somente não toques na sua pessoa. Um dia que os filhos e filhas de Jó tinham ido banquetear-se juntos à casa do irmão mais velho festejando-lhe os anos, chegou um portador que disse a Jó: Os Sabeus vieram de arrancada e roubaram todos os teus bois e jumentos, e mataram os pastores; só escapei eu para te vir dar novas deste desastre. Ainda bem não acabara este de falar, quando chegava outro portador dizendo: Caiu fogo do Céu sobre teus Carneiros, e pastores, e tudo foi abrasado e consumido; só eu escapei do raio para vir dar-te tão triste notícia. Ainda estava este falando, quando chegava terceiro portador dizendo: Os Caldeus deram de súbito sobre teus Camelos e os levaram consigo; salvei-me eu só para te dizer isto. Eis que se apresentou

— 180 —

Tudo quanto elle possue está a teu dispôr, somente não toques na tua pessôa... Um dia que os filhos de Job tinham hido banquetear-se juntos, á caza do irmão mais velho festejando-lhe os annos, chegou um portador que disse a Job: Os Sabeus vieram de arrancada e roubarão todos os teus bois e jumentos, e matarão os pastores; só escapei eu para te vir dar novas deste dezastre. Ainda bem não acabara este de fallar, quando chegara outro portador dizendo: Cahio fogo do Céo sobre teus Carneiros, e pastores, e tudo foi abrasado e consumido; só eu escapei do Raio para vir dar-te tão triste noticia. Ainda estava este fallando, quando chegara o terceiro portador dizendo: Os Caldeus deram de subito sobre teus Camelos e os levaram comsigo; salvei-me eu só para te dizer isto. Eisaqui se aprezentão
    os filhos.

181

quarto portador, que disse: Um pé devento abalou acaza de teu filho mais velho, acaza cahio eficarão todos os teus filhos se pultados debaixo das ruinas; só escapei eu para t'o contar. Job levantou-se, rasgou as vestiduras, mas logo se tranquillizou, prostrou-se no chão eadorou a Deus, dizendo: O Senhor m'o deu, o Senhor m'o tirou, seja bem dicto o nome do Senhor! Alegrou-se Deus com afelicidade deseu servo. Mas, satanaz tornou a fallar assim ao Senhor. De bom grado abri mão ohomem de todos os seus haveres, com tanto que fique sã e salva a vida. Toca-lhe no corpo a Job, e verás logo como te amaldiçoará e te abandonará. Respondeu o Senhor. Ora bem; eu o ponho em tuas mãos, com tanto que lhe poupes a vida. Feriu satanaz a Job com hedionda lepra, desde as plantas dos péz até acabeça.

quarto portador, que disse: Um pé de vento abalou a casa de teu filho mais velho, a casa caiu e ficaram todos os teus filhos sepultados debaixo das ruínas; só escapei eu para te contar. Jó levantou-se, rasgou as vestiduras, mas logo se tranquilizou, prostrou-se no chão e adorou a Deus, dizendo: O Senhor mo deu, o Senhor mo tirou, seja bendito o nome do Senhor! Alegrou-se Deus com a felicidade de seu servo. Mas Satanás tornou a falar assim ao Senhor. De bom grado abre mão o homem de todos os seus haveres, contanto que fique sã e salva a vida. Toca-lhe no corpo a Jó, e verás logo como te amaldiçoará e te abandonará. Respondeu o Senhor. Ora bem; eu o ponho em tuas mãos, contanto que lhe poupes a vida. Feriu Satanás a Jó com hedionda lepra, desde as plantas dos pés até a cabeça.

quarto portador, que disse: Um pé de vento abalou a caza de teu filho mais velho, a caza cahio e ficarão todos os teus filhos sepultados debaixo das ruinas; só escapei eu para t'o contar. Job levantou-se, rasgou as vestiduras, mas logo se tranquillisou, prostrou-se no chão e adorou a Deus, dizendo: O Senhor m'o deu, o Senhor m'o tirou, seja bem dicto o nome do Senhor! Alegrou-se Deus com a felicidade de seu servo. Mas satanaz tornou a fallar assim ao Senhor. De bom grado abri mão o homem de todos os seus haveres, com tanto que fique são e salva a vida. Toca-lhe no corpo a Job, e verás logo como te amaldicoará e te abandonará. Respondeu o Senhor: Ora bem; eu o ponho em tuas mãos, com tanto que lhe poupes a vida. Ferio satanaz a Job com hedionda lepra, desde as plantas dos péz até a cabeça.

182

Job ao des amparo as sentado n'um monturo, raspava com cacos de barro o puz que lheescorria das chagas. Sua propria mulher zombava delle, mas elle dizia: Das mãos de Deus recebemos o bens, porque não recebemos tambem os males? E a minima palavra de murmuração não sahia dos labios de Job. Trez amigos sabendo de sua des ventura vieram vizital-o. Ao vel-o, romperam emgrandes clamores e dis ataram a chorar. Ninhum lhe disse palavra, pois viam que a dor delle éra extrema. Quando Job, emfim abriu aboca para gemer sobre o excesso de seu padecer, os amigos lançaram emrosto alguma iniquidade por elle committida, pois estavam falsamente capacitados que Deus só ao impio envia provações einfortunios. Protestou Job sua innocencia e exclamou

Jó ao desamparo, assentado num monturo, raspava com cacos de barro o pus que lhe escorria das chagas. Sua própria mulher zombava dele, mas ele dizia: Das mãos de Deus recebemos os bens, por que não recebemos também os males? E a mínima palavra de murmuração não saía dos lábios de Jó. Três amigos sabendo de sua desventura vieram visitá-lo. Ao vê-lo, romperam em grandes clamores e desataram a chorar. Nenhum lhe disse palavra, pois viam que a dor dele era extrema.[176] Quando Jó enfim abriu a boca para gemer sobre o excesso de seu padecer, os amigos lançaram em rosto alguma iniquidade por ele cometida, pois estavam falsamente capacitados que Deus só ao ímpio envia provações e infortúnios. Protestou Jó sua inocência e exclamou

---

[176] Até aqui a narração resume o que se lê em Jó 1-2.

— 182 —

Job ao desamparo assentado n'um monturo, raspava com cacos de barro o pus que lhe escorria das chagas. Sua propria mulher zombava delle, mas elle dizia: Das mãos de Deus recebemos o bem, porque não recebemos tambem os males? E a minima palavra de murmuração não sahio dos labios de Job. Trez amigos sabendo da sua desventura vieram vizital-o. Ao vel-o, romperam em grandes clamores e desataram a chorar. Ninhum lhe disse palavra pois viam que a dor delle éra extrema. Quando Job, emfim abriu a bocca para gemer sobre o excesso do seu padecer, os amigos lançaram em rosto alguma iniquidade por elle commettida, pois estavam falsamente capacitados que Deus só ao impio envia provações e infortunios. Protestou Job sua innocencia e exclamou comcalma. Tomo ao Céo portestimunha em como ainda que Deus metirara avida, eu nelle confaria. Sei que o meu Redemptor vive, que resucitarei no- ultimo dia, evirei a Deus em minha carne. Não foi baldada a sua confiança. Dentro empouco Deus o livrou daquella doença, e lhe restituiu odobro dos bens que antes possuía. Teve outros sete filhos e trez filhas, e viu os filhos de seus filhos até á quarta geração. Viveu Job ainda 140 annos, sempre contente e feliz. Job é uma figura do Divino pasciente Jesus Christo, o qual por nossos peccados foi coberto de chagas desde aplanta dos pés a té o alto da cabeça, eaté dos amigos foi despresado como homem carregado de iniquidades. Vemos pela historia de Job, até onde chega as veses, por missão de Deus, o poder do demonio, e d'ahi

com calma. Tomo ao Céu por testemunha em como ainda que Deus me tirara a vida, eu nele confiaria. Sei que o meu Redentor vive, que ressuscitarei no último dia, e verei a Deus em minha carne.[177] Não foi baldada a sua confiança. Dentro em pouco Deus o livrou daquela doença, e lhe restituiu o dobro dos bens que antes possuía. Teve outros sete filhos e três filhas, e viu os filhos de seus filhos até a quarta geração. Viveu Jó ainda 140 anos, sempre contente e feliz.[178] Jó é uma figura do Divino paciente Jesus Cristo, o qual por nossos pecados foi coberto de chagas desde a planta dos pés até o alto da cabeça, e até dos amigos foi desprezado como homem carregado de iniquidades. Vemos pela história de Jó até onde chega às vezes, por missão de Deus, o poder do demônio, e daí

---

[177] Veja Jó 19,25-27: "*Scio enim quod Redemptor meus vivit, et in novissimo die de terra surrecturus sum: et rursum circumdabor pelle mea, et in carne mea videbo Deum meum. Quem visurus sum ego ipse, et oculi mei conspecturi sunt*" ["Porque eu sei que o meu remidor vive, e que eu no derradeiro dia surgirei da terra: e serei novamente revestido da minha pelle, e na minha propria carne verei a meu Deus. A quem eu mesmo hei de ver, e meus olhos hão de contemplar"].

[178] O desfecho da história de Jó é assumido de Jó 42,10-16.

— 183 —

com calma. Tomo ao Céo por testimunha em como ainda que Deus me tirara a vida, eu nelle confiaria. Sei que o meu Redemptor vive, que resuscitarei no ultimo dia, e verei a Deus em minha carne. Não foi baldada a sua confiança. Dentro em pouco Deus o livrou daquella doença, e lhe restituiu o dobro dos bens que antes possuia. Teve outros sete filhos e tres filhas, e viu os filhos de seus filhos até á quarta geração. Viveu Job ainda 140 annos, sempre contente e feliz. Job é uma figura do Divino paciente Jesus Christo, o qual por nossos peccados foi coberto de chagas desde a planta dos pés até o alto da cabeça, e até dos amigos foi desprezado como homem carregado de iniquidades. Vimos pela historia de Job, até onde chega as vezes, por permissão de Deus, o poder do demonio, e d'ahi

184

podemos colher a importancia das bençãos e consagrações usadas pela Igreja.

podemos colher a importância das bênçãos e consagrações usadas pela Igreja.

— 184 —.

podemos colher a importancia das bençaõs e consagraçaõs usadas pela Igreja.

185

Vocação de Moysés.

Quando Moysés chegou a idade dequarenta annos, e viu amiseria de seus irmãos os Israeli tas antes quiz padecer comelles a afflição, que gosar de todos os thesouros e a legrias do Egypto. E porque elle tomou inergicamente a defeza de seus irmãos opprimidos, por isso quiz Pharáo mandal-o matar. Moyses, porem fugio pára o Paiz de Madiam, onde por quarenta annos pastoreou gado do Sacerdote Gethro. Um dia que elle viera com orebanho á montanha de Herob appareceu-lhe Deus nachamma que sahia do meio de uma çarçã, aqual ardia, mas não se consumia. Moysés estupefatco disse: vou a visinhar-me para observar esta grande maravilha; mas como elle se movesse para ir vêr,

Vocação de Moisés[179]

Quando Moisés chegou à idade de quarenta anos, e viu a miséria de seus irmãos, os Israelitas antes quis padecer com eles a aflição que gozar de todos os tesouros e alegrias do Egito. E porque ele tomou energicamente a defesa de seus irmãos oprimidos, por isso quis Faraó mandá-lo matar. Moisés, porém, fugiu para o País de Madiã, onde por quarenta anos pastoreou gado do Sacerdote Jetro. Um dia que ele viera com o rebanho à montanha de Horeb apareceu-lhe Deus na chama que saía do meio de uma sarça, a qual ardia, mas não se consumia. Moisés estupefato disse: vou avizinhar-me para observar esta grande maravilha; mas, como ele se movesse para ir ver,

---

[179] Resume-se aqui o teor de Êxodo 3-4.

Vocação de Moysés.

Quando Moysés chegou a idade de quarenta annos, e viu a miseria de seus irmãos os Israelitas antes quiz padecer com elles a afflicção, que gosar de todos os thesouros e alegrias do Egipto. E porque elle tomou energicamente a defeza de seus irmãos opprimidos, por isso quiz Pharaó mandal-o matar. Moysés, porem, fugio para o Paiz de Madiam, onde por quarenta annos pastoreou gado do Sacerdote Jethro. Um dia que elle fora com o rebanho á montanha de Horeb appareceu-lhe Deus na chamma que sahia do meio de uma carça, a qual ardia, mas não se consumia. Moysés estupefacto disse: Vou avisinhar-me para observar esta grande maravilha; mas como elle se movesse para ir vêr,

186

Deus de teve-o, dizendo: Não ti aproximes Moysés! Tira primeiro as tuas sandalhas, pois aterra que pízas e Santa. Eu sou o Deus de teus pais. Moysés, cheio de reverencias, cobre o rosto com as mãos, eo Senhor continua assim: Eu vi á afflição de meu povo que es tá no Egypto, equero livral-o. Vou mandar-te á Pharaó, para que faças sahir do Egypto os filhos de Israel, e os leve a uma terra boa espassoza, onde correLeite e Mel. Respondeu: Moysés: Quem sou eu para ir a Pharaó efazer sahir os Israeti tas? Elles não me crerão quando eu disser: o Senhor me apareceu. Eu serei com tigo, disse Deus. – Mas, Senhor, replicou Moysés, eu eloquencia não tenho, e sou tartamudo. E o Senhor respondeu: Pois fallará por ti o teu irmão Arão, que e eloquente, e na sua bocca poráz

Deus deteve-o, dizendo: Não te aproximes, Moisés! Tira primeiro as tuas sandálias, pois a terra que pisas é Santa. Eu sou o Deus de teus pais. Moisés, cheio de reverências, cobre o rosto com as mãos, e o Senhor continua assim: Eu vi a aflição de meu povo, que está no Egito, e quero livrá-lo. Vou mandar-te a Faraó, para que faças sair do Egito os filhos de Israel, e os leve a uma terra boa e espaçosa, onde corre Leite e Mel. Respondeu Moisés: Quem sou eu para ir a Faraó e fazer sair os Israelitas? Eles não me crerão quando eu disser: o Senhor me apareceu. Eu serei contigo, disse Deus. Mas Senhor, replicou Moisés, eu eloquência não tenho, e sou tartamudo. E o Senhor respondeu: Pois falará por ti o teu irmão Arão, que é eloquente, e na sua boca porás

— 186 —

Deus de teu......, dizendo: — Não te aproximes, Moysés! Tira primeiro as tuas sandalhas, pois a terra que pizas é Santa. Eu sou o Deus de teus pais. Moysés, cheio de reverencias, cobre o rosto com as mãos, e o Senhor continua assim: Eu vi á afflicção do meu povo que está no Egypto, e quero livral-o. Vou mandar-te a Pharaó, para que faças sahir do Egypto os filhos de Israel, e os leve a uma terra boa espaçosa, onde corre Leite e Mel. Respondeu: Moysés: Quem sou eu para ir a Pharaó e fazer sahir os Israelitas? Elles não me crerão quando eu disser: o Senhor me appareceu. Eu serei comtigo, disse Deus. — Mas, Senhor, replicou Moysés, eu eloquencia não tenho, e sou tartamudo! E o Senhor respondeu: Pois fallará por ti o teu irmão Arão, que é eloquente, e na tua bocca porás

187

as palavras que ti disser: Voltou Moysés para o Egypto, e Arão veio encontral-o, e Moysés lhe referiu todas as palavras do Senhor, depois do que juntaram o povo de Israel, e Arão repetiu ao povo todas as palavras que o Senhor dissera a Moysés. Este fez melagre diante do povo, o qual acreditou ea dorou a Deus.

as palavras que te disser: Voltou Moisés para o Egito, e Arão veio encontrá-lo, e Moisés lhe referiu todas as palavras do Senhor, depois do que juntaram o povo de Israel, e Arão repetiu ao povo todas as palavras que o Senhor dissera a Moisés. Este fez milagre diante do povo, o qual acreditou e adorou a Deus.

— 187 —

as palavras que ti disser. Voltou Moysés para o Egypto, e Arão veio encontral-o, e Moysés lhe referiu todas as palavras do Senhor, depois do que juntaram o povo de Israel, e Arão repetiu ao povo todas as palavras que o Senhor dissera a Moysés. Este fez milagres diante do povo, o qual acreditou e adorou a Deus.

188

As dez pragas do Egypto.

Depois disto, Moysés e Arão, ambos octogenarios, apresentarão-se a Pharaó, elhes disserão: Eis o que te manda dizer o Senhor Deus de Israel: Deixa ir o meu povo, afim de que elle me offereça um sacrificio no Dizerto. Pharaó respondeu com soberba: Não sei quem seja esse tal Senhor vosso Deus, e não deixarei ir opovo E logo ordens passadas para serem os Israeti tas mais opprimidos ainda, evexados de pesadissimos serviços. Por ordem de Deus, Moysés e Arão foram de novo a Pharaó. Arão lançou ante elle, no chão avara que trasia, e esta se mudou emserpente. Pasmou Pharaó; mas seu coração ficou sempre impedernido e não quiz deixar partir opovo de Deus.

As Dez Pragas do Egito[180]

Depois disto, Moisés e Arão, ambos octogenários, apresentaram-se a Faraó, e lhe disseram: Eis o que te manda dizer o Senhor Deus de Israel: Deixa ir o meu povo, a fim de que ele me ofereça um sacrifício no Deserto. Faraó respondeu com soberba: Não sei quem seja esse tal Senhor vosso Deus, e não deixarei ir o povo. E logo ordens [foram] passadas para serem os Israelitas mais oprimidos ainda, e vexados de pesadíssimos serviços. Por ordem de Deus, Moisés e Arão foram de novo a Faraó. Arão lançou ante ele, no chão, a vara que trazia, e esta se mudou em serpente. Pasmou Faraó; mas seu coração ficou sempre empedernido e não quis deixar partir o povo de Deus.

---

[180] Oferece-se aqui uma síntese do que se lê em Êxodo 5-10.

As dez pragas do Egypto.

Depois disto, Moysés e Araõ, ambos octogenarios, apresentaraõ-se a Pharaó, e lhe diseraõ: Eis o que te manda dizer o Senhor Deus de Israel: Deixa ir o meu povo, a fim de que elle me offereça um sacrificio no Dezerto. Pharaó respondeu com soberba: Naõ sei quem seja esse tal Senhor vosso Deus e naõ deixarei ir o povo. E logo ordens passadas para serem os Israelitas mais opprimidos ainda, e vexados de pesadissimos serviços. Por ordem de Deus Moysés e Araõ foram de novo a Pharaó. Araõ lançou ante elle, no chaõ a vara que tratia, e esta se mudou em serpente. Pasmou Pharaó; mas seu coraçaõ ficou sempre impedernido e naõ quiz deixar partir o povo de Deus.

189

Então mandou o Senhor dez pragas sobre Pharaó e todo povo do Egypto. Bateu Arão com avara n'agua do rio, eesta tornou-se em sangue e corrompeu-se. Passados sete dias, estendeu Arão sua mão sobre as aguas, e dellas sahiram rãns, que cobrirão toda aquella terra. Depois sahiram da poeira insectos e moscas enfensas aos homens e aos animais. Vieram em seguida nuvens de gafanhotos, pestes nos animais, ulceras e tumores, saraivas, e, emfim espessas trevas que durarão trez dias,. Mas Pharaó indureceu ocoração, enão deixou partirem os filhos de Israél, como o Senhor, os havia or denado. Afinal cahiu sobre elle a ultima praga, de todas as mais tremendas.-

Então mandou o Senhor dez pragas sobre Faraó e todo povo do Egito. Bateu Arão com a vara na água do rio, e esta tornou-se em sangue e corrompeu-se. Passados sete dias, estendeu Arão sua mão sobre as águas, e delas saíram rãs, que cobriram toda aquela terra. Depois saíram da poeira insetos e moscas infensas aos homens e aos animais. Vieram em seguida nuvens de gafanhotos, pestes nos animais, úlceras e tumores, saraivas e, enfim, espessas trevas que duraram três dias. Mas Faraó endureceu o coração, e não deixou partirem os filhos de Israel, como o Senhor lhes havia ordenado. Afinal caiu sobre ele a última praga, de todas as mais tremendas.

— 189 —

Então mandou o Senhor dez pragas sobre Pharaó e todo povo do Egypto. Bateu Arão com a vara n'agua do rio, e esta tornou-se em sangue e corrompeu-se. Passados sete dias, estendeu Arão sua mão sobre as aguas e dellas sahiram rãs, que cobriram toda aquella terra. Depois sahiram da poeira insectos e moscas enfensas aos homens e aos animaes. Vieram em seguida nuvens de gafanhotos, peste nos animaes, ulceras e tumores, saraivas, e, emfim espessas trevas que duraram tres dias. Mas Pharaó indureceu o coração, e não deixou partirem os filhos de Israél, como o Senhor os havia ordenado. Afinal cahiu sobre elle a ultima praga, de todas as mais tremendas. —

190

Morte dos primogenitos, Cordeiro Paschoal, sahida do Egypto.

Disse Deus a Moysés, e a Arão. Dizei ao povo de Israél: No decimo quarto dia deste mez, tome cada qual um Cordeiro sem mancha, epela tarde o inmole. Com o sangue delle tingireis os portais e soleiras de vossas casas ecomereis acarne assada com pão asmo; mas comel-a-heis como quem vai de viagem: cinta posta, pés calçados e bastão na mão. Esta mesma noite mandarei ao Egypto o meu Anjo; elle infligirá morte aos primogenitos dos Egypicios; mas vendo o signal de sangue emvossas casas, passarei a vante, evos livrarei a todos do captiveiro do Egypto. Fizeram os Israetitas como o Senhor

Morte dos Primogênitos, Cordeiro Pascoal, Saída do Egito[181]

Disse Deus a Moisés e a Arão. Dizei ao povo de Israel: No décimo quarto dia deste mês tome cada qual um Cordeiro sem mancha, e pela tarde o imole. Com o sangue dele tingireis os portais e soleiras de vossas casas e comereis a carne assada com pão asmo; mas comê-la-eis como quem vai de viagem: cinta posta, pés calçados e bastão na mão. Esta mesma noite mandarei ao Egito o meu Anjo; ele infligirá morte aos primogênitos dos Egípcios; mas, vendo o sinal de sangue em vossas casas, passarei avante, e vos livrarei a todos do cativeiro do Egito. Fizeram os Israelitas como o Senhor

---

[181] Aqui se lê um resumo de Êxodo 11-12.

— 190 —

Morte dos primogenitos, Cordeiro Paschoal, sahida do Egypto.

Disse Deus a Moysés e a Arão. Dizei ao povo de Israël: No decimo quarto dia deste mez, tome cada qual um Cordeiro sem mancha, e pela tarde o immole. Com o sangue delle tingireis os portais e soleiras de vossas casas e comereis a carne assada com pão asmo; mas comel-a-heis como quem vai de viagem, cinta posta, pés calçados e bastão na mão. Esta mesma noite mandarei ao Egypto o meu Anjo; elle infligirá morte aos primogenitos dos Egypcios; mas vendo o signal de sangue em vossas casas, passarei avante e vos livrarei a todos do captiveiro do Egypto. Fizeram os Israelitas como o Senhor

191

lhes ordenara. Eis que, por volta da meia noite, o Senhor feriu de morte, por mão de seu Anjo, todos os primogenitos do Egypto, desde os primogenitos de Pharaó, até o da infima escrava. Sentidos clamores se ouviam de todas a cazas Egypicias, pois não houve uma em que se não chorasse morte. Nessa mesma noite mandou Pharaó chamar a Moysés e Arão, e lhes disse: Ide-vos embora com vosso povo e vosso rebanho. E os Egypicios lhesgrita vam: Sahi prestes desta terra, senão morreremos todos. Com que deixavam os Israetitas o Egypt, em numero de 600,000 homens, sem contar mulheres e meninos, e consigo levaram os ós sos de José. O Cordeiro Paschoal é figura do Cordeiro de Deus, que por nós se immolou na Cruz. Fomos

lhes ordenara. Eis que, por volta da meia-noite, o Senhor feriu de morte, por mão de seu Anjo, todos os primogênitos do Egito, desde os primogênitos de Faraó até o da ínfima escrava. Sentidos clamores se ouviam de todas as casas Egípcias, pois não houve uma em que se não chorasse morte. Nessa mesma noite mandou Faraó chamar a Moisés e Arão, e lhes disse: Ide-vos embora com vosso povo e vosso rebanho. E os Egípcios lhes gritavam: Saí prestes desta terra, senão morreremos todos. Com que deixavam os Israelitas o Egito, em número de 600 mil homens, sem contar mulheres e meninos, e consigo levaram os ossos de José. O Cordeiro Pascoal é figura do Cordeiro de Deus, que por nós se imolou na Cruz. Fomos

— 191 —

lhes ordenara. Eis que, por volta de meia noite, o Senhor ferio de morte, por mão de seu Anjo, todos os primogenitos do Egypto, desde os primogenitos de Pharaó, até o da infima escrava. Sentidos clamores se ouviam de todas a casas Egypcias, pois não houve cena em que se não chorasse morte. Nessa mesma noite mandou Pharaó chamar a Moysés e Arão, e lhes disse: Ide-vos embora com vosso povo e vosso rebanho. E os Egypcios lhes gritavam: Sahí prestes desta terra, senão morreremos todos. Com que deixaram os Israelitas o Egypto, em numero de 600,000 homens, sem contar mulheres e meninos, e comsigo levaram os ossos de José. O Cordeiro Paschoal é figura do Cordeiro de Deus, que por nós se immolou na Cruz. Fomos marcados com o seu Sangue, e assim preservados da morte eterna. No Santissimo Sacramento do Altar Elle nós dá em alimento sua Carne e seu Sangue, debaixo das especeis depão asmos. Olivra mento dos Israelitas do captiveiro de Pharaó por Moysés, reprezenta, ao vivo, olivramento de toda a humanidade da escravidão do demonio por Jesus Christo.

marcados com o seu Sangue, e assim preservados da morte eterna. No Santíssimo Sacramento do Altar Ele nós dá em alimento sua Carne e seu Sangue, debaixo das espécies de pão asmo. O livramento dos Israelitas do cativeiro de Faraó por Moisés representa, ao vivo, o livramento de toda a humanidade da escravidão do demônio por Jesus Cristo.[182]

---

[182] Esta associação entre o cordeiro pascal e Jesus é feita já no Novo Testamento (veja, entre outros textos, João 1,29: *"Ecce agnus Dei, ecce qui tollit peccatum mundi"* ["Eis-aqui o cordeiro de Deus, eis-aqui o que tira o peccado do mundo"], e 1 Coríntios 5,7: *"Pascha nostrum immolatus est Christus"* ["Christo, que é nossa Pascoa, foi immolado"], e reaparece frequentemente nos textos teológicos e nas pregações. Veja-se, a título de exemplo, o que diz Antonio Vieira, em seu sermão "Com o Santíssimo Sacramento exposto": "é certo que o cordeiro significava a Cristo, cordeiro imaculado enquanto Deus, que é a santidade por essência, e Cordeiro imaculado enquanto homem, que é a suma santidade por graça, e sempre sem mácula de imperfeição ou pecado, porque ele é o cordeiro de Deus que tira os pecados do mundo". Disponível em: <http://www.cce.ufsc.br/~nupill/literatura/BT2803061.html>. Acesso em: 16 fev. 2009.

marcados com o seu Sangue, e assim preservados da morte eterna. No Santissimo Sacramento do Altar Elle nos dá em alimento sua Carne e seu Sangue, debaixo das especies de pão asmos. O livramento dos Israelitas do captiveiro de Pharaó por Moysés, representa ao vivo, o livramento de toda a humanidade da escravidão do demonio por Jesus Christo.

193

Passagem do mar Vermelho.

Deus mostrou aos Israelitas o caminho que deviam tomar fazendo-os preceder dedia, por uma columna de nuvens, denoiteporuma de fogo. Assim chegarão ao Mar vermelho. Pharaó arrependido deter deixado partir os Israelitas, pôz-se, sem detensa, em siguimento delles, com carros de guerra e cava llaria. Quando os Israelitas virãm que tinham pelas costas os Egypicios, eemfrente o Már, ficaram só bre maneira atterrados. Mas Moysés lhes disse: Não temais; o Senhor combaterá por vós. Então a columna de nuvens que hia diante delles, passou para traz, e se collocou entre elles eos Egypicios, e tão carregado tenebrosas

Passagem do mar Vermelho[183]

Deus mostrou aos Israelitas o caminho que deviam tomar, fazendo-os preceder de dia por uma coluna de nuvens, de noite por uma de fogo. Assim chegaram ao Mar Vermelho. Faraó, arrependido de ter deixado partir os Israelitas, pôs-se, sem detença, em seguimento deles, com carros de guerra e cavalaria. Quando os Israelitas viram que tinham pelas costas os Egípcios, e em frente ao Mar, ficaram sobremaneira aterrados. Mas Moisés lhes disse: Não temais; o Senhor combaterá por vós. Então a coluna de nuvens que ia diante deles passou para trás, e se colocou entre eles e os Egípcios, e tão carregado de trevas[184]

---

[183] Oferece-se aqui uma síntese do que se lê em Êxodo 13,17-14,31, seguida de um comentário que vincula a travessia do mar ao sacramento do batismo, vínculo esse já estabelecido por Paulo em 1 Coríntios 10,1-2: *"Et omnes in Moyse baptizati sunt in nube, et in mari"* ["E todos foram baptizados debaixo da conducta de Moysés, na nuvem e no mar"].

[184] No manuscrito se lê claramente "tenebrosas"; é o contexto que, no entanto, sugere algo como "de trevas".

Passagem do mar Vermelho.

Deus mostrou aos Israelitas o caminho que deviam tomar, fazendo-os preceder de dia por uma columna de nuvens, de noite por uma de fogo. Assim chegarão ao Mar vermelho. Pharaó arrependido de ter deixado partir os Israelitas, pôs-se, sem detensa, em siguimento delles, com carros de guerra e cavallaria. Quando os Israelitas viram que tinham pelas costas os Egypcios, em frente o Mar, ficaram sobre maneira atterrados. Mas Moysés lhes disse: Naõ temais; o Senhor combaterá por vós. Entaõ a columna de nuvens que hia diante delles, passou para traz, e se collocou entre elles e o Egypcios, e taõ carregado tenebrosas

194

ficou da parte destes que não lhes foi possivel, durante anoite chegar até osIsraelitas, em quanto da outra parte, dedeclara que estava, dis sipava as trevas da noite. Moysés estendeu amão sobre as guas do Mar, as aguas se divediram e levantaram-se dos dois lados como uma parede, de forma que os Israelitas atravessaram apé enchuto. Demanhã quizerão Égiytpcios[185] seguil-os, aproveitando-se da mesma passagem; mas por ordem de Deus, Moysés denovo estendeu a mão sobre o Mar, as aguas divididas sijuntaram e logo nellas foram sumidos e affogados todos oscarros e cavalleiros de Pharaó, sem escapar úm só. A collumna de nuvens ede fogo reprezenta Jesus Christo. Quem caminha aluminado por

ficou da parte destes que não lhes foi possível, durante a noite, chegar até os Israelitas, enquanto da outra parte, de clara que estava, dissipava as trevas da noite. Moisés estendeu a mão sobre as águas do Mar, as águas se dividiram e levantaram-se dos dois lados como uma parede, de forma que os Israelitas atravessaram a pé enxuto. De manhã quiseram os Egípcios segui-los, aproveitando-se da mesma passagem; mas, por ordem de Deus, Moisés de novo estendeu a mão sobre o Mar, as águas divididas se juntaram e logo nelas foram sumidos e afogados todos os carros e cavaleiros de Faraó, sem escapar um só. A coluna de nuvens e de fogo representa Jesus Cristo. Quem caminha iluminado por

---

[185] O manuscrito deixa ver claramente que o copista se viu inseguro ao ter de escrever esta palavra.

ficou da parte destes que não lhes foi possivel, durante a noite chegar até os Israelitas, em quanto da outra parte, declara que estará dissipara as trevas da noite. Moysés estendeu a mão sobre as agoas do Mar, as aguas se dividiram e levantaram-se dos dois lados como uma parede, de forma que os Israelitas atravessaram a pé enchuto. De manhã quizeraõ Egypcios seguilos, aproveitando-se da mesma passagem; mas por ordem de Deus Moysés de novo estendeu a mão sobre o Mar, as aguas divididas se juntaram e logo nellas foram sumidos e affogados todos os carros e cavalleiros de Pharaó sem escapar um só. A collumna de nuvens e de fogo reprezenta Jesus Christo. Quem caminha aluminado por

195

esta luz, atravessa com passos seguros os perigos do Mundo em que outros se perdem. A passagem do mar Vermelho, necessaria aos Israelitas para chegarem a terra promettida, symbolisa o Sacramento do Baptismo, pelas aguas do qual chegaremos ao Céo.

esta luz atravessa com passos seguros os perigos do Mundo em que outros se perdem. A passagem do Mar Vermelho, necessária aos Israelitas para chegarem à terra prometida, simboliza o Sacramento do Batismo, pelas águas do qual chegaremos ao Céu.

esta luz, atravessa com passos seguros os perigos do Mundo em que outros se perdem. A passagem do mar Vermelho necessaria aos Israelitas para chegarem a terra promettida, symbolisa o Sacramento do Baptismo, pelas aguas do qual chegaremos ao Céo.

196

Codor nizes, Maná, e Água no Dizerto.

Depois seacharam os Israelitas no Dizerto, onde nenhum alimento tinham, pelo que entraram a murmurar dizendo: Oxalá tivessemos morrido no Egypto! Lá nos sentavamos juntos a ôlha decarne, e tinhamos pão a fartar! Então disse Deus a Moysés: Falla ao povo, e diz-lhe. Está tarde comereis carne e amanhã vos fartareis de pão, e assim conhecereis que eu sou o Senhor vosso Deus. Ora por volta da tarde, uma nuvem de codornizes veio abater-se no campo, e se deixarão apanhar facilmente. De manhã appareceu o dizerto co a lhado de graozinhos brancos, a modo de geada, e os Israelitas exclamaram: Manhu? que quer dizer: O que é isto Disse-lhe Moysés: É o pão

Codornizes, Maná e Água no Deserto[186]

Depois se acharam os Israelitas no Deserto, onde nenhum alimento tinham, pelo que entraram a murmurar dizendo: Oxalá tivéssemos morrido no Egito! Lá nos sentávamos juntos à olha de carne, e tínhamos pão a fartar! Então disse Deus a Moisés: Fala ao povo, e dize-lhe: Esta tarde comereis carne e amanhã vos fartareis de pão, e assim conhecereis que eu sou o Senhor vosso Deus. Ora, por volta da tarde, uma nuvem de codornizes veio abater-se no campo, e se deixaram apanhar facilmente. De manhã apareceu o deserto coalhado de grãozinhos brancos, a modo de geada, e os Israelitas exclamaram: Manhu?, que quer dizer: O que é isto? Disse-lhe Moisés: É o pão

---

[186] Nessa prédica se resume o enredo bíblico de Êxodo 16-17. Quanto à conexão entre o maná e a eucaristia, o teor do chamado "Discurso do pão da vida" (João 6,26-58) foi entendido tradicionalmente dessa forma.

Codornizes, Maná, e Agua no Dizerto.

Depois se acharam os Israelitas no Dizerto, onde nenhum alimento tinham, pelo que entraram a murmurar dizendo: Oxalá tivessemos morrido no Egypto! Lá nos sentaramos juntos á olha de carne, e tinhamos pão a fartar! Então disse Deus a Moysés: Falla ao povo, e diz=lhe. Está tarde comereis carne e amanhã vós fartareis de pão, e assim conhecereis que eu sou o Senhor vosso Deus. Ora por volta da tarde, uma nuvem de Codornizes veio abater-se no campo, e se deixarão apanhar facilmente. De manhã appareceu o dizerto coalhado de graõzinhos brancos, a modo de geada, e os Israelitas exclamaram: Manhu? que quer dizer: O que é isto Disse-lhe Moysés: É o pão

197

que o Senhor vos envia; tome cada um quanto lhe bastar: Todos com alegria sepozeram a apanhar aquelles graozinhos osquaes tinham o sabor defavo de mel. Deste pão, a que chamaram Maná, sustentou-os Deus durante quarenta annos, até entrarem na terra de Canaan. O Maná é clara figura do Augustissimo Sacramento da Eucharistia no qual nos é dado Jesus Christo occulto nas especiais de-pão, até o dia em que chegaremos averdadeira patria, onde face a face o con templaremos. Logo depois vindo afaltar a agua murmuraram de novo os Israelitas contra Moysés. Chamou este ao Senhor, dizendo: Que farei deste povo? Pouco falta que me não apedreje. Respondeu o Senhor: Toma a tua vara, sobe ao Monte Horeb e bate no rochedo. Moysés obedeceu, e logo correu

que o Senhor vos envia; tome cada um quanto lhe bastar: Todos com alegria se puseram a apanhar aqueles grãozinhos os quais tinham o sabor de favo de mel. Deste pão, a que chamaram Maná, sustentou-os Deus durante quarenta anos, até entrarem na terra de Canaã. O Maná é clara figura do Augustíssimo Sacramento da Eucaristia, no qual nos é dado Jesus Cristo oculto nas espécies de pão, até o dia em que chegaremos à verdadeira pátria, onde face a face o contemplaremos. Logo depois vindo a faltar a água murmuraram de novo os Israelitas contra Moisés. Chamou este ao Senhor, dizendo: Que farei deste povo? Pouco falta que me não apedreje. Respondeu o Senhor: Toma a tua vara, sobe ao Monte Horeb e bate no rochedo. Moisés obedeceu, e logo correu

que o Senhor vos envia; tome cada um quanto lhe bastar: Todos com alegria se prozeram a apanhar aquelles graozinhos os quaes tinham o sabor de farro de mel. Deste paõ, a que chamaram Maná, sustentou-os Deus durante quarenta annos até entrarem na terra de Canaan. O Maná é clara figura do Augustissimo Sacramento da Eucharistia no qual nos é dado Jesus Christo occulto nas especies de paõ até o dia em que chegaremos a verdadeira patria, onde face a face o contemplaremos. Logo depois vindo a faltar a agua murmuraram de novo os Israelitas contra Moysés. Chamou este ao Senhor, dizendo: Que farei deste povo? Pouco falta que me naõ apedreje. Respondeu o Senhor: Toma a tua vara, sobe ao Monte Horeb e bate no rochedo. Moysés obedeceu, e logo correu

198

tam anha copia de agua, que todo povo matou a sêde. Esta fonte de agua viva representa as graças que nos Sacramentos recebemos pelo ministerio dos Sacerdotes Chatholicos.

tamanha cópia de água que todo povo matou a sede. Esta fonte de água viva representa as graças que nos Sacramentos recebemos pelo ministério dos Sacerdotes Católicos.

198

tamanha copia de agua, que todo povo matou a sêde. Esta fonte de agua viva representa as graças que nos Sacramentos recebemos pelo ministerio dos Sacerdotes Chatholicos.

199

Os dez Mandamentos Aliança de Deus com Israél.

No terceiro mez depois da sahida do Egypto, chegaram os Israelitas a raiz do Monte Sinai. Moysés subiu ao Monte, e Deus lhe disse: Eis o que annunciarás aos filhos de Israël: Vistes o que fiz aos Egypicios, e de que forma vos protegi. Portanto, se escutardes aminha vóz, e guardardes minha aliança, sereis meu povo escolhido. Referiu Moysés aos Israelitas o que o Senhor lhe dissera, e elles exclamaram a uma vóz: Faremos tudo quanto o Senhor mandar. Disse o Senhor ainda a Moysés: Manda ao povo que se prepare e purifique, hoje e amanhã, até ao terceiro dia. Ao amanhecer do terceiro dia começou a relampejar e a trovejar, um espesso nevoeiro cobriu

Os dez Mandamentos; Aliança de Deus com Israel[187]

No terceiro mês depois da saída do Egito, chegaram os Israelitas à raiz do Monte Sinai. Moisés subiu ao Monte, e Deus lhe disse: Eis o que anunciarás aos filhos de Israel: Vistes o que fiz aos Egípcios, e de que forma vos protegi. Portanto, se escutardes a minha voz, e guardardes minha aliança, sereis meu povo escolhido. Referiu Moisés aos Israelitas o que o Senhor lhe dissera, e eles exclamaram a uma voz: Faremos tudo quanto o Senhor mandar. Disse o Senhor ainda a Moisés: Manda ao povo que se prepare e purifique, hoje e amanhã, até ao terceiro dia. Ao amanhecer do terceiro dia começou a relampejar e a trovejar, um espesso nevoeiro cobriu

---

[187] São apresentados aqui os dez mandamentos, a partir da cena encontrada em Êxodo 19,1-20,18; 24,3-8.

— 199 —

Os dez Mandamentos. Alianca de Deus com Israel.

No terceiro mez depois da sahida do Egypto, chegaram os Israelitas á raiz do Monte Sinai. Moysés subiu ao Monte, e Deus lhe disse: Eis o que annunciarás aos filhos de Israel: Vistes o que fiz aos Egypcios, e de que forma vos protegi. Portanto, se escutardes a minha voz, e guardardes minha alianca, sereis meu povo escolhido. Referiu Moysés aos Israelitas o que o Senhor lhe dissera, e elles exclamaram á uma voz: Faremos tudo quanto o Senhor mandar. Disse o Senhor ainda a Moysés: Manda ao povo que se prepare e purifique hoje e amanhã, até ao terceiro dia. Ao amanhecer do terceiro dia começou a relampejar e a trovejar; um espesso nevoeiro cobriu

200

a montanha do Sinai, aqual no cume lançava fumaça e chammas, etoda estremecia até á base E ao mesmo tempo domeio das nuvens re tenia cada vez mais forte um som de trombetas, aponto que opov o a campado na pla nice ficou passado de terror. Moysés o reu niu ao pé damontanha, perante a face de Deus, eo Senhor falou deste modo aIsrael: 1º Eu sou o Senhor teu Deus, não terás Deuses estranhos em minha presença; não farás imagem esculpida para adoral-a.[188]
2º Não tomarás o Nome do Senhor teu Deus em vão.
3º Lembra-te de santificar o dia do descanço do Senhor.
4º Honrarás a teu pai a tua mai, a fim de viveres longa vida sobre a terra.

a montanha do Sinai, a qual no cume lançava fumaça e chamas, e toda estremecia até a base. E ao mesmo tempo, do meio das nuvens retinia cada vez mais forte um som de trombetas, a ponto que o povo acampado na planície ficou passado de terror. Moisés o reuniu ao pé da montanha, perante a face de Deus, e o Senhor falou deste modo a Israel:
1º Eu sou o Senhor teu Deus; não terás Deuses estranhos em minha presença; não farás imagem esculpida para adorá-la.
2º Não tomarás o Nome do Senhor teu Deus em vão.
3º Lembra-te de santificar o dia do descanso do Senhor.
4º Honrarás a teu pai e tua mãe, a fim de viveres longa vida sobre a terra.

---

[188] As linhas seguintes, até a primeira linha do décimo mandamento (aliás, indicado por engano como se fora o primeiro), têm à sua esquerda um sinal em forma de aspas.

a montanha do Sinai, a qual no cume lançara fumaça e chammas, e toda estremecia até á base. E ao mesmo tempo do meio das nuvens retenia cada vez mais forte um som de trombetas, a ponto que o povo acampado na planicie ficou passado de terror. Moysés o reunio ao pé da montanha, perante a face de Deus e o Senhor fallou deste modo a Israel: 1º Eu sou o Senhor teu Deus; não terás Deuses estranhos em minha presença; não farás imagem esculpida para adora-la.

" 2º Não tomarás o Nome do Senhor
"   teu Deus em vão.
" 3º Lembra-te de santificar
"   o dia do descanço do Senhor
" 4º Honrarás a teu pai a tua
"   mai, afim de teres longa
"   vida sobre a terra.

5º Não mataras.
6º Não commeterás adulterio.
7º Não furtarás.
8º Não levantarás falso testimunho.
9º Não desejarás a mulher do teu proximo.
1º Não cobiçarás a couza deteu próximo, nem seu campo, nem seu criado, nem sua creada, nem seu boi, nem seu jumento, nem couza alguma que lhe pertença. O povo que estava tremendo aopé da montanha, exclamou, cheio de acatamento. Faremos tudo o que o Senhor nos diz. Levantou Moysés um altar e offereceu sacrificio ao Senhor. Tomou depois o sangue da victima, e as pergindo-as sobre o povo, disse: Eis o sangue da Alliança que com vosco fez o Senhor. Como es tabelicida a antiga Alliança

5º Não matarás.
6º Não cometerás adultério.
7º Não furtarás.
8º Não levantarás falso testemunho.
9º Não desejarás a mulher do teu próximo.
10º Não cobiçarás a cousa de teu próximo, nem seu campo, nem seu criado, nem sua criada, nem seu boi, nem seu jumento, nem cousa alguma que lhe pertença. O povo que estava tremendo ao pé da montanha exclamou, cheio de acatamento: Faremos tudo o que o Senhor nos diz. Levantou Moisés um altar e ofereceu sacrifício ao Senhor. Tomou depois o sangue da vítima, e aspergindo-o sobre o povo, disse: Eis o sangue da Aliança que convosco fez o Senhor. Como estabelecida a antiga Aliança

— 201 —

" 5º Naõ mataras.
" 6º Naõ commetterás adulterio.
" 7º Naõ furtarás.
" 8º Naõ levantarás falso testimunho
" 9º Naõ desejarás a mulher
do teu proximo.
" 1º Naõ cobiçarás a couza de teu
proximo, nem seu campo, nem seu criado,
nem sua creada, nem seu boi, nem seu
jumento, nem couza alguma que lhe pertença. O povo que estava tremendo ao
pé da montanha exclamou, cheio de a-
catamento. Faremos tudo o que o Senhor
nos diz. Levantou Moysés um altar e o-
ffereceu sacrificio ao Senhor. Tomou
depois o sangue da victima, e aspergin-
do-as sobre o povo, disse: Eis o sangue da
Alliança que com vosco fez o Senhor.
Como estabelecida a antiga Alliança

202

sobre o Monte Sinai, e assim foi a nova sobre o Calvario. Alli manifestou mais Deus o seu poder e rigor, aqui o seu amor e mizericordia. Uma outra alliança foi confirmada com sangue. No Sinai com o sangue dos animaes, no Golgotha com o sangue da verdadeira victíma, o Cordeiro sem macula, Nosso Senhor Jesus Christo.

sobre o Monte Sinai, e assim foi a nova sobre o Calvário. Ali manifestou mais Deus o seu poder e rigor, aqui o seu amor e misericórdia. Uma outra aliança foi confirmada com sangue. No Sinai com o sangue dos animais, no Gólgota com o sangue da verdadeira vítima, o Cordeiro sem mácula, Nosso Senhor Jesus Cristo.[189]

---

[189] Para a prefiguração da aliança de Jesus no Calvário, na aliança selada por Moisés no Sinai, veja Hebreus 9,19-26, algo que a partir daí se impôs à tradição cristã.

sobre o Monte Sinai; e assim foi a nova sobre o Calvario. Alli manifestou mais Deus o seu poder e rigor, aqui o seu amor e mizericordias. Uma e outra alliança foi confirmada com sangue: N'o Sinai com o sangue dos animaes, no Golgotha com o sangue da verdadeira Victima, o Cordeiro sem macula, Nosso Senhor Jesus Christo.

203

O Bezerro de ouro.

Subiu outra vez Moysés ao monte, e ahi ficou quarenta dias equarenta noites conversando com Deus. Depois o Senhor lhedeu duas taboas de pedra, sobre as quaes estavam gravados os dez Mandamentos. Neste meio tempo disse opovo a Arão: Não sabemos o que é feito de Moysés faze-nos deuses como os dos Egypicios. Para afastar os Israelitas detão impio progecto, Arão respondeu: Trazei-me asarrecadas devossas mulheres efilhas. Contra sua espectativa, trouxeram-lhe elles todas as joias que tinham, e não ouzando Arão resistir fundio-as eformou um Bizerro de ouro, que pôz sobre o Altar. Os Israelitas offereceram sacrificio a obizerro de ouro, comeram ebebe-

O Bezerro de Ouro[190]

Subiu outra vez Moisés ao monte, e aí ficou quarenta dias e quarenta noites conversando com Deus. Depois o Senhor lhe deu duas tábuas de pedra, sobre as quais estavam gravados os dez Mandamentos. Neste meio-tempo disse o povo a Arão: Não sabemos o que é feito de Moisés; faze-nos deuses como os dos Egípcios. Para afastar os Israelitas de tão ímpio projeto, Arão respondeu: Trazei-me as arrecadas de vossas mulheres e filhas. Contra sua expectativa, trouxeram-lhe eles todas as joias que tinham, e, não ousando Arão resistir, fundiu-as e formou um Bezerro de ouro, que pôs sobre o Altar. Os Israelitas ofereceram sacrifício ao bezerro de ouro, comeram e bebe-

---

[190] Narra-se aqui, resumidamente, o que se lê em Êxodo 32-34. Na *Missão Abreviada* (p. 383-85) este episódio é lembrado, no contexto de uma instrução sobre o "pecado mal confessado".

— 203 —

O Bezerro de Ouro.

Subiu outra vez Moysés ao monte, e ahi ficou quarenta dias e quarenta noites conversando com Deus. Depois o Senhor lhe deu duas taboas de pedra, sobre as quaes estavam gravados os dez Mandamentos. Neste meio tempo disse opovo a Arão: Não sabemos o que é feito de Moysés faze-nos deuses como os dos Egypcios. Para afastar os Israelitas de tão impio projecto, Arão respondeu: Trazei-me as arrecadas de vossas mulheres e filhas. Contra sua espectativa, trouxeram-lhe elles todas as joias que tinham, e não ouzando Arão resistir fundio-as e formou um Bizerro de ouro, que poz sobre o Altar. Os Israelitas offereceram sacrificio ao bizerro de ouro, comeram e bebê-

204

ram, tocaram e dançaram á moda dospagãos. Quando Moysés ao descer do Monte viu aquella ibominavel idollatria irou-se gravemente, arremeçou em terra as taboas da Lei e as quebrou. Tomando depois obizerro de ouro, calcinou-o e reduzio-o apó. E disse aos filhos de Levi: Tomai asespadas, pois sai e repassai por diante detodas as tendas, e matai quantos encontrardes dando culto aos ídolos. Assim fizeram elles e matarão muitos mil homens naquelle dia. O que feito, tornou Moysés ao Monte, epediu perdão para o povo infiel. O Senhor attendeu ás supplicas, e mandou-lhe esculpir duas novas taboas. Moysés as preparou, e o Senhor ahi gravou os dez Mandamentos. E quando Moysés vinha descendo do Monte com as duas taboas,

ram, tocaram e dançaram à moda dos pagãos. Quando Moisés, ao descer do Monte, viu aquela abominável idolatria, irou-se gravemente, arremessou em terra as tábuas da Lei e as quebrou. Tomando depois o bezerro de ouro, calcinou-o e reduziu-o a pó. E disse aos filhos de Levi: Tomai as espadas, depois saí e repassai por diante de todas as tendas, e matai quantos encontrardes dando culto aos ídolos. Assim fizeram eles e mataram muitos mil homens naquele dia. O que feito, tornou Moisés ao Monte, e pediu perdão para o povo infiel. O Senhor atendeu às súplicas, e mandou-lhe esculpir duas novas tábuas. Moisés as preparou, e o Senhor aí gravou os dez Mandamentos. E quando Moisés vinha descendo do Monte com as duas tábuas,

ram, tocaram e dançaram á moda dos pagãos. Quando Moysés ao descer do Monte, viu aquella ibominavel idollatria irou-se gravemente, arremeçou em terra as taboas da Lei e as quebrou. Tomando depois o bezerro de ouro, calcinou-o e reduzio a pó. E disse aos filhos de Levi; Tomai as espadas, pois sai e repassai por diante de todas as tendas e matai quantos encontrardes dando culto aos idolos. Assim fizeram elles e mataraõ muitos mil homens naquelle dia. O que feito, tornou Moysés ao Monte, e pedio perdão para o povo infiel. O Senhor attendeu ás supplicas, e mandou-lhe esculpir duas novas taboas. Moysés as preparou, e o Senhor ahi gravou os dez Mandamentos. E quando Moysés vinha descendo do Monte com as duas taboas,

205

o rosto lhe resplandecia e lançava raios tão luminosos, que não podiam os Israelitas encaral-o fito afito.

o rosto lhe resplandecia e lançava raios tão luminosos que não podiam os Israelitas encará-lo fito a fito.

o rosto lhe resplandecia e lançava raios tão luminosos que não podiam os sira- ditas encaral-o fito afito.

206

Leis do Culto Divino

Alem dos dez Mandamentos deu Deus a Moysés outros preceitos para opovo, mormente com relação ao culto Devino, etudo quanto lhe ordenara o Senhor, Moysés executou, ponto por ponto. 1º Tabernaculo. Come çou Moysés por fabricar uma tenda Sagrada, com trinta covados de cumprido, dez de largo, e dez de alto; com pilares de páu setim, podendo desarmar-se, tudo guarnecido de ouro, ecoberto de telhas preciosas. Uma cortina de magnificio lavor, separada a tenda em duas partes, chamada amenor – Santos dos Santos a maior – Santuario. Collocou no Santo dos Santos a Arca da Alliança, que éra ámodo de um cofre de madeira finis sima

Leis do Culto Divino[191]

Além dos dez Mandamentos deu Deus a Moisés outros preceitos para o povo, mormente com relação ao culto Divino, e tudo quanto lhe ordenara o Senhor, Moisés executou, ponto por ponto. 1º Tabernáculo. Começou Moisés por fabricar uma tenda Sagrada, com trinta côvados de comprido, dez de largo, e dez de alto; com pilares de pau-cetim, podendo desarmar-se, tudo guarnecido de ouro, e coberto de telhas preciosas. Uma cortina de magnífico lavor, separada a tenda em duas partes, chamada a menor – Santo dos Santos, a maior – Santuário. Colocou no Santo dos Santos a Arca da Aliança, que era a modo de um cofre de madeira finíssima

---

[191] O teor dessa prédica retoma as prescrições cultuais encontradas basicamente em Êxodo 25-40. Quanto às relações estabelecidas com realidades do universo cristão, destaque-se que muito deriva do próprio Novo Testamento, que situa morte e ressurreição de Jesus no contexto da Páscoa judaica. Quanto à aproximação entre as hierarquias sacerdotais judaica e católica, mencione-se que intentos hierarquizantes no interior do cristianismo tiveram no modelo judeu uma referência importante (a começar, pelo menos, da carta de Clemente aos coríntios, n. 40. In: *Padres Apostólicos*. São Paulo, Paulus, 1995, p. 52).

Leis do Culto Divino

Alem dos dez Mandamentos deu Deus a Moysés outros preceitos para o foro, mormente com relação ao culto Divino, itudo quanto lhe ordenara o Senhor, Moysés executou, ponto por ponto. 1.º Tabernaculo. Começou Moysés por fabricar uma tenda Sagrada, com trinta cavados de cumprido, dez de largo, e dez de alto; com pilares de páu setim, podendo desarmar-se, tudo guarnecido de Ouro, e coberto de telhas preciosas. Uma cortina de magnifico lavor, separada a tenda em duas partes, chamada a menor Santos dos Santos a maior — Santuario Collocou no Santo dos Santos a Arca da Alliança, que era á modo de um cofre de madeira finissima

207

chapiada de ouro puris simo, sobre cuja tampa pousavam dois Cherubins. Neste cofre estavam encerradas as duas taboas da Lei. No Santuario se veneravam tres objectos Sagrados: a Mesa dos dose Pães da proposição, os quaes eram feitos de flor de farinha e sem fermento; o candíeiro de ouro de sete bicos, cujas luzes ficavam accezas toda noite e, por ultimo, o altar dos Perfumes, sobre o qual se queimava en senso puris simo. Em torno do Tabernaculo, mandou Moysés construir um vasto á dro em cujo recinto ficava o Altar dos holocaustos, e uma grande bacia de bronze onde os Sacerdotes lavavam as mãos e os péz antes de darem começo as cerimonias. O Tabernaculo representa nossas Igrejas Catholicas. O Santos dos Santos corresponde ao nosso

chapeada de ouro puríssimo, sobre cuja tampa pousavam dois Querubins. Neste cofre estavam encerradas as duas tábuas da Lei. No Santuário se veneravam três objetos Sagrados: a Mesa dos doze Pães da proposição, os quais eram feitos de flor de farinha e sem fermento; o candeeiro de ouro de sete bicos, cujas luzes ficavam acesas toda noite e, por último, o altar dos Perfumes, sobre o qual se queimava incenso puríssimo. Em torno do Tabernáculo, mandou Moisés construir um vasto adro em cujo recinto ficava o Altar dos holocaustos, e uma grande bacia de bronze onde os Sacerdotes lavavam as mãos e os pés antes de darem começo às cerimônias. O Tabernáculo representa nossas Igrejas Católicas. O Santo dos Santos corresponde ao nosso

chapiada de ouro puríssimo, sobre cuja tampa pousaram dois Cherubins. Neste cofre estavam encerradas as duas taboas da Lei. No Santuario se veneravam tres objectos Sagrados: a Mesa dos doze Pães de proposição, os quaes eram feitos de flor de farinha e sem fermento; o candieiro de oiro de sete bicos, cujas luzes ficaram accezas toda a noite e, por ultimo, o altar dos Perfumes sobre o qual se queimara en senso puríssimo. Em torno do Tabernaculo, mandou Moysés construir um vasto átrio em cujo recinto ficara o Altar dos holocaustos, e uma grande bacia de bronze onde os Sacerdotes lavavam as mãos e os pés antes de darem começo ás cirimonias. O Tabernaculo representa nossas Igrejas Catholicas. O Santos dos Santos corresponde ao nosso

208

Altar, onde s'in mola o sacrificio danova alliança O Santuário, a Capella-Mór, onde funccionam os Ministros de Deus; e o adora, a nave onde ficam os fieis. Os Sacrificios eram uns cruentos, em que seimmolavam novilhas, ovelhas, cabras epombos, outros encruentos, que consistião em offerecer pastas, pães asmos, e vinho. O Sacrificios cruentos figuravão o sacrifício de Jesus Christo na Cruz, os incruentos disignavam o Santo Sacrificio da Missa. As festas eram: 1ª a Paschoa, na qual comiam os Israelitas um Cordeiro as sado, e durante sete dias só se nutriam depão asmo, em memoria da sahida do Egypto. 2ª afesta de Pentecostes celebrada sete semanas depois da Paschoa, em commemoração da Lei dada

Altar, onde se imola o sacrifício da nova aliança. O Santuário, a Capela-Mor, onde funcionam os Ministros de Deus, e o adoram; a nave, onde ficam os fiéis. Os Sacrifícios eram uns cruentos, em que se imolavam novilhas, ovelhas, cabras e pombos, outros incruentos, que consistiam em oferecer pastas, pães asmos e vinho. O[s] Sacrifícios cruentos figuravam o sacrifício de Jesus Cristo na Cruz, os incruentos designavam o Santo Sacrifício da Missa. As festas eram: 1) a Páscoa, na qual comiam os Israelitas um Cordeiro assado, e durante sete dias só se nutriam de pão asmo, em memória da saída do Egito; 2) a festa de Pentecostes, celebrada sete semanas depois da Páscoa, em comemoração da Lei dada

Altar, onde s'immola o sacrificio da nova alliança. O Santuario, a Capella-Mór, onde funccionam os Ministros de Deus; e o adoro, a nave onde ficam os fieis. Os Sacrificios eram uns cruentos, em que se immolavam novilhos, ovelhas, cabras e pombos; outros encruentos, que consistião em offerecer pastas, pães asmos, e vinho. Os Sacrificios cruentos figuravão o sacrificio de Jesus Christo na Cruz, os incruentos designavam o Santo Sacrificio da Missa. As festas eram: 1ª a Paschoa, na qual comiam os Israelitas um Cordeiro as sad, e durante sete dias só se nutrião de pão asmo, em memoria da sahida do Egypto. 2ª a festa de Pentecostes celebrada sete semanas depois da Paschoa, em commemoração da Lei dada no Monte Sinai: nesta estação se deviam offerecer as primicias das colheitas. 3ª as festas dos Tabernaculos, em memoria da estada no Dizerto. Os Israelitas eram obrigados, emquanto durava esta festa, a residir em tendas feitas deramos dearvore. 4ª afesta da Espiação, dia de penetencia geral, em que o Summo Sacerdote em molava uma novilha pelos seus proprios peccados, e um bode pelos peccados do povo. Depois entrava no Santo dos Santos com o sangue da victima e thuribulo na mão, en censava a Arca da Alliança, e as pergia com o sangue a Arca eo pavimento. As festas judaicas da Paschoa e Pentecos tes dosChristãos e afesta dos Tabernaculos, significavam afesta do Santissimo Sacramento. Os Ministros do Culto

no Monte Sinai: nesta estação se deviam oferecer as primícias das colheitas; 3) as festas dos Tabernáculos, em memória da estada no Deserto. Os Israelitas eram obrigados, enquanto durava esta festa, a residir em tendas feitas de ramos de árvore; 4) a festa da Expiação, dia de penitência geral, em que o Sumo Sacerdote imolava uma novilha pelos seus próprios pecados, e um bode pelos pecados do povo. Depois entrava no Santo dos Santos com o sangue da vítima e, turíbulo na mão, incensava a Arca da Aliança, e aspergia com o sangue a Arca e o pavimento. As festas judaicas da Páscoa e Pentecostes dos Cristãos e a festa dos Tabernáculos significavam a festa do Santíssimo Sacramento. Os Ministros do Culto

no Monte Sinai: nesta estação se deviam offerecer as primicias das colheitas. 3.ª as festas dos Tabernaculos, em memoria da estada no Dezerto. Os Israelitas eram obrigados, emquanto durava esta festa, a residir em tendas feitas de ramos de arvore. 4.ª a festa da Espiação, dia de penitencia geral, em que o Summo Sacerdote immolava uma novilha pelos seus proprios peccados, e um bode pelos peccados do povo. Depois entrava no Santo dos Santos com o sangue da victima e thuribulo na mão, incensava a Arca da Alliança, e aspergia com o sangue a Arca e o pavimento. As festas judaicas de Paschoa e Pentecostes dos Christãos e a festa dos Tabernaculos, significaram a festa do Santissimo Sacramento. Os Ministros do Culto

210

Devino eram: 1º o Summo Sacerdote, para cujo minis terio Moysés mesmo sagrou a Arão, ungindo-o e resvistindo-o de diversos ornamentos Sacerdotaes 2º Os Sacerdotes filhos de Arão, que tinham de offerecer os sacrificios ordenarios. 3º os Levitas, a saber: toda Tribu de Levi, encarregados dos empregos enferiores no Tabernaculo. Ha no Sacerdocio christão, como no da antiga Lei, uma gerarchia Sagrada, composta do Papa, dos Bispos, Sacerdotes, Diaconos. Por este modo manifesta a Igreja Catholica ser obra da quelle que desse não ter vindo destruir a Lei, mas aperfeiçoal-a.

Divino eram: 1º o Sumo Sacerdote, para cujo ministério Moisés mesmo sagrou a Arão, ungindo-o e revestindo-o de diversos ornamentos Sacerdotais. 2º Os Sacerdotes filhos de Arão, que tinham de oferecer os sacrifícios ordinários. 3º os Levitas, a saber: toda Tribo de Levi, encarregados dos empregos inferiores no Tabernáculo. Há no Sacerdócio cristão, como no da antiga Lei, uma hierarquia Sagrada, composta do Papa, dos Bispos, Sacerdotes, Diáconos. Por este modo manifesta a Igreja Católica ser obra daquele que disse não ter vindo destruir a Lei, mas aperfeiçoá-la.[192]

---

[192] Veja Mateus 5,17: "*Nolite putare quoniam veni solvere legem, aut prophetas: non veni solvere, sed adimplere*" ["Não julgueis que vim destruir a lei ou os prophetas: não vim a destruil-os, mas sim a dar-lhes cumprimento"].

Devino eram: 1º o Summo Sacerdote, para cujo ministerio Moysés mesmo sagrou a Arão, ungindo-o e revestindo-o de diversos ornamentos Sacerdotaes. 2º Os Sacerdotes filhos de Arão, que tinham de offerecer os sacrificios ordenarios. 3º os Levitas, a saber: toda Tribu de Levi; encarregados dos empregos inferiores no Tabernaculo. Ha no Sacerdocio christão, como no da antiga Lei, uma gerarchia Sagrada, composta do Papa, dos Bispos, Sacerdotes, Diaconos. Por este modo manifesta a Igreja Catholica ser obra daquelle que disse não ter vindo destruir a Lei, mas aperfeiçoal-a.

211

Derradeira admoestação de Moysés sua, morte.

Chegou o tempo em que tinha Moysés dedeixar seu povo, pelo que, disse-lhe o Senhor: Poe tua mão sobre Jusué em presença de todo povo, afim de que d'ora em diante todos lhe obedeção. Assim fez Moysés, e disse ao povo: Eu vou morrer neste Dizerto, e não passarei o Jordão, e não entrarei com vosco nafertil terra que ides possuir. Não esqueçaes a Alliança que com Deus fizestes. Amái ao Senhor de todo vosso coração, de toda a vossa alma, ecomtodas as vossas forças. Lembrai-vos de tudo o que Elle tem feito em vosso favôr, conduzindo-vos durantes quarenta annos pelo dizerto, nutrindo-vos e ensinando-vos com todo disvelo,

Derradeira Admoestação de Moisés, sua Morte[193]

Chegou o tempo em que tinha Moisés de deixar seu povo, pelo que lhe disse o Senhor: Põe tua mão sobre Josué em presença de todo povo, a fim de que de ora em diante todos lhe obedeçam. Assim fez Moisés, e disse ao povo: Eu vou morrer neste Deserto, e não passarei o Jordão, e não entrarei convosco na fértil terra que ides possuir. Não esqueçais a Aliança que com Deus fizestes. Amai ao Senhor de todo vosso coração, de toda a vossa alma, e com todas as vossas forças. Lembrai-vos de tudo o que Ele tem feito em vosso favor, conduzindo-vos durante quarenta anos pelo deserto, nutrindo-vos e ensinando-vos com todo desvelo,

---

[193] O teor dessa breve prédica assenta-se no que se lê no livro do Deuteronômio. Destaque-se o anúncio de um novo profeta como Moisés (Deuteronômio 18,15: *"PROPHETAM de gente tua et de fratribus tuis sicut me, suscitabit tibi Dominus Deus tuus; ipsum audies"* ["O Senhor teu Deus te suscitará um PROPHETA, como eu, da tua nação e d'entre teus irmãos: a este ouvirás"]) e a proposição quanto a bênção e maldição no tocante à observância dos mandamentos (capítulos 28-30, especialmente 30,15: *"Considera quod hodie proposuerim in conspectu tuo vitam et bonum, et e contrario, mortem et malum"* ["Considera que eu te puz hoje diante dos olhos a vida e o bem; e ao contrario a morte e o mal"]).

— 211 —

Derradeira admoesação de Moysés ao povo.

Chegou o tempo em que tinha Moysés de deixar seu povo, pelo que disse-lhe o Senhor: Põe tua mão sobre Jusué em presença de todo povo, afim de que d'ora em diante todos lhe obedeção. Assim fez Moysés, e disse ao povo: Eu vou morrer neste Dizerto, e não passarei o Jordão, e não entrarei com vosco na fertil terra que ides possuir. Não esqueçaes a Alliança que com Deus fizestes. Amai ao Senhor de todo vosso coração, de toda a vossa alma, e com todas as vossas forças. Lembrai-vos de tudo o que Elle tem feito em vosso favor, conduzindo-vos durantes quarenta annos pelo dizerto, nutrindo--vos, e ensinando-vos com todo disvelo;

212

como um pai nutre e ensina a seus filhos. Gravai em vossos corações estas minhas palavras, eensinai-as a vossos filhos. Eis que eu vos proponho hoje por benção e maldição benção seguardardes os Mandamentos do Senhor, maldição senão ouvirdes a sua vóz. Depois disto fez Moysés ao povo esta prophecia: O Senhor hade suscetar um Propheta semilhante amim, es cutai-o! E tendo abençoado opovo subiu ao cume de uma serra, donde o Senhor lhe mostrou todo o Paiz de Chanaam e lhe disse: Alli véz aterra de Chanaan que eu prometti a Abraham, a Isac e a Jacob. Com que ficou Moysés todo arrebatado de alegria, deu graças ao Senhor, expirou soccegado em grande paz, aos 120 an nos de sua idade, eos

como um pai nutre e ensina a seus filhos. Gravai em vossos corações estas minhas palavras e ensinai-as a vossos filhos. Eis que eu vos proponho hoje por bênção e maldição: bênção se guardardes os Mandamentos do Senhor, maldição se não ouvirdes a sua voz. Depois disto fez Moisés ao povo esta profecia: O Senhor há de suscitar um Profeta semelhante a mim, escutai-o! E, tendo abençoado o povo, subiu ao cume de uma serra, donde o Senhor lhe mostrou todo o País de Canaã e lhe disse: Ali vês a terra de Canaã que eu prometi a Abraão, a Isaac e a Jacó. Com o que ficou Moisés todo arrebatado de alegria, deu graças ao Senhor, expirou sossegado em grande paz aos 120 anos de sua idade, e os

— 212 —

como um pai nutre ensina a seus filhos. Gravai em vossos corações estas minhas palavras, e ensinai-as a vossos filhos. Eis que, eu vos proponho hoje por benção e maldição: benção se guardardes os Mandamentos do Senhor, maldição senão ouvirdes a sua voz. Depois disto fez Moysés ao povo esta prophecia: O Senhor hade suscitar um Propheta semilhante a mim, escutai-o. E tendo abençoado o povo, subiu ao cume de uma serra, donde o Senhor lhe mostrou todo o Paiz de Chanaam e lhe disse: Alli vez a terra de Chanaan que eu prometti a Abraham, a Isac e a Jacob. Com que ficou Moysés todo arrebatado de alegria, deu graças ao Senhor, expirou socegado em grande paz, aos 120 annos de sua idade; e os —

213

filhos de Israel o prantearam durante trinta dias. O Propheta promettido é Nosso Senhor Jesus Christo.

filhos de Israel o prantearam durante trinta dias. O Profeta prometido é Nosso Senhor Jesus Cristo.[194]

---

[194] O vínculo emerge de tantas passagens do Novo Testamento, particularmente dos Evangelhos que vinculam Moisés a Jesus, seja em termos de polarização, seja de complementaridade.

—213—

filhos de Israel oprantearam durante trinta dias. O Propheta promettido
é Nosso Senhor Jesus Christo.

214

Os Juizes

Deviam os Israelitas sempre conservarem muitissima gratidão ao Senhor pela formosa terra que lhes dera, mas não foi assim. Deixaram-se se duzir pelos gentios, que lhe ficavam vesinhos, ea pouco epouco foram cahindo na idolatria. Por isso os entregou o Senhor ás mãos, deseus inimigos para que, reduzidos á escravidão, se convertessem, e envocassem humildimente o Senhor. Então Deus lhes suscitava pios heróis, chamados Juizes, que os salvavam. Mas logo que um Juiz morria, voltavam de novo os Israelitas ao culto dos Idolos, eassim este povo, ingrato e infiel, andou vacilante por espaço de quatro centos annos. Os varios Juises, ou libertadores que Deus lhe mandou du-

Os Juízes[195]

Deviam os Israelitas sempre conservar muitíssima gratidão ao Senhor pela formosa terra que lhes dera, mas não foi assim. Deixaram-se seduzir pelos gentios, que lhe ficavam vizinhos, e pouco e pouco foram caindo na idolatria. Por isso os entregou o Senhor às mãos de seus inimigos para que, reduzidos à escravidão, se convertessem e invocassem humildemente o Senhor. Então Deus lhes suscitava pios heróis, chamados Juízes, que os salvavam. Mas logo que um Juiz morria, voltavam de novo os Israelitas ao culto dos Ídolos, e assim este povo, ingrato e infiel, andou vacilante por espaço de quatrocentos anos. Os vários Juízes, ou libertadores que Deus lhe mandou du-

---

[195] Resume-se aqui o livro bíblico de mesmo nome, sendo destacadas as façanhas de Sansão contra os filisteus (Juízes 13-16).

Os Juizes.

Deviam os Israelitas sempre conservarem muitíssima gratidão ao Senhor pela formosa terra que lhes dera, mas não foi assim. Deixaram-se seduzir pelos gentios, que lhe ficaram vesinhos, e a pouco e pouco foram cahindo na idolatria. Por isso os entregou o Senhor ás mãos de seus inimigos para que, reduzidos á escravidão, se convertessem, e envocassem humildemente o Senhor. Então Deus lhes suscitara pios heróis, chamados Juizes, que os salvaram. Mas logo que um Juiz morria, voltavam de novo os Israelitas ao culto dos Idolos, e assim este povo ingrato e infiel, andou vacilante por espaço de quatro centos annos. Os varios Juizes, ou libertadores que Deus lhe mandou durante esse tempo, foram: Othoniel, Aod, San gar, Bárac, Gedeão, Thola, Jair Jephté, Absan, Ahialão, Abdão, Heli e Sanuel e Sansão. Entre elles foi um portento Sansão, cuja força era tal que um dia afogou e escallou com as mãos um furioso Leão. Outra vez matou mil Phelisteus com aqueixada de um jumento. Depois os mesmos Philisteus, apanhando-o dormindo, prenderam-no com sete cordas. Ao despertar, quebrou-as como sefossem linhas. Emfim poserão-no em presão, arrancaram-lhe os olhos, e amarraram-no entre duas columnas, que sustentavam uma vasta sala onde estavam banqueteando-se 3,000 principaes dos philisteus. Por impulso Devino, o heróe cego sacudiu e rebentou as duas columnas, e deu emterra com acasa matando-se a si ea todos os seus

rante esse tempo, foram: Otoniel, Aod, Samgar, Barac, Gedeão, Tola, Jair, Jefté, Abesãn, Aialon, Abdon, Heli e Samuel e Sansão.[196] Entre eles foi um portento Sansão, cuja força era tal que um dia afogou e escalou com as mãos um furioso Leão. Outra vez matou mil Filisteus com a queixada de um jumento. Depois os mesmos Filisteus, apanhando-o dormindo, prenderam-no com sete cordas. Ao despertar, quebrou-as como se fossem linhas. Enfim puseram-no em prisão, arrancaram-lhe os olhos, e amarraram-no entre duas colunas, que sustentavam uma vasta sala onde estavam banqueteando-se 3 mil principais dos filisteus. Por impulso Divino, o herói cego sacudiu e rebentou as duas colunas, e deu em terra com a casa matando-se a si e a todos os seus

---

[196] Os juízes citados pelo Conselheiro são apenas homens; ignora-se, portanto, a ação de Débora, que só implicitamente aparece, pela menção a seu marido Barac. Os dois últimos juízes citados, Heli e Samuel, não são mencionados no livro bíblico dos juízes, ao contrário dos doze anteriores. Este número possibilitará a vinculação seguinte com os doze apóstolos (p. 216).

rante esse tempo, foram: Othoniel, Aod, Sangar, Barac, Gedeão, Thola, Jair, Jephté, Absan, Ahialão, Abdão, Heli e Samuel e Sansão. Entre elles foi um portento Sansão, cuja força era tal que um dia afogou e escalou com as mãos um feroz Leão. Outra vez matou mil Philisteus com a queixada de um jumento. Depois os mesmos Philisteus, apanhando-o dormindo, prenderam-no com sete cordas. Ao despertar, quebrou-as como se fossem linhas. Em fim poserão-no em prezão, arrancaram-lhe os olhos, e amarraram-no entre duas columnas, que sustentaram uma vasta sala, onde estavam banqueteando-se 3,000 principaes dos philisteus. Por impulso Divino, o heróe cego sacudiu e rebentou as duas columnas, e deu em terra com a casa matando-se a si e a todos os seus

216

inimigos; com que ainda morrendo, combatia por seu povo!... Mas celebre se tornou o humilde e pio Gedeão, que guerreou contra os Madianitas; ecom 300 Israelitas desbaratou elle 135,000 inimigos os quaes forão pelo Senhor exterminados, aponto que só 15,000 poderam voltar para seu Paiz. Os doze Juizes fiseram tanta gentilesa e tão gloriosas façanhas com as forças de Deus, que éra o Rei invencivel, supremo conductor do povo de Israel. Elles são uma figura dos doze Apostolos, que venceram o pagãnismo pela virtude de Christo, seu chefe invizivel.

inimigos; com que, ainda morrendo, combatia por seu povo!... Mas célebre se tornou o humilde e pio Gedeão, que guerreou contra os Madianitas; e com 300 Israelitas desbaratou ele 135 mil inimigos os quais foram pelo Senhor exterminados, a ponto que só 15 mil puderam voltar para seu País. Os doze Juízes fizeram tanta gentileza e tão gloriosas façanhas com as forças de Deus, que era o Rei invencível, supremo condutor do povo de Israel. Eles são uma figura dos doze Apóstolos, que venceram o paganismo pela virtude de Cristo, seu chefe invisível.

inimigos; com que, ainda morrendo, combatia por seu povo!... Mas celebre se tornou
o humilde e pio Gedeão, que guerreou contra
os Madianitas; e com 300 Israelitas desbaratou elle 135,000 inimigos os quaes foraõ
pelo Senhor exterminados, a ponto que só 1500.
poderam voltar para seu Paiz. Os doze Juizes fiseram tantas gentilesas e tão gloriosas
façanhas com as forças de Deus, que éra o Rei
invencivel, supremo conductor do povo de
Israel. Elles saõ uma figura dos doze A-
postolos, que venceram o pagã nismo pela
virtude de Christo, seu chefe invincivel.

217

Cons trucção e e dificação do Templo de Salomão.

No quarto anno de seu reinado, começou Salomão a construir um Templo ao Senhor, em Jerusalem, no monte Moria Havia 70,000 operarios carregadores de materiá, e 80,000 a cortarem pedra nos montes e 3,600 feitoris, inspeccionando as obras. 2000 Israelitas andavam pelo Libano cortando cedro efaias, eassim se levantou aquelle Magistoso e requissimo Templo com 60 covados de cumprido, 20 de largo e 30 de alto, sem contar os espaçosos alpendres que o cercavam, e os grandes adros para os Sacerdotes e para o povo. As paredes de dentro érão forradas de retabulos de cedro, de primorosa e finissima escultura, representando Chirubins, palmas e flores

Construção e Edificação do Templo de Salomão[197]

No quarto ano de seu reinado, começou Salomão a construir um Templo ao Senhor, em Jerusalém, no monte Moriá. Havia 70 mil operários carregadores de material e 80 mil a cortarem pedra nos montes e 3.500 feitores inspecionando as obras, e 2 mil israelitas andavam pelo Líbano, cortando cedro e faias. E assim se levantou aquele Majestoso e riquíssimo Templo, com 60 côvados de comprido, 20 de largo e 30 de alto, sem contar os espaçosos alpendres que o cercavam e os grandes adros para os Sacerdotes e para o povo. As paredes de dentro eram forradas de retábulos de cedro, de primorosa e finíssima escultura, representando Querubins, palmas e flores

---

[197] Temos na Bíblia duas narrações a respeito: 3 Reis 6-9 e 2 Paralipômenos 3-7. O texto que aqui se lê as combina. Recorde-se que a Bíblia conhecida do Conselheiro, a tradução da Vulgata latina de São Jerônimo, conhece quatro livros dos Reis e dois livros dos Paralipômenos (termo grego que significa "coisas omitidas"), ali onde as Bíblias atuais identificam dois livros de Samuel, dois livros dos Reis e dois livros das Crônicas.

Construcção e edificação do Templo de Salomão.

No quarto anno de seu reinado, começou Salomão a construir um Templo ao Senhor, em Jerusalem, no monte Moria. Havia 70,000 operarios carregadores de materia, e 80,000 a cortarem pedra nos montes, e 3,600 feitores inspeccionando as obras. 2000 Israelitas andavam pelo Libano cortando cedro e faias, e assim se levantou aquelle Magestoso e requississimo Templo com 60 Corados de Cumprido, 20 de largo, e 30 de alto, sem contar os espaçosos alpendres que o cercavam, e os grandes adros para os Sacerdotes e para o povo. As paredes de dentro erão forradas de retabulos de cedro, de primorosa e finissima escultura, representando Cherubins, palmas e flores

218

variadas. Todas as alfaias do culto, entre as quaes 10 mesas, candilabros, e 100 taças, ou calices, eram de ouro purissimo, e o Santuario e o Santo dos Santos, de alto abaixo chapeados de lamina de ouro, pregados com cravos tambem de ouro. Quando Salomão, no fim de sete annos, concluio esta grande obra, convocou os Principes e anciãos do Povo para trasladarem a Arca da Alliança da montanha de Sião para onovo Templo. Hiam todos caminhando, devotamente, adiante da Arca e immolávam ovelhas e novilhas sem numero. Tocavam os Levitas atabales, psalterios, e cetharas, 120 Sacerdotes embocavam suas trombetas, e romperam todas as vozes neste festivo cantico: Bemdizei ao Senhor, porque é bom e sua misericordia é

variadas. Todas as alfaias do culto, entre as quais 10 mesas, candelabros e 100 taças ou cálices, eram de ouro puríssimo, e o Santuário e o Santo dos Santos, de alto a baixo chapeados de lâminas de ouro, pregados com cravos também de ouro. Quando Salomão, no fim de sete anos, concluiu esta grande obra, convocou os Príncipes e anciãos do Povo para trasladarem a Arca da Aliança da montanha de Sião para o novo Templo. Iam todos caminhando devotamente, adiante da Arca, e imolavam ovelhas e novilhas sem número. Tocavam os Levitas atabaques, saltérios e cítaras, 120 Sacerdotes embocavam suas trombetas e romperam todas as vozes neste festivo cântico: Bendizei ao Senhor, porque é bom e sua misericórdia é

Variadas. Todas as alfaias do culto entre as quaes 10 mesas, candilabros, e 100 taças, ou calices, eram de ouro puríssimo; e o Santuario e o Santo dos Santos, de alto abaixo chapeados de lamina de ouro, pregados com cravos, tambem de ouro. Quando Salomão, no fim de sete annos, concluio esta grande obra, convocou os Principes e anciãos do Povo para trasladarem a Arca da Alliança da montanha de Sião para o novo Templo. Hiam todos caminhando, devotamente, adiante da Arca, e immoláram ovelhas e novilhas sem numero. Tocaram os Levitas atabales, psalterio, e cetharas, 120 Sacerdotes embocaram suas trombetas, e romperam todas as vozes neste festivo Cantico: Bemdizei ao Senhor, porque é bom e sua misericordia é eterna. No instante em que a Arca entrava no Santo dos Santos, uma nuvem cobrio acasa do Senhor, e Salomão, pondo-se de jo êlhos, e levantando as mãos para os Céos, disse: Senhor Deus de Israel! Não há quem comvosco sepossa comparar, nem os Céos dos Céos podem conter vossa infinita Magestade, quanto mais esta casa! E todo-via a edifiquei, para que ouviceis as orações devosso povo. Ouvi, pois, Senhor, atodos os que neste lugar orarem e sêde-lhes propicio. Ao acabar esta oração, desceu fogo do Céo e consumiu as victimas, e todo povo pros trado com aface em terra adorou o Senhor. Appareceu depois disto o Senhor segunda vez a Salomão, e disse-lhe: Ouvi a tua oração, santifiquei esta casa, e meus olhos emeu

eterna.[198] No instante em que a Arca entrava no Santo dos Santos, uma nuvem cobriu a casa do Senhor, e Salomão, pondo-se de joelhos e levantando as mãos para os céus, disse: Senhor Deus de Israel! Não há quem convosco se possa comparar, nem os céus dos céus podem conter vossa infinita Majestade, quanto mais esta casa! E, todavia, a edifiquei para que ouvísseis as orações do vosso povo. Ouvi, pois, Senhor, a todos os que neste lugar orarem e sede-lhes propício. Ao acabar esta oração desceu fogo do céu e consumiu as vítimas, e todo o povo, prostrado com a face em terra, adorou o Senhor. Apareceu depois disto o Senhor segunda vez a Salomão e disse-lhe: Ouvi a tua oração, santifiquei esta casa; e meus olhos e meu

---

[198] Veja 2 Paralipômenos 5,13: "*Igitur cunctis pariter, et tubis, et voce, et cymbalis, et organis, et diversi generis musicorum concinentibus, et vocem in sublime tollentibus; longe sonitus audiebatur; ita ut cum Dominum laudare coepissent, et dicere: Confitemini Domino quoniam bonus, quoniam in aeternum misericordia ejus, impleretur domus Domini nube*" ["Assim pois, formando todos um concerto com trombetas, e vozes, e tymbales, e orgãos, e diversos outros instrumentos musicos, e fazendo sôar altamente as vozes; de longe se ouvia o estrondo, quando deram principio a cantar e dizer: Bemdizei ao Senhor, porque é bom, e sua misericordia é eterna; se encheu a casa de Deus d'uma nuvem"].

eterna. No instante em que a Arca entrava no Santo dos Santos, uma nuvem cobrio a casa do Senhor, e Salomão, pondo-se de joëlhos, e levantando as mãos para os Céos, disse: Senhor Deus de Israel! Naõ há quem comvosco se possa comparar, nem os Céos do Céo podem conter vossa infinita Magestade, quanto mais esta casa! E todo via a edifiquei, para que ouviceis as oraçoes de Nosso povo. Ouvi, pois, Senhor, a todos os que neste lugar orarem e sêde-lhes propricio. Ao acabar esta oração, desceu fogo do Céo e consumiu as victimas, e todo povo prostrado com a face em terra, adorou o Senhor. Appareceu depois disto o Senhor segunda vez a Salomão, e disse-lhe: Ouvi a tua oração, santifiquei esta casa, e meus olhos e meu coração aqui estarão sempre attentos para todos os que me envocarem. O Templo de Salomão é, como o antigo Tabernaculo, uma figura das nossas Igrejas.

coração aqui estarão sempre atentos para todos os que me invocarem. O Templo de Salomão é, como o antigo Tabernáculo, uma figura das nossas Igrejas.[199]

---

[199] Retoma-se o paralelo estabelecido anteriormente, entre o tabernáculo do deserto e as igrejas atuais, inserindo-se agora o templo de Salomão.

coração aqui estarão sempre attentos para todos os que me envocarem. O Templo de Salomão é, como o antigo Tabernaculo, uma figura das nossas Igrejas.

221

O Diluvio

Deus ameaça com o diluvio aos homens, a quem as advertencias e admoestações não tinham corrigido. Depois dehaver esperado muito tempo por sua converção, ponhe em execução suas ameaças. Salva-se Noé com sua familia. Quando Deus viu que a malicia dos homens chegara ao ultimo ponto eque todos os seus pensamentos eobras se encaminhavam aomal, como que se arrependeu de ter creado o homem, e parecendo penetrado d'uma profunda dôr, disse: Heide exterminar de cima da terra o homem que hei criado, e nem ao menos heideperdoar, porque me peza de os ter creado. Noé porem, achou graça diante do Senhor, porque éra justo e perfeito no

O Dilúvio[200]

Deus ameaça com o dilúvio aos homens, a quem as advertências e admoestações não tinham corrigido. Depois de haver esperado muito tempo por sua conversão, põe em execução suas ameaças. Salva-se Noé com sua família. Quando Deus viu que a malícia dos homens chegara ao último ponto e que todos os seus pensamentos e obras se encaminhavam ao mal, como que se arrependeu de ter criado o homem, e parecendo penetrado duma profunda dor, disse: Hei de exterminar de cima da terra o homem que hei criado, e nem ao menos hei de perdoar, porque me pesa de os ter criado. Noé, porém, achou graça diante do Senhor, porque era justo e perfeito no

---

[200] Apresenta-se aqui, resumidamente, o enredo que se lê em Gênesis 6,5-8,19.

O Diluvio

Deus ameaça com o deluvio aos homens, a quem as advertencias e admoestações não tinham corrigido. Depois de haver esperado muito tempo por sua converção, ponhe em execução suas ameaças. Salva-se Noé com sua familia. Quando Deus viu que a malicia dos homens chegara as ultimas pontas, e que todos os seus pensamentos cobrais se encaminharam ao mal, como que se arrependeu de ter creado o homem, e parecendo penetrado d'uma profunda dôr, disse: Hei de exterminar de cima da terra o homem que hei criado, e nem ao menos hei de perdoar, porque me peza de os ter creado. Noé porem, achou graça diante do Senhor, porque éra justo e perfeito na

222

meio dos homens corrompido que então viviam, eandou sempre com Deus Tinha elle trez filhos, Sem Cham e Japheth, que não participavam da corrupção geral. Dissi-lhe um dia o Senhor: Tenho rezoluto exterminar todos os homens, porque hão imfestado toda terra de suas iniquidades. Faze para ti uma Arca de taboas bem aplainadas, e devedirás empiquenos repartimentos, betumando muito bem as juntas por dentro epor fóra. E disse mais o Supremo Architeto daquella nova fabrica, prescrevendo-lhe a traça, a forma e as medidas com toda a miudeza. Eis aqui as hás de fazer: ella há de ter 300 covados de comprido, 50 de largo, e 30 de alto. Farás na Arca uma janella, cuja altura será de um covado. Farás tambem a um lado u-

meio dos homens corrompidos que então viviam, e andou sempre com Deus. Tinha ele três filhos, Sem, Cam e Jafé, que não participavam da corrupção geral. Disse-lhe um dia o Senhor: Tenho resoluto exterminar todos os homens, porque hão infestado toda terra de suas iniquidades. Faze para ti uma Arca de tábuas bem aplainadas, e dividirás em pequenos repartimentos, betumando muito bem as juntas por dentro e por fora. E disse mais o Supremo Arquiteto daquela nova fábrica, prescrevendo-lhe a traça, a forma e as medidas com toda a miudeza. Eis aqui as hás de fazer: ela há de ter 300 côvados de comprido, 50 de largo, e 30 de alto. Farás na Arca uma janela, cuja altura será de um côvado. Farás também a um lado u-

mais dos homens corrompidos que então
seriam, andou sempre com Deus. Tinha
elle trez filhos, Sem Cham, e Japheth,
que não participaram da corrupção geral. Disse-lhe um dia o Senhor: Tenho
resoluto exterminar todos os homens, por
que hão infestado toda terra de suas
iniquidades. Faze para ti uma Arca
de taboas bem aplainadas, e dividirás
em pequenos repartimentos, betumando
muito bem as juntas por dentro e por fóra. E disse mais o Supremo Architeto da
quella nova fabrica, prescrevendo-lhe
a traça, a forma e as medidas com toda
a miudeza. Eis aqui o has de fazer:
ella ha de ter 300 covados de comprido,
50 de largo, e 30 de alto. Farás na Arca
uma janella, cuja altura será de um
covado. Farás tambem a um lado u-

223

ma porta, edisporás um andar embaixo, um no meio eoutro em cima. Saberás que tenho de terminado mandar sobre aterra um diluvio d'agua e fazer perecer nelle todos os animais viventes, que houver debaixo do Céo. Porém comtigo farei um concerto; entrarás na Arca com teus filhos, etua mulher eas mulheres delles comtigo, e entrarão comtigo de cadaes pecie, de aves de animaes terretres de todos reptis alguns casaes, para que possão sobreviver ao deluvio Farás provizão de toda a especie de viveres, eos metterás na Arca para ti serivrem de sustento até e aos animais. Creu Noé na palavra de Deus, efez tudo que o Senhor lhe ordenára. Fez-se logo a obra, egastou cem annos a construir a arca, durante o qual tempo, não cessava de annunci-

ma porta, e disporás um andar embaixo, um no meio e outro em cima. Saberás que tenho determinado mandar sobre a terra um dilúvio d'água e fazer perecer nele todos os animais viventes que houver debaixo do Céu. Porém contigo farei um concerto; entrarás na Arca com teus filhos, e tua mulher e as mulheres deles contigo, e entrarão contigo de cada espécie, de aves de animais terrestres de todos répteis alguns casais, para que possam sobreviver ao dilúvio. Farás provisão de toda a espécie de víveres, e os meterás na Arca para te serivrem de sustento a ti e aos animais. Creu Noé na palavra de Deus, e fez tudo que o Senhor lhe ordenara. Fez-se logo a obra, e gastou cem anos a construir a arca, durante o qual tempo, não cessava de anunci-

ma porta, e despois um andar embaixo, um no meio e outro em cima. Saberás que tenho determinado mandar sobre a terra um diluvio d'agua e fazer perecer nelle todos os animaes vi entes, que houver debaixo do Céo. Porém comtigo farei um concerto; entrarás na Arca com teus filhos, e tua mulher e as mulheres delles comtigo, e entrarão comtigo de cada especie, de aves de animaes terrestres de todos reptis alguns casaes, para que possão sobreviver ao diluvio. Farás provisão de toda a especie de viveres, e os metterás na Arca para ti servirem de sustento, até e aos animaes. Creu Noé na palavra de Deus, e fez tudo que o Senhor lhe ordenára. Poz-se logo á obra, e gastou cem annos a construir a arca, durante o qual tempo, não cessara de annunci-

ar aos peccadores ogrande castigo que os meaçava. Alonganimidade de Deus, deu-
-lhes todo este tempo para que fises sem pinetencea, porém elles fecharão os ouvidos ás admo estações de Noé e davam-se a toda sorte dedevertimento e devassidões,
comendo, ebebendo efolgando como se nada fosse com elles, até que foram todos
abysmados no deluvio. Logo que a arca foi concluída, e sete dias antes que o deluvio
comecasse dissi Deus a Noé: Entra na arca comtoda a tua familia porque ti achei justo,
entre todos os que hoje vevem na terra. Toma de todos os animaes limpos sete casaes,
dos immundos dous e das aves sete, para secon servar a casta sobre a terra, porque
d'aquí a sete dias hei de chuver sobre a terra

ar aos peccadores o grande castigo que os ameaçava. A longanimidade de Deus, deu-
-lhes todo este tempo para que fizessem penitência, porém eles fecharam os ouvidos às admoestações de Noé e davam-se a toda sorte de divertimento e devassidões,
comendo, e bebendo e folgando como se nada fosse com eles, até que foram todos
abismados no dilúvio. Logo que a arca foi concluída, e sete dias antes que o dilúvio
começasse, disse Deus a Noé: Entra na arca com toda a tua família porque te achei
justo, entre todos os que hoje vivem na terra. Toma de todos os animais limpos sete
casais, dos imundos dois e das aves sete, para se conservar a casta sobre a terra, porque
daqui a sete dias hei de chover sobre a terra

ar aos peccadores, o grande castigo que
os ameaçava. A longanimidade de
Deus, de or lhes todo este tempo para
que fesessem penitencia; porém elles
fecharão os ouvidos ás admoestações
de Noé, e davam-se a toda sorte de divertimento e devassidões, comendo, bebendo e folgando como se nada fosse com
elles, até que foram todos abysmados
no deluvio. Logo que a arca foi concluida
e sete dias antes que o deluvio começasse
disse Deus a Noé: Entra na arca com
toda a tua familia, por que te achei
justo entre todos os que hoje vivem
na terra. Toma de todos os animaes
limpos sete casaes, dos immundos dous e das aves sete, para se conservar
a casta sobre a terra; por que d'aqui
a sete dias hei de chover sobre a terra

225

quarenta dias e quarenta noites edestruirei daface daterra todas as creaturas viventes. Fêz pois, Noé, tudo oque o Senhor lheordenára, eera de idade de 600 annos quando as aguas do diluvio imnundaram a terra. Tendo-se provido de todo o necessario para seu sustento, eda sua familia e dos animães, entrou na arca com sua familia eo Senhor feixou aporta porfora. No anno 600 da vida de Noé aos 17 dias do segundo mez do anno, que então comecava no mez de Outubro, romperão de todas as fontes do grande abysmo, abriram-se as janellas do Céo e a chuva cahiu emtorrente sobre a terra por espaço de 40 dias e quarenta noites. Innundaram as aguas toda a surperfice do globo, ese elevaram 15 covados por cima dos mais

quarenta dias e quarenta noites e destruirei da face da terra todas as criaturas viventes. Fez, pois, Noé tudo o que o Senhor lhe ordenara, e era de idade de 600 anos quando as águas do dilúvio inundaram a terra. Tendo-se provido de todo o necessário para seu sustento, e da sua família e dos animais, entrou na arca com sua família e o Senhor fechou a porta por fora. No ano 600 da vida de Noé, aos 17 dias do segundo mês do ano, que então começava no mês de Outubro, romperam de todas as fontes do grande abismo, abriram-se as janelas do Céu e a chuva caiu em torrente sobre a terra por espaço de 40 dias e quarenta noites. Inundaram as águas toda a superfície do globo, e se elevaram 15 côvados por cima dos mais

quarenta dias e quarenta noites, destruirei da face da terra todas as creaturas viventes. Fez pois Noé tudo o que
o Senhor lhe ordenára, e era de idade de
600 annos quando as aguas do deluvio
innundaram a terra. Tendo-se provido
de todo o necessario para seu sustento, e
de sua familia e dos animaes, entrou na
arca com sua familia e o Senhor fexou
a porta por fora. No anno 600 da vida
de Noé, aos 17 dias do segundo mez
do anno, que então começara no mez
de Outubro, romperaõ-se todas as fontes
do grande abysmo, abriram-se as janellas do Céo e a chuva cahiu em torrente sobre a terra por espaço de 40 dias
e quarenta noites. Innundaram as
aguas toda a superfice do globo, e se
elevaram 15 covados por cima dos mais

226

altos montes engolindo em sua immencidade todas as creaturas que povoavam a terra desde os homens até os quadrupedes, desde as aves os reptes. Somente escapou Noé e os que entraram com elle na Arca, e a terra esteve mergulhada nas aguas 150 dias. Lembrou-se então Deus de Noé e dos animais que estavam com elle na Arca e mandou um vento rijo sobre a terra que fez deminuir as aguas e no dia 27 do setimo mez parou a Arca sobre o monte da Armenia. Entretanto, iam as aguas baixando, e no 1º dia do decimo mez começaram a apparecer os cumes dos montes. Deixou Noé passar ainda 40 dias, eno fim delles abrio a janella que tinha feito na Arca, e deixou sahir um côrvo, o qual não tornou. Soltou depois

altos montes, engolindo em sua imensidade todas as criaturas que povoavam a terra desde os homens até os quadrúpedes, desde as aves [a]os répteis. Somente escapou Noé e os que entraram com ele na Arca, e a terra esteve mergulhada nas águas 150 dias. Lembrou-se então Deus de Noé e dos animais que estavam com ele na Arca e mandou um vento rijo sobre a terra que fez diminuir as águas e no dia 27 do sétimo mês parou a Arca sobre o monte da Armênia. Entretanto, iam as águas baixando, e no 1º dia do décimo mês começaram a aparecer os cumes dos montes. Deixou Noé passar ainda 40 dias, e no fim deles abriu a janela que tinha feito na Arca, e deixou sair um corvo, o qual não tornou. Soltou depois

altos montes engolindo em sua immencidade todas as creaturas que povoavam
a terra desde os homens até os quadrupedes, desde as aves os repteis. Somente escapou Noé e os que entraram com elle na
Arca, e a terra esteve mergulhada nas aguas
150 dias. Lembrou-se então Deus de Noé
e dos animais que estavam com elle na Arca, e mandou um Vento rijo sobre a
terra que fez deminuir as aguas; e
no dia 27 do setimo mez, parou a Arca sobre o monte da Armenia. Entretanto iam as aguas baixando, e no
1º dia do decimo mez começaram
a apparecer os cumes dos montes. Deixou Noé passar ainda 40 dias, e no
fim delles abrio a janella que tinha
feito na Arca, e deixou sahir um corvo, o qual não tornou. Soltou depois

227

uma pomba paravêr se as aguas se tinham retirado de cima da terra, porém, como ella não achasse onde* tornou para a Arca, e Noé, estendendo a mão, a tomou emetteu para dentro. Esperou Noé mais 7 dias e largou segunda vez apomba, aqual voltou pela tarde trazendo no bico um ramo de oliveira verde, por onde conheceu Noé que as aguas se tinhão retirado de cima da terra. Sem em bargo deixou ainda passarem sete dias, e pela terceira vez soltou a pomba, que não voltou mais. Então fallou o Senhor a Noe, e disse-lhe: Sai da Arca com tua familia, e tira para fora todos os animaes que estão com tigo. Sahio, pois, Noé da Arca depois de ter estado dentro della um anno inteiro.   *pouzar[201]

uma pomba para ver se as águas se tinham retirado de cima da terra, porém, como ela não achasse onde pousar, tornou para a Arca, e Noé, estendendo a mão, a tomou e meteu para dentro. Esperou Noé mais 7 dias e largou segunda vez a pomba, a qual voltou pela tarde trazendo no bico um ramo de oliveira verde, por onde conheceu Noé que as águas se tinham retirado de cima da terra. Sem embargo deixou ainda passarem sete dias, e pela terceira vez soltou a pomba, que não voltou mais. Então falou o Senhor a Noé, e disse-lhe: Sai da Arca com tua família, e tira para fora todos os animais que estão contigo. Saiu, pois, Noé da Arca depois de ter estado dentro dela um ano inteiro.

---

[201] Esta anotação consta do próprio manuscrito; seu copista notou ter saltado a palavra "pouzar" e indicou, com um sinal, seu registro na última linha da página.

uma pomba para ver se as aguas se tinham retirado de cima da terra, porém, como ella não achasse onde tornou para a Arca, e Noé estendendo a mão a tomou e metteu para dentro. Esperou Noé mais 7 dias e largou segunda vez a pomba, a qual voltou pela tarde trazendo no bico um ramo de oliveira verde, por onde conheceu Noé que as aguas se tinhão retirado de cima da terra. Sem embargo deixou ainda passarem sete dias, e pela terceira vez soltou a pomba, que não voltou mais. Então fallou o Senhor a Noé, e disse-lhe: Sai da Arca com tua familia, e tira para fóra todos os animaes que estão com tigo. Sahio, pois, Noé da Arca depois de ter estado dentro della um anno inteiro.

pouzar

228

Reflexões

Que terrivel ex emplo dajustica de Deus eao mesmo tempo que testimunho de meziricordia e de paciencia! Todo o genero humano é culpado, á excepção de um só justo. Por mui numerosos que sejão os peccadores, Deus os castiga a todos como se fossem um só homem.

Não digas nunca: Não me hirá mal pelo meu peccado, porque muitos outros fasem como eu: Quantos pensavam assim antes do diluvio? Não digas tão pouco: posso continuar no meu peccado porque há muito que assim vivo, e nenhum mal metem acontecido. Por este tremendo exempo semostra que Deus, é sim paciente, mas que sua mezericordia tem emfim um termo,

Reflexões[202]

Que terrível exemplo da justiça de Deus e, ao mesmo tempo, que testemunho de misericórdia e de paciência! Todo o gênero humano é culpado, à exceção de um só justo. Por mui numerosos que sejam os pecadores, Deus os castiga a todos como se fossem um só homem.

Não digas nunca: Não me irá mal pelo meu pecado, porque muitos outros fazem como eu: Quantos pensavam assim antes do dilúvio? Não digas tampouco: posso continuar no meu pecado porque há muito que assim vivo, e nenhum mal me tem acontecido. Por este tremendo exemplo se mostra que Deus é sim paciente, mas que sua misericórdia tem enfim um termo,

---

[202] Embora o título não indique, o que se segue é uma reflexão sobre o teor da prédica anterior, como se fora sua continuação.

-228-

Reflexões

Que terrivel exemplo da justiça de Deus e ao mesmo tempo que testimunho de mizericordia e de paciencia! Todo o genero humano é culpado, á excepçaõ de um só justo. Por mui numerosos que se fação os peccadores, Deus os castiga a todos como se fossem um só homem. Naõ digas nunca: Naõ me hirá mal pelo meu peccado, porque muitos outros fasem como eu: Quantos pensavam assim antes do diluvio? Naõ digas tão pouco: posso continuar no meu peccado, porque ha muito que assim vou, e nenhum mal me tem acontecido. Por este tremendo exemplo se mostra que Deus é sim paciente, mas que sua mizericordia tem emfim um termo,

229

ecede lugar a sua Justiça para punir o peccador, que não for penitente e que depois de menuscabar sua Lei, dispreza seus avizos. Pensão com razão alguns Padres e expozitores, que Noé gastou cem annos afabricar a Arca, para dar tempo aos homens de se arrependerem, e que até a ultima hora esperáva com a porta aberta para recolher os que arrependidos se quizes sem salvar, efoi depois Deus quem a fechou por fóra quando seviu obrigado apunir aincredulidade, corrupção de todos os homens. Assim mesmo ainda uzou debondade, porque, podendo n'um instante in nundar toda a terra eabysmar seus habitantes quis que as aguas fossem crescendo pouco a pouco, para que á proporção que o medo da

e cede lugar a sua Justiça para punir o pecador que não for penitente e que, depois de menoscabar sua Lei, despreza seus avisos. Pensam com razão alguns Padres e expositores que Noé gastou cem anos a fabricar a Arca, para dar tempo aos homens de se arrependerem, e que até a última hora esperava com a porta aberta para recolher os que arrependidos se quisessem salvar, e foi depois Deus quem a fechou por fora quando se viu obrigado a punir a incredulidade, corrupção de todos os homens. Assim mesmo ainda usou de bondade, porque, podendo num instante inundar toda a terra e abismar seus habitantes, quis que as águas fossem crescendo pouco a pouco, para que à proporção que o medo da

cede lugar a sua Justiça para punir o peccador, que não for penitente
e que depois de menusprezar sua Lei,
dispreza seus avizos. Sentão com razão
alguns Padres e expositores, que Noé gastou cem annos a fabricar a Arca, para
dar tempo aos homens de se arrependerem, e que até a ultima hora espirára
com a porta aberta para recolher os
que arrependidos se quizessem salvar,
e foi depois Deus quem a fechou por
fóra quando serviu obrigado a punir
a incredulidade, corrupção de todos os
homens. Assim mesmo ainda uzou de
bondade, porque, podendo n'um instante innundar toda a terra, e abysmar seus habitantes, quiz que as a-
guas fossem crescendo pouco a pouco,
para que á proporção que o medo da

230

morte ia augmentando, se fossem os homens arrependendo de suas maldades epedessem perdão a Deus, querendo por este modo que não moressem eternamente aquelles que para o tempo não podiam mais viver: enaverdade a Epis tola de São Pedro (III 20)[203] nos faz pensar que muitos delles se arrependeram. Noé offereceu ao Senhor um sacreficio em acção de graças. Deus abençoa a Noé e lhe dá o Arco Ires em signal de concerto que com elle fáz. Apenas Noé sahio da Arca, levantou um Altar ao Senhor, e sobre elle lhe offereceu em holocausto algumas reses eaves que ti rára da Arca, em acção de graças por o ter salvado do universal. deluvio que affogara todos os vevintes. Subio este sacrificio até o Throno do Altissimo como um

morte ia aumentando, se fossem os homens arrependendo de suas maldades e pedissem perdão a Deus, querendo por este modo que não moressem eternamente aqueles que para o tempo não podiam mais viver: e na verdade a Epístola de São Pedro (1 Pedro 3,20) nos faz pensar que muitos deles se arrependeram.[204] Noé ofereceu ao Senhor um sacrifício em ação de graças. Deus abençoa a Noé e lhe dá o Arco-Íris em sinal de concerto que com ele faz. Apenas Noé saiu da Arca, levantou um Altar ao Senhor, e sobre ele lhe ofereceu em holocausto algumas reses e aves que tirara da Arca, em ação de graças por o ter salvado do universal dilúvio que afogara todos os viventes. Subiu este sacrifício até o Trono do Altíssimo como um

---

[203] Trata-se de 1 Pedro 3,19-20: "*In quo et his, qui in carcere erant, spiritibus veniens [Christus] praedicavit: qui increduli fuerant aliquando, quando expectabat Dei patientiam in diebus Noe, cum fabricaretur arca, in qua pauci, id est octo animae salvae factae sunt per aquam*" ["No qual elle [Christo] tambem foi prégar aos espíritos; que estavam no carcere, que n'outro tempo tinhão sido incredulos, quando nos dias de Noé esperavam a paciencia de Deus, em quanto se fabricava a Arca, na qual poucas pessoas, isto é, sómente oito, se salvaram no meio da agua"].

[204] Daqui para a frente continua a narração interrompida no fim da prédica anterior (baseando-se em Gênesis 8,20-9,29).

morte ia augmentando, se fossem os homens arrependendo de suas maldades e pedissem perdão a Deus, querendo por este modo que não morressem eternamente aquelles que para o tempo não podiam mais viver: e na verdade a Epistola de São Pedro (III 20) nos faz pensar que muitos delles se arrependeram. Noé offereceu ao Senhor um sacrificio em acção de graças. Deus abençôa a Noé e lhe dá o Arco Iris em signal de concerto que com elle faz. Apenas Noé sahio da Arca, levantou um Altar ao Senhor, e sobre elle lhe offerecu em holocausto algumas rezes e aves que tirára da Arca, em acção de graças, por o ter Salvado do universal diluvio que affogara todos os viventes. Subio este sacrificio até o Throno do Altissimo como um

231

suave cheiro efoi tão agradavel em sua presença que o Senhor disse: Não amaldeçoarei mais á terra por causa dos homens; eapezar de que o esperito eo coração do homem é propenso para o mal des de sua mo cidade, não tornareimais a castigar o Mundo com o diluvio, como agora fiz. Ver-se-hão sempre as sementes e as seáras, ofrio e o calôr; o verão e o inverno, o dia e a noite, succedendo-se alternadamente todo o tempo que aterra durar. E Deus abençoou a Noé easeus filhos, dizendo-lhes aquellas palavras, que outrora disséra a Adão e Eva: Crescei e multiplicai-vos e enchei aterra. Temão e tremão em vossa presença todos os animaes da terra, todas as aves do Céo, e tudo que no Mundo tem vida. Sustentai-vos de tudo que tem vida e movi-

suave cheiro e foi tão agradável em sua presença que o Senhor disse: Não amaldiçoarei mais a terra por causa dos homens; e apesar de que o espírito e o coração do homem sejam propensos para o mal desde sua mocidade, não tornarei mais a castigar o Mundo com o dilúvio, como agora fiz. Ver-se-ão sempre as sementes e as searas, o frio e o calor; o verão e o inverno, o dia e a noite, sucedendo-se alternadamente todo o tempo que a terra durar. E Deus abençoou a Noé e a seus filhos, dizendo-lhes aquelas palavras, que outrora dissera a Adão e Eva: Crescei e multiplicai-vos, e enchei a terra. Temam e tremam em vossa presença todos os animais da terra, todas as aves do Céu, e tudo que no Mundo tem vida. Sustentai-vos de tudo que tem vida e movi-

suave cheiro, foi tão agradavel em sua presença que o Senhor disse: Não amaldiçoarei mais á terra por causa dos homens; e apezar de que o espirito e o coração do homem é proprento para o mal desde sua má cidade, não tornarei mais a castigar o Mundo com o diluvio, como agora fiz. Ver-se-hão sempre as sementes e as seáras, o frio e o calôr; o verão e o inverno, o dia e a noite, succedendo-se alternadamente todo o tempo que a terra durar. E Deus abençoou a Noé e a seus filhos, dizendo-lhes aquellas palavras, que outrora dissera a Adão e Eva: Crescei e multiplicai-vos, e enchei a terra. Tremão e tremão em vossa presença todos os animaes da terra, todas as aves do Céo, e tudo que no Mundo tem vida: sustentai-vos de tudo que tem vida e mori-

232

mento, á vossa disposição deixo os animais, domesmo modo que os legumes ehervas do campo. Excetuo-vos somente a carne misturada com o sangue, do qual vós defendo que comáis. Tomarei vingança de todos os animais que tiverem derramado ovosso sangue, evingarei a vida do homem da mão do homem que lhe a tiver tirado, ou elle seja seu irmão, ou algum estranho. Todo que derramar o sangue humano, será castigado, e com a efuzão de seu proprio sangue porque o homem foi feito a Imagem de Deus; disse mais Deus a Noé ea seus filhos: Eis vou afazer um concerto com vôsco ecoma vossa posteridade, e não tornarei mais afaser morrer pelas aguas do diluvio todos os animais; nem daqui em diante haverá mais diluvio que assolle a terra. Eis a qui o signal do concerto que com-

mento, à vossa disposição deixo os animais, do mesmo modo que os legumes e ervas do campo. Excetuo-vos somente a carne misturada com o sangue, do qual vos defendo que comais. Tomarei vingança de todos os animais que tiverem derramado o vosso sangue, e vingarei a vida do homem da mão do homem que lhe a tiver tirado, ou ele seja seu irmão, ou algum estranho. Todo que derramar o sangue humano será castigado, e com a efusão de seu próprio sangue, porque o homem foi feito à Imagem de Deus; disse mais Deus a Noé e a seus filhos: Eis vou a fazer um concerto convosco e com a vossa posteridade, e não tornarei mais a fazer morrer pelas águas do dilúvio todos os animais; nem daqui em diante haverá mais dilúvio que assole a terra. Eis aqui o sinal do concerto que con-

mento, á vossa disposição deixo os animais, do mesmo modo que os legumes e hervas do campo. Excetuo-vos somente a carne misturada com o sangue, do qual vos defendo que comais. Tomarei vingança de todos os animais que tiverem derramado vosso sangue, e vingarei a vida do homem da mão do homem que lha tiver tirado, ou elle seja seu irmão, ou algum estranho. Todo que derramar o sangue humano será castigado, e com a efuzão de seu proprio sangue, porque o homem foi feito a Imagem de Deus; disse mais Deus a Noé e a seus filhos: Eis vou a fazer um concerto com vosco e com a vossa posteridade, e não tornarei mais a fazer morrer pelas aguas do diluvio todos os animais; nem daqui em diante haverá mais diluvio que assolle a terra. Eis-aqui o signal do concerto que comvosco faço equi permanecerá em todo decurso das gerações fucturas para sempre. Porei meu Arco nas Nuvens como signal do concerto que subzisto entre mim eaterra. E quando Eu cobrir o Céo de Nuvens, apparecerá no meio dellas meu Arco e me lembrarei do concerto que comvosco fiz, e comtudo que é vivente. Noé, que era lavrador, começou logo a cultivar aterra, etambem plantou uma vinha. Quando esta cresceu e deu uvas, fez Noé vinho ebebeu deste mais de que devia. Sen tindo acabeça toldada foi deitar-se mas adormeceu desconposto. Cham, pai de Chanaan, vendo seu pai naquelle estado, em vez de cobrir sua nudez, sahio fora adizel-o á seus irmãos com ár de escarneo, porém Sem, e Japheth, mais respeitosos que elle, tomaram nos hombros uma capa, e, entran

vosco faço e que permanecerá em todo decurso das gerações futuras para sempre. Porei meu Arco nas Nuvens como sinal do concerto que subsisto entre mim e a terra. E quando Eu cobrir o Céu de Nuvens, aparecerá no meio delas meu Arco e me lembrarei do concerto que convosco fiz, e com tudo que é vivente. Noé, que era lavrador, começou logo a cultivar a terra e também plantou uma vinha. Quando esta cresceu e deu uvas, fez Noé vinho e bebeu deste mais do que devia. Sentindo a cabeça toldada foi deitar-se mas adormeceu descomposto. Cam, pai de Canaã, vendo seu pai naquele estado, em vez de cobrir sua nudez, saiu fora a dizê-lo a seus irmãos com ar de escárnio, porém Sem e Jafé, mais respeitosos que ele, tomaram nos ombros uma capa, e, entran-

vosco faço e que permanecerá em todo decurso das gerações futuras para sempre.
Porei meu Arco nas Nuvens como signal
do concerto que Subzixto entre mim e a terra.
E quando Eu cobrir o Céo de Nuvens, apparecerá no meio dellas meu Arco e me lembrarei do concerto que comvosco fiz, e com
tudo que é vivente. Noé, que era lavrador, começou logo a cultivar a terra, e tambem plantou uma vinha. Quando esta
cresceu e deu uvas, fez Noé vinho e bebeu
deste mais do que devia. Sentindo a cabeça
toldada foi deitar-se, mas adormeceu
desconposto. Cham, pai de Chanaan, vendo
o seu pai naquelle estado, em vez de cobrir sua nudez, sahio fora a dizel-o á
seus irmãos, com ár de escarneo, porém
Sem, e Japheth, mais respeitosos que elle,
tomaram nos hombros uma capa, e entran

234

do na tenda em que estava seu pae, foram recuando com as costas viradas para elle até se chegarem ao pé, e lhe deitaram acapa por cima sem olharem para seu pae. Quando Noé accordou e soube oque fizera seu filho mais moço, disse: Maldicto seja Canaan, elle será escravo dos escravos de seus irmãos. Seja bem dicto o Senhor Deus de Sem, e Canaan seja seu escravo. Multiplique Deus aposteridade de Japheth, habite as tendas de Sem e seja Canaan seu escravo. Ora, Noé viveu ainda depois do deluvio 350 annos, e morreu tendo de idade 950 annos.

do na tenda em que estava seu pai, foram recuando com as costas viradas para ele até se chegarem ao pé, e lhe deitaram a capa por cima sem olharem para seu pai. Quando Noé acordou e soube o que fizera seu filho mais moço, disse: Maldito seja Canaã, ele será escravo dos escravos de seus irmãos. Seja bendito o Senhor Deus de Sem, e Canaã seja seu escravo. Multiplique Deus a posteridade de Jafé, habite as tendas de Sem e seja Canaã seu escravo.[205] Ora, Noé viveu ainda depois do dilúvio 350 anos, e morreu tendo de idade 950 anos.

---

[205] Veja Gênesis 9,25-27: *"Maledictus Chanaan, servus servorum erit fratribus suis. Dixitque [Noe]: Benedictus Dominus Deus Sem, sit Chanaan servus ejus. Dilatet Deus Japheth, et habitet in tabernaculis Sem, sitque Chanaan servus ejus"* ["Maldicto seja Chanaan: elle seja escravo dos escravos, a respeito de seus irmãos. E [Noé] accrescentou: o senhor Deus de Sem seja bemdito, e Chanaan seja escravo de Sem. Dilate Deus a Jafeth, habite Jafeth nas tendas de Sem, e Canaan [sic] seja seu escravo"].

—234—

do na tenda em que estava seu pae, foram recuando com as costas viradas para elle até se chegarem ao pé; e lhe deitaram a capa por cima sem olharem para seu pae. Quando Noé accordou e soube o que fizera seu filho mais moço, disse: Maldicto seja Canaan, elle será escravo dos escravos de seus irmaõs. Seja bem dicto o Senhor Deus de Sem, e Canaan seja seu escravo. Multiplique Deus a posteridade de Japheth, habite as tendas de Sem, e seja Canaan seu escravo. Ora, Noé viveu ainda depois do deluvio 350 annos, e morreu tendo de idade 950 annos.

235

Textos

Et ingressus Angelus ad eam, dis cit: Ave, gratiaplena: Dominus tecum Benedicta tu immulieribus.
(Luc., cap. 1, v.28).
Entrando pois, o Anjo onde ela estava dis si-lhe: Deus ti salve, cheia de graça; O Senhor e contigo; Binta és tu entre as mulheres. *Etres pondens Angelus dixetei: Spiritus Sanctus supervenietinte, et virtus Altissimi o bumbrabit tibi. Ideoque et quod nascetur ex te Sanctum, voca bitur Filius Dei*

(Luc., cap. 1, v.28)
E respondendo o Anjo lhe disse: O Espirito Santo descerá sobre ti, e a virtude do Altíssimo te cobrirá da sua sombra. E por isso mesmo o Santo, que ha de nascer de ti, se

Textos

Et ingressus Angelus ad eam, dixit: Ave, gratia plena; Dominus tecum; Benedicta tu in mulieribus (Lucas 1,28).
Entrando, pois, o Anjo onde ela estava, disse-lhe: Deus te salve, cheia de graça; O Senhor é contigo; Benta és tu entre as mulheres.[206] *Et respondens Angelus dixit ei: Spiritus Sanctus superveniet in te, et virtus Altissimi obumbrabit tibi. Ideoque et quod nascetur ex te Sanctum, vocabitur Filius Dei* (Lucas 1,28).[207]
E respondendo, o Anjo lhe disse: O Espírito Santo descerá sobre ti, e a virtude do Altíssimo te cobrirá da sua sombra. E por isso mesmo o Santo, que há de nascer de ti, se

---

[206] O texto de Lucas 1,28 diz: "*Et ingressus Angelus ad eam, dixit: Ave gratia plena; Dominus tecum: Benedicta tu in molieribus*" ["Entrando pois o anjo onde ella estava, disse-lhe: Deus te salve, cheia de graça: o Senhor é comtigo; benta és tu entre as mulheres"].

[207] A citação aparece equivocada; já estamos em Lucas 1,35: "*Et respondens Angelus dixit ei: Spiritus sanctus superveniet in te, et virtus Altissimi obumbrabit tibi. Ideoque et quod nascetur ex te Sanctum, vocabitur Filius Dei*" ["E respondendo o anjo, lhe disse: O Espirito Santo descerá sobre ti, e a virtude do Altissimo te cobrirá da sua sombra. E por isso mesmo o Santo, que ha de nascer de ti, será chamado Filho de Deus"].

Textos.

Et ingressus Angelus ad eam dicit:
Ave gratia plena: Dominus tecum Benedicta tu in mulieribus.

(Luc. cap. 1. v. 28)

Entrando pois o Anjo onde ella estava
disse-lhe Deus te salve cheia de graça:
O Senhor é contigo. Bemta és tu entre
as mulheres. E respondens Angelus dixit:
Spiritus Sanctus superveniet in te, et virtus
Altissimi obumbrabit tibi. Ideoque et
quod nascetur ex te Sanctum, vocabitur
Filius Dei.

(Luc. Cap. 1. v. 28)

E respondendo o Anjo lhe disse: Espirito
Santo descerá sobre ti; e a vertude do Altissimo te cobrirá da sua sombra. E por isso
mesmo o Santo, que ha de nascer de ti, se

rá chamado Filho de Deus. Grande desejo que Jesus teve de soffrer e morrer por nosso amor.

Ignem neni mittere interram, est qued volo nesi ut accendatur?
(Luc., cap. 12 v. 49).
Que tinha vindo á terra para traser ásalmas ofogo do Devino amor, eque não tinha outro desejo senão dever esta Santa chama accender em todos os corações dos homens.
Seq uis vulto post mevinireabneget sen tipum, et lollat crucem suam, et se quartur-me
(Mat., cap. 16. v. 24).
Se alguem quer-ver ápós de mim, negue-se asi mesmo, e tome a sua Cruz e siga-me
Christoes passus este pro-

rá chamado Filho de Deus. Grande desejo que Jesus teve de sofrer e morrer por nosso amor.
Ignem veni mittere in terram, et quid volo nisi ut accendatur? (Lucas 12,49).
Que tinha vindo à terra para trazer às almas o fogo do Divino amor, e que não tinha outro desejo senão de ver esta Santa chama acender em todos os corações dos homens.
Si quis vult post me venire, abneget semetipsum, et tollat crucem suam et sequatur me (Mateus 16,24).
Se alguém quer vir após de mim, negue-se a si mesmo e tome a sua cruz e siga-me.
Christus passus est pro

— 236 —

rá chamado Filho de Deus. Grande
desejo que Jesus teve de soffrer e morrer
por nos h'o amor.

— Ignem veni mittere interram, et qu..
d volo nisi ut accendatur?
(Luc. Cap. 12 N. 49)
Que tinha vindo á terra para trazer ás
almas o fogo do Divino amor, e que não
tinha outro desejo senão deven esta Santa
chama accender em todos os corações
dos homens.
Si quis vult post me venire abneget
semetipsum, et tollat Crucem suam, et
se quartur me.
(Math; Cap. 16, N. 24)
Se alguem quer vir ápós de mim, ore
que se a si mesmo, toma a sua Cruz
e siga-me. Christo és passus está pro

237

nobis, vobes relinquens exemplum ut se quamine vistis ejos
(S. Pedro Cap. II, v. 21).
Jesus Christo sofreu por nos deixando-vos o seu exemplo para que segais osseus vestigios.
Pater mi, si possibile este transiat, ame calix iste: verum tamen non sict égo volo sed sicut tu
(Math., cap. 26, v. 39).
Pai meu, se é possivel passe de mim este calix: todavia, não se faça nisto aminha vontade, mas sim a tua.
Majorem hac dilectionem, nemo habet, ut animam suam ponat quis pro amicis suis (Joan C. 15 v. 13).

nobis, vobis relinquens exemplum ut sequamini vestigia ejus (1 Pedro 2,21).
Jesus Cristo sofreu por nós, deixando-vos o seu exemplo para que sigais os seus vestígios.
Pater mi, si possibile est transeat a me calix iste: verumtamen nom sicut ego volo, sed sicut tu (Mateus 26,39).
Pai meu, se é possível, passe de mim este cálix: todavia, não se faça nisto a minha vontade, mas sim a tua.
Majorem hac dilectionem nemo habet, ut animam suam ponat quis pro amicis suis (João 15,13).

— 237 —

nobis, vobis relinquens exemplum
ut sequamini vestigia ejus.
(S. Pedro Cap. 11 v. 21)

Jesus Christo soffreu por nos deixan-
do-nos o seu exemplo para que sigais os
seus vestigios.

Pater mi, si possibile est transeat,
a me calix iste: verum tamen non sicut
ego volo sed sicut tu.
(Math. Cap. 26 v. 39.)

Pai meu, se é possivel passe de mim
este calix: todavia, não se faça nisto
a minha vontade, mas sim a tua.

Majorem hac dilectionem nemo habet, ut animam suam ponat quis pro
amicis suis (Joan c. 15 v. 13.)

238

E que maior signal de amor, diz o mesmo Salvador, pode dar um amigo ao seu amigo, que sacrificar a sua vida por elle?
Ego autem sum vermis et non homo: opprobrium hominun et ab gectio plebis.
(Ps. 21).
Et cum sceleratis reputatus est (Is 53).
Que na sua Paixão viria a ser oopprobio dos homens eo desprezo da pleble, quemorreria coberto de pejo, suppliciado por mão do verdugo sobre um patibulo imfame. posto como malfeitor entre dois ladrões.
Non secut delitum, itaet dominum, ub autem abundavet delictum, supera bundavet gratia (v.50)
O Apostolo diz aos Romanos: Não foi tão grande o peccado com o benefecio, onde opeccado abundou, supera-

E que maior sinal de amor, diz o mesmo Salvador, pode dar um amigo ao seu amigo, que sacrificar a sua vida por ele?
Ego autem sum vermis et non homo: opprobrium hominum et abjectio plebis
(Salmo 21).
Et cum sceleratis reputatus est (Isaías 53).
Que na sua Paixão viria a ser opróbrio dos homens e o desprezo da plebe, e morreria coberto de pejo, supliciado por mão de verdugo sobre um patíbulo infame. Posto como malfeitor entre dois ladrões.
Non sicut delictum, ita et donum. Ubi autem abundavit delictum, superabundavit gratia (Romanos 5,15a.20b)
O Apóstolo diz aos Romanos: Não foi tão grande o pecado como o benefício. Onde o pecado abundou, supera-

— 238 —

E que maior signal de amor, diz o mesmo Salvador, póde dar um amigo ao seu amigo, que sacrificar a sua vida por elle?

Ego autem sum vermis et non homo: approbrium hominum et abjectio plebis. (Ps. 21).

Et cum sceleratis reputatus est. (Is. 53)
Em a tua Paixão viria a ser o opprobrio dos homens, e o desprezo da plebe, que morreria coberto de pejo, supliciado por mão do verdugo sobre um patibulo infame, posto como malfeitor entre dois ladrões.

Non sicut delictum ita et dominum; ubi abundavit delictum, superabundavit gratia (N. 5, 0)

O Apostolo diz aos Romanos: Não foi tão grande o peccado como o benefício, onde o peccado abundou, superabun-

bundou a graça.²⁰⁸ *Deliges Dominum Deum tuum ex toto cordi tuo, extota animatua, ex tola mente tua* (Math, Cap. 22 v. 37)
Amarás ao Senhor teu Deus de todo oteu coração e de toda atua Alma, edetodo o teu in tin dimento. Este hé o maximo, eo primeiro Mandamento, E o sigundo similhante a est: h, Amáras a teu proximo como a ti mesmo
Non servam, non Angelum, sed Filium suum donavit.
Não é um servo, não é um Anjo, é o proprio Filho, que elle nos deu - diz São João Chrisostomo.
Vocavi et remoites, ego quoque interito vestro ribibo. – Vos chamei, não me ouviste, eu tambem em vossa morte rir-me-hei de vós. *Fortiter mala que*

bundou a graça. *Diliges Dominum Deum tuam ex toto corde tuo, et in tota anima tua, et in tota mente tua* (Mateus 22,37).
Amarás ao Senhor teu Deus de todo o teu coração e de toda a tua Alma e de todo o teu entendimento. Este é o máximo, e o primeiro Mandamento. E o segundo, semelhante a este: Amarás a teu próximo como a ti mesmo.
Non servum, non angelum, sed Filium suum donavit.
"Não é um servo, não é um anjo, é o próprio Filho que ele nos deu" – diz São João Crisóstomo.
Vocavi et rennuistis, ego quoque interito vestro ridebo. Chamei-vos e não me ouvistes, eu também em vossa morte rir-me-ei de vós.²⁰⁹ *Fortiter mala qui*

---

²⁰⁸ Temos em Romanos 5,15a.20b: "*non sicut delictum, ita et donum* [...] *Ubi autem abundavit delictum, superabundavit gratia*" ["não é assim o dom, como o peccado [...] Mas onde abundou o peccado, superabundou a graça"].
²⁰⁹ Veja Provérbios 1,24-26: "*Quia vocavi, et rennuistis: extendi manum meam, et non fuit qui aspiceret. Despexistis omne consilium meum; et increpationes meas neglexistis. Ego quoque in interitu vestro ridebo, et subsannabo, cum vobis id, quod timebatis, advenerit*" ["Porque eu vos chamei, e vós não quizestes ouvir-me: estendi a minha mão, e não houve quem olhasse para mim. Desprezaste[s] todos os meus conselhos, e não fizeste[s] caso das minhas reprehensões. Pois eu me rirei tambem na vossa morte, e zombarei de vós, quando vos succeder, o que temieis"].

— 239 —

bundou a graça. Diliges Dominum
Deum Tuum ex toto corde tuo, ex tota
anima tua, ex tota mente tua (Math.
Cap 22 v. 37)
Amarás ao Senhor teu Deus de todo o teu
coração e de toda a tua Alma, e de todo o
teu entendimento. Este hé o maximo,
e o primeiro Mandamento. E o segundo semilhante a este hé, Amaras a teu proximo
como a ti mesmo.

Non servum, non Angelum, sed Filium
suum donavit.
Não é um servo, não é um Anjo, é o proprio Filho, que elle nos deu :: diz Saõ João
Chrisostomo.

Vocavi et renuistes, ego quoque interito
vestro ridebo. — Vós chamei, não me ouvistes, eu tambem em vossa morte rir-
me-hei de vós. Fortiter mala qui

240

partitur edem post protitur bona.
Aqueles que soffrem com valor os males, depois gozão dos bens.
Hac est, autem voluntas Patres mei, que misit me: ut omnis, qui videt Filium, et credit ineum habeat vitam eternam et ego resus sitabo eum in no vissimo die. (Joan Cap. 6, v. 40) É avontade de meu Pai, que mi enviou, é esta que todo o que vê o Filho ecrê nelle tenha a vida eterna, e eu recussitarei no ultimo dia.[210] *Tu és Petrus et super hanc petram edificabo Ecclesiam meam, et porta inferi nom pervabunt ad ver sus e am".* (Math Cap. 16, v. 18). Tu és Pedro e sobre esta pedra édificarei aminha Igreja, e as portas do inferno não prevalecerá contra ella.[211] *Pater, de-*

patitur idem post patitur bona.
Aqueles que sofrem com valor os males, depois gozam dos bens.[212]
Haec est autem voluntas Patris mei, qui misit me: ut omnis, qui vidit Filium, et credit in eum, habeat vitam aeternam, et ego resuscitabo eum in novissimo die (João 6,40). E a vontade de meu Pai, que me enviou, é esta: que todo o que vê o Filho e crê nele tenha a vida eterna, e eu [o] ressuscitarei no último dia. *Tu es Petrus et super hanc petram aedificabo Ecclesiam meam, et portae inferi non praevalebunt adversus eam* (Mateus 16,18). Tu és Pedro, e sobre esta pedra edificarei a minha Igreja, e as portas do inferno não prevalecerão contra ela. *Pater, di-*

---

[210] João 6,40: "*Haec est autem voluntas patris mei, qui misit me: ut omnis qui videt filium, et credit in eum, habeat vitam aeternam; et ego resuscitabo eum in novissimo die*" ["E a vontade de meu pai, que me enviou é esta: que todo o que vê o filho, e crê nelle, tenha a vida eterna, e eu resuscitarei no ultimo dia"].

[211] Mateus 16,18: "*Tu es Petrus et super hanc petram aedificabo ecclesiam meam, et portae inferi non praevalebunt adversus eam*" ["Tu és Pedro, e sobre esta pedra edificarei a minha Igreja, e as portas do inferno não preveleceráõ contra ela"].

[212] Esta sentença é atribuída ao latino Plauto (sec. III a.C.), em sua obra *Asinaria*.

—240—

partitur edem post protitur bona.—

Aquelles que soffrem com valor os ma_
les depois gozão dos bens.

Hac. est, autem voluntas Patris mei qui
misit me: ut omnis, qui videt Filium,
et credit in eum habeat vitam eter_
nam et ego resussitabo eum in novissi_
simo die. (Joan Cap. 6, v. 40) É a vontade
de meu Pai, que mi enviou, é est a que to_
do o que vê o Filho e crê nelle tenha a
vida eterna, eu ressussitarei no ulti_
mo dia. Tu és Petrus et super hanc pe_
tram edificabo Ecclesiam meam, et por_
ta inferi non prevalebunt ad versus
eam." (Math. Cap. 16, v. 18) Tu és Pe_
dro e sobre esta pedra edificarei a mi_
nha Igreja, e as portas do inferno não
prevalecerá contra ella. Pater de_

241

mitte illis non enin saunt quid* Pater, in manus tuas commendo espere tum meum. Et hoc dicens, expiravit

(Luc, Cap. 23 v.46).

Emfim o nosso amavel Salvador, depoi de haver encommendado Sua Santa Alma ao Eterno Pai, deu um grande brado, depois inclinando a cabeçca emsinal de obidiencia. E o fferecendo suamorte pela salvação dos homens, expira a violencia da sua dôr, e entrega a Alma nas mãos de seu Pai, bem amado!

Ó vós om nis que transilis perviam attendite, et videte se est do lor secet do lor meos (Thren 1,2). Ó vós todos que passaes pelo caminho olhai e vede se ha uma dor como aminha dor.[213]
Haurietes aquas in guaude de fonti bus Salvatori et decetis en illa die:
**faciunt.* (Luc. cap. 23, v. 34)

mitte tilis: nom enim sciunt quid faciunt (Lucas 23,34). Pai, perdoa-lhes porque não sabem o que fazem. *Pater, in manus tuas commendo spiritum meum. Et hoc dicens, expiravit* (Lucas 23,46).

Enfim, o nosso amável Salvador, depois de haver encomendado Sua Santa Alma ao Eterno Pai, deu um grande brado, depois, inclinando a cabeça em sinal de obediência e oferecendo sua morte pela salvação dos homens, expira a violência da sua dor, e entrega a Alma nas mãos de seu Pai bem-amado!

O vos omnes qui transitis per viam attendite et videre si est dolor sicut dolor meus (Lamentações 1,12).

Ó vós todos, que passais pelo caminho, olhai e vede se há uma dor como a minha dor. *Haurietis aquas in gaudio de fontibus Salvatoris et dicetis in illa die:*

---

[213] Trata-se efetivamente de Lamentações (livro também chamado, à época, Threnos) 1,12.

mitte illis non enim sciunt quid. Pater, in manus tuas commendo spiritum meum. Et hoc dicens expiravit.
(Luc, Cap. 23 v. 46)

Emfim o nosso amavel Salvador, depois de haver encommendado Sua Santa Alma ao Eterno Pai, deu um grande brado, depois inclinando a cabeça em sinal de obidiencia e offerecendo sua morte pela salvação dos homens, expira a violencia da sua dôr, e entrega a Alma nas mãos de Seu Pai bem amado!

O vós om nes qui transitis per viam attendite, et videte se est dolor sicut dolor meos. (Thren. 1.2.)

O vós todos que passaes pelo caminho olhai e vede se ha uma dor como a minha dor. Haurietis aguas in gaudio fontibus Salvatoris, et dicetis in illa die facient. (Luc. cap. 23. v. 34)

242

Confetimeni Domino et invocate nomem ejus: ntas facite inpo pulis adenventiones ejos. (Is 12)
Hide, dizia, o Propheta Isaias, hide publicar por toda parte as invenções do amor de Nosso Deus para sefazer amar dos homens.²¹⁴ *Corpus meum de depercutientibus est jenas mea evilentibus, faciem meam non advirti abencrepantibus et cons puen tibus.* (Is L 6)
Eu entreguei o meu corpo aos que meferião, minhas faces aos que as despedaçavão, não des viei aminha face dos que me dizião emproperios e cobrião de escarnes.²¹⁵
Haurites as quas de fontibus Salvatoris et decetis endieilla: Confitemine Domino et invo cate nomem ejos (Is. 13).²¹⁶

Confitemini Domino, et invocate nomem ejus: notas facite in populis adinventiones ejus (Isaías 12,4).
Ide, dizia o Profeta Isaías, ide publicar por toda parte as invenções do amor de Nosso Deus para se fazer amar dos homens. *Corpus meum de percutientibus est jenas mea evilentibus, faciem meam non adverti a bencrepantibus et conspuentibus* (Isaías 50,6). Eu entreguei o meu corpo aos que me feriam, minhas faces aos que as despedaçavam, não desviei a minha face dos que me diziam impropérios e cobriam de escárnios.
Haurietis aquas de fontibus Salvatoris ei dicetis in die illa: Confitemini Domino et invocate nomen ejus (Isaías 12,4).

---

²¹⁴ Isaías 12,4: "*Haurietis aquas in Gaudio de fontibus salvatoris: et dicetis in illa die: Confitemini Domino, et invocate nomem ejus: notas facite in populis adinventiones ejus*" ["Vós tirareis com gosto aguas das fontes do Salvador: e direis naquelle dia: Louvai ao Senhor, e invocai o seu Nome: fazei notorios entre os póvos os seus designios"]. O que temos, mais uma vez, não é a tradução do fragmento isaiânico ao português, mas uma paráfrase de sua segunda parte, que permite o reaparecimento da expressão "invenções do amor de Nosso Deus para se fazer amar dos homens".
²¹⁵ Isaías 50,6: "*Corpus meum dadi [dedi] percutientibus, et genas meus [meas] velentibus [vellentibus]: faciem meam non averti ab increpantibus, et conspuentibus in me*" ["Eu entreguei o meu corpo aos que me feriam, e as maças do meu rosto aos que me arrancavam os cabellos da barba: não virei a minha face aos que me affrontavam e cuspiam em mim"]. Vê-se, também aqui, uma tradução mais "livre", para o português, do que aquela trazida nos exemplares da Bíblia disponíveis à época.
²¹⁶ A mesma citação mesma surgiu na virada da página anterior para esta, em forma mais ampliada; agora reaparece com a indicação imprecisa do capítulo de Isaías do qual é extraída.

-242-

Confitemini Domino et invocate nomem ejus: notas facite in populis adinventiones ejus. (Is. 12)

Ide, dizia o Propheta Isaias, ide publicar por toda parte as invenções do amor do Nosso Deos para se fazer amar dos homens. Corpus meum dedi percutientibus et genas meas evellentibus, faciem meam non adverti ab increpantibus et conspuentibus. (Is. 56)

Eu entreguei o meu corpo aos que me ferião, minhas faces aos que as despedaçarão, não desviei a minha face dos que me dizião improperios, e cobrião de escarneo.

Haurietis aquas de fontibus Salvatoris et dicetis in die illa: Confitemini Domino et invocate nomen ejus (Is. 15)

243[217]

(Luc. Cap. 11, v. 27)

Bemaventurado o ventre que te trouxe e os peitos aque fos tes criado. E Jesus Christo lherespondeu: *Qui nimo beat qui audiunt, verbum Dei, et custo diunt ellud*. Antes bem avinturados aquelles que ouvem a palavra de Deus, eapõem por obra.*Om nis ergo, qui con fitebitur mecoram homibos, confitebor et ego eum coram Pater meu, qui in celis est*. (Math; Cap. 10, v. 32.). Todo aquelle, pois, que me confessar deante dos homens, tambem eu oconfessarei diante de meu Pai que está nos Céos.

Qui autem negaverit me coram hominibus, negabo et ego eum coram Pater meo qui incelis est. E o que me negar

(Lucas 11,27)

Bem-aventurado o ventre que te trouxe e os peitos a que foste criado. E Jesus Christo lhe respondeu: *Quinimo beati qui audiunt verbum Dei et custodiunt illud*. Antes bem-aventurados aqueles que ouvem a palavra de Deus e a põem por obra.

Omnis ergo, qui confitebitur me coram hominibus, confitebor et ego eum coram Patre meo qui in c[a]elis est (Mateus 10,32). Todo aquele, pois, que me confessar diante dos homens, também eu o confessarei diante de meu Pai que está nos Céus.

Qui autem negaverit me coram hominibus, negabo et ego eum coram Patre meo qui in caelis est. E o que me negar

---

[217] Um lapso é virtualmente esclarecedor de aspectos da produção dos *Apontamentos*...: uma passagem bíblica em latim ao final da p. 242 sem a tradução, e uma indicação de passagem bíblica no alto da p. 243 sem que antes o correspondente texto latino tenha sido transcrito, fugindo ao que tem sido o padrão desta sessão "Textos". A comparação com a seção correspondente no manuscrito editado por Ataliba (p. 439-40 / p. 159) é relevante; com efeito, neste último lemos, entre o que aqui aparece como fim de uma página e começo de outra, o seguinte: "Vós tirareis água da fonte do salvador e direis nesse dia: Louvai o Senhor e invocai o seu Nome (tradução do que está ao fim da p. 242). *Et ecce ego vobiscum sum omnibus diebus usque ad consummationem seculis* (Mat., cap. 28, v. 20). Estai certos de que eu estou convosco todos os dias até a consumação do século. *Discedite a me maledictis ignem eternum, qui paratus est diabulo et angelis ejus* (Mat., cap, 25, v. 41). Apartai-vos de mim, malditos, para o fogo eterno, que está aparelhado para o diabo e para seus anjos. Uma mulher, ouvindo a doutrina de Jesus Christo, levantou a sua voz e disse para ele: *Beatus venter qui te portavit et ubera que suxiste*" (justamente Lucas 11,27 em latim, cuja indicação abre p. 243, que segue com sua tradução ao português. Conclui-se que uma coletânea de passagens bíblicas (e de outras matrizes) serviu de fonte para o Conselheiro, e dela um fragmento (uma página?) foi inadvertidamente deixado de lado.

— 243 —

(Luc. Cap. 11, N. 27)

Bemaventurado o ventre que te trouxe e os peitos a que foste criado. E Jesus Christo lhe respondeu: Qui nimo beat qui audiunt, verbum Dei, et casto diunt illud. Antes bemaventurados aquelles que ouvem a palavra de Deus, e a põem por obra.

Omnis ergo, qui confitebitur me coram hominibus, confitebor et ego eum coram Pater meu, qui in celis est. (Math, Cap. 1º N. 32.) Todo aquelle, pois, que me confessar diante dos homens, tambem eu o confessarei diante de meu Pai que está nos Céos.

Qui autem negaverit me coram hominibus, negabo et ego eum coram Pater meo qui in celis est. E o que me nega

244

de ante dos homens tambem eu onegarei diante de meu Pai que está nos Céos.
Facilius est camelum peramen a custran ciere, quam de vitem en trare inregnum celorum.
(Math; (Cap. 19.v. 24).
Mais facil é passar um camelo pelo fundo de uma agulha, do que entrar umrico no Reino dos Céos.
Quarite ergo primum regnum Dei et justitiam ejus: et lexe mia adjicientur vobis.
(Math; Cap. 6. v. 33).
Buscai, pois, primeiramente o Reino de Deus ea sua justiça: etodas estas couzas se vos ac crescentarão.
Ego autem dicovobis: deligete inimicos vestros. benefacite his, qui o derunt vos et erat proper ci quen tibus et calumnian tibus. (Mat. Cap.5 v.44.)

diante dos homens, também eu o negarei diante de meu Pai que está nos Céus.
Facilius est camelum per foramen acus transire quam divitem intrare in regnum caelorum
(Mateus 19,24).
Mais fácil é passar um camelo pelo fundo de uma agulha do que entrar um rico no Reino dos Céus.
Quaerite ergo primum regnum Dei et justitiam ejus: et haec omnia ad jicientur vobis
(Mateus 6,33).
Buscai, pois, primeiramente o Reino de Deus e a sua justiça; e todas estas cousas se vos acrescentarão.
Ego autem dico vobis: diligite inimicos vestros, benefacete his qui oderunt vos et orate pro persequentibus et calumniantibus (Mateus 5,44).

diante dos homens tambem eu o negarei
diante de meu Pai que está nos Céos.

Facilius est camelum peram en acus
traan ciere, quam divitem entrare inregnum celorum.
    (Math; C: Cap. 19. v. 24.)

Mais facil é passar um camelo pelo fundo de uma agulha, do que entrar um rico
no Reino dos Céos.

Quarite ergo primum regnum Dei et justitiam ejus et bene mia adjicientur vobis.   (Math; Cap. 6, v. 33.)

Buscai, pois, primeiramente o Reino
de Deus e a sua Justiça: e todas estas
couzas se Vos accrescentarão.

Ego autem dico vobis: diligete inimicos
vestros, benefacite his, qui oderunt vos
et erat propter ciquentibus et calumniantibus. (Math. Cap. 5 v. 44.)

245

Mas eu vos digo: Amai a vossos enimigos fazei bem aquem vos tem o dio eorai pelos que vos perceguem e calumnião.*Qui credit im Felium habet vitam eternam, qui autem in credulos est Filio non videbit vitam, sede ira Dei manet super eum.* (Joan. Cap. 3 v.36.)
Oque crê no Filho tem avida eterna, e o que, porém, não crê no Filho não verá a vida, mas permanece sobre elle a ira do Deus.
Quia se cogonovissis et tu, et qui de in hac die tua, qux ad. pacem tib nunc autem a biscondita sunta b o culis tuis. (Luc. Cap.19, v.42.)
Ah! se ao menos neste dia que agora te foi dado, conhecesse ainda tu o que te pode trazer a paz; mas por ora tudo isto está encoberto aos teus olhos.

Mas eu vos digo: Amai a vossos inimigos, fazei o bem a quem vos tem ódio e orai pelos que vos perseguem e caluniam.
Qui credit in Filium habet vitam aeternam: qui autem incredulus est Filio, non videbit vitam, sed ira Dei manet super eum (João 3,36.)
O que crê no Filho tem a vida eterna; e o que, porém, não crê no Filho não verá a vida, mas permanece sobre ele a ira do Deus.
Quia si cognovisses et tu, et quidem in hac die tua, quae ad pacem tibi, nunc autem abscondita sunt ab oculis tuis (Lucas 19,42).
Ah! se ao menos neste dia que agora te foi dado conhecesses ainda tu o que te pode trazer a paz; mas por ora tudo isto está encoberto aos teus olhos.

— 245 —

Mas eu vos digo: Amai a vossos inimigos, fazei bem aquem vos tem odio e orai pelos que vos perseguem e caluminião.

Qui credit in Filium habet vitam æternam; qui autem incredulus est Filio, non videbit vitam, sed ira Dei manet super eum. (Joan. Cap. 3 v. 36.)

O que crê no Filho tem a vida eterna, e o que, porém, não crê no Filho não verá a vida, mas permanece sobre elle a ira de Deus.

Quia si cognovissis et tu, et quidem in hac die tua, quæ ad pacem tibi nunc autem abscondita sunt ab oculis tuis. (Luc. Cap. 19, v. 42.)

Ah! se ao menos neste dia que ainda te foi dado, conhecesses ainda tu o que te pode trazer a paz; mas por ora tudo isto está encoberto aos teus olhos.

246

Et quodcumque petieritis Patrem in nomine meo hoc faciam. ut glorificetur Pater in Filio.
(Joan Cap. 14, v.13.)
E tudo o que pedirdes ao Pai em meu Nome eu vol-o farei: para que o Pai seja glorificado no Filho.[218] *Qui se exaltat, humeliabitur: et qui se humeliat exaltabitur.*
(São Luc Cap. 14, v.11)
Todo o que se exalta será humilhado, oque se humilha será exaltado.*Hozanna Filio David: benedictus qui venit in nomine Domini. hozanna in altis simis.*
(Math. Cap. 21. v. 9.)
Hozanna ao Filho de David: bendito oque vem en Nome do Senhor: hozanna nas maiores alturas.[219] *Diis mei sicut, umbra*

Et quodcumque petieritis Patrem in nomine meo, hoc faciam: ut glorificetur Pater in Filio.
(João 14,13)
E tudo o que pedirdes ao Pai em meu nome eu vo-lo farei: para que o Pai seja glorificado no Filho. *Qui se exaltat humiliabitur et qui se humiliat, exaltabitur.*
(Lucas 14,11).
Todo o que se exalta será humilhado; e o que se humilha será exaltado.
Hosanna Filio David: benedictus qui venit in nomine Domini. Hosanna in altissimis.
(Mateus 21,9)
Hosana ao Filho de Davi: bendito o que vem em Nome do Senhor: hosana nas maiores alturas. *Dies mei sicut umbra*

---

[218] João 14,13: "*Et quodcumque petieritis Patrem in nomine meo, hoc faciam: ut glorificetur pater in filio*" ["E tudo o que pedirdes ao pai em meu nome eu vol-o farei: para que o pai seja glorificado no filho"].
[219] Mateus 21,9: "*Hosanna filio David! benedictus qui venit in nomine Domini; hosanna in Altissimis!*" ["Hosanna ao filho de David: bemdito o que vem em nome do Senhor: hosanna nas maiores alturas"].

—246—

Et quodcumque petieritis Patrem in nomine meo hoc faciam: ut glorificetur Pater in Filio.

(Joan Cap 14, v. 13.)

E tudo o que pedirdes ao Pai em meu Nome eu vol-o farei; para que o Pai seja glorificado no Filho. Qui se exaltat, humeliabitur: et qui se humeliat exaltabitur.

(São Luc Cap. 14, v. 11.)

Todo o que se exalta será humilhado, o que se humilha será exaltado.

Hozanna filio David, benedictus qui venit qui in nomine Domini, hozanna in altissimis.

(Math. Cap. 21. v. 9.)

Hozanna ao Filho de David: bendito o que vem em Nome do Senhor: hozanna nas maiores alturas. Dies mei sicut umbra

247

de clina verunt ego autem Domini eternam permanem (Oraculo do Profeta).
Os dias do homem se des vanecem como a sombra; elle seca como as ervas, mas vos Senhor permanecei eternamente.
Qui habet mandata mea, et ser vat ea: ille este qui de ligit me. Qui autem deliget me, deligetur á Patre meo: et ego deligam eum, et manifestabo ei mei psum (S. João Cap. 14, v.21). Aquelle, que tem os meus Mandamentos, eque os guarda: esse he o que me ama. E aquelle que me ama, será amado de meu Pai e eu o amarei tambem, e me manifestarei aelle.[220] Porque o Filho do homem hade vir na glória de seu Pai com os seus Anjos: e então dará a cada um apaga, segundo as suas obras.

declinaverunt, ego autem Domini aeternam permanem (Salmo 101,12-13).
Os dias do homem se desvanecem como a sombra; seca como as ervas, mas vós, Senhor, permaneceis eternamente.
Qui habet mandata mea et servat ea: ille est qui diligit me. Qui autem diligit me diligitur a Patre meo: et ego diligam eum et manifestabo ei meipsum (João 14,21). Aquele que tem os meus Mandamentos e que os guarda: esse é o que me ama. E aquele que me ama será amado de meu Pai e eu o amarei também, e me manifestarei a ele. Porque o Filho do homem há de vir na glória de seu Pai com os seus Anjos, e então dará a cada um a paga segundo as suas obras.

---

[220] João 14,21: "*Qui habet mandata mea, et servat ea: ille est, qui diligit me. Qui autem diligit me, diligetur a patre meo: et ego diligam eum, et manifestabo ei meipsum* ["Aquelle, que tem os meus mandamentos, e que os guarda: esse é o que me ama. E aquelle, que me ama, será amado de meu pai, e eu o amarei tambem, e me manifestarei a elle"].

de clinaverunt ego autem Domini eterna permanem (Oraculo do Profeta).

Os dias do homem desvanecem como a sombra; elle seca como as ervas, mas vos Senhor permanecei eternamente.

Qui habet mandata mea, et servat ea ille est, qui deligit me. Qui autem deligit me, deligetur à Patre meo: et ego deligam eum, et manifestabo ei meipsum (S. João Cap. 14, v. 21) Aquelle, que tem os meus Mandamentos, e que os guarda: esse he o que me ama. E aquelle que me ama, será amado de meu Pai, e eu o amarei tambem, e me manifestarei a elle. Porque o Filho do Homem ha de na gloria de seu Pai com os seus Anjos: e entaõ dará a cada um a paga, segundo as suas obr.

248

Sobre peccados dos homens[221]

Peccaram todos os homens, todos devem soffrer: esta é a lei actual da humanidade: lei de justiça, porque Deus não seria Deus seo crime ficasse impune; lei de amor, porque o soffrimento, aceito com resignação e unido aos padecimentos do Salvador, cura a alma e restabelece-a no estado primitivo da innocen cia. Deque pois te queixas quando esta lei devina se cumpre ateu respeito? Acaso deque amizericordia devina toma cuidado de te regenerar? Por vintura de seres simelhante a Jesus Christo, que voluntariamente quiz e devia segundo as palavras doEvangelista, soffrer, para te remir com o seu sangue: "E começou ain sinar-lhes como cumpria que o Filho

Sobre Pecados dos Homens

Pecaram todos os homens, todos devem sofrer: esta é a lei atual da humanidade: lei de justiça, porque Deus não seria Deus se o crime ficasse impune; lei de amor, porque o sofrimento, aceito com resignação e unido aos padecimentos do Salvador, cura a alma e restabelece-a no estado primitivo da inocência. De que pois te queixas quando esta lei divina se cumpre a teu respeito? Acaso de que a misericórdia divina toma cuidado de te regenerar? Porventura de seres semelhante a Jesus Cristo, que voluntariamente quis e devia, segundo as palavras do Evangelista, sofrer, para te remir com o seu sangue: "E começou a ensinar-lhes como cumpria que o Filho

---

[221] No índice esta prédica aparece com o título "O Peccado de Todos os Homens".

Sobre peccados dos homens.

Peccaram todos os homens, todos devem soffrer: esta é a lei actual da humanidade: lei de justiça, porque Deus não seria Deus se o crime ficasse impune; lei de amor, porque o soffrimento, aceito com resignação e unido aos padecimentos do Salvador, cura a alma e restabelece-a no estado primitivo da innocencia. Peque pois te queixas quando esta lei divina se cumpre a teu respeito? Acaso de que a mizericordia divina toma cuidado de te regenerar? Por ventura de seres similhante a Jesus Christo, que voluntariamente quiz e devia, segundo as palavras do Evangelista, soffrer, para te remir com o seu sangue: « E começou a insinar-lhes como cumpria que o Filho

249

do Homem soffresse muitas dóres, fosse reprovado pelos anciãos e condemnados á morte pelos scribas epontifices. Eis aqui a grande expiação; mais para que ella nos seja applicada, é mister que afaçamos própria, juntando-lhe a nossa. O mysterio da salvação con summa-se em cada um de nós pela Cruz; d'ella nos vêem conforto egraça; nela temos socego da alma epaz do coração. Na Cruz de Jesus Christo devemos pois gloriar-nos como Apostolo São Paulo. O mundo te deslumbra com suas alegrias apparentes, mas pensas- tu que seus sectários, ainda os mais favorecidos, não têm nada que soffrer? Atormentados de seus appetites, que vão crescendo á medida que se satisfazem, viste nunca um so d'elles contente?

do Homem sofresse muitas dores, fosse reprovado pelos anciãos e condenados à morte pelos escribas e pontífices".²²² Eis aqui a grande expiação; mas para que ela nos seja aplicada, é mister que a façamos própria, juntando-lhe a nossa. O mistério da salvação consuma-se em cada um de nós pela Cruz; dela nos vêm conforto e graça; nela temos sossego da alma e paz do coração. Na Cruz de Jesus Cristo devemos, pois, gloriar-nos com o Apóstolo São Paulo.²²³ O mundo te deslumbra com suas alegrias aparentes, mas pensas tu que seus sectários, ainda os mais favorecidos, não têm nada que sofrer? Atormentados de seus apetites, que vão crescendo à medida que se satisfazem, viste nunca um só deles contente?

---

²²² Veja Marcos 8,31: "*Et coepit docere eos, quoniam oportet filium hominis pati multa, et reprobari à senioribus, et à summis sacerdotibus, et Scribis, et occidi* [...]" ["E começou a declarar-lhes, que importava que o Filho do Homem padecesse muito, e que fosse rejeitado pelos Anciãos, e pelos Principes dos Sacerdotes, e pelos Escribas, e que fosse entregue à morte [...]"].
²²³ Veja Gálatas 6,14: "*Mihi autem absit gloriari, nisi in cruce Domini nostri Jesu Christi*" ["Mas nunca Deus permitta que eu me glorie, senão na Cruz de Nosso Senhor Jesus Christo"].

-249-

do Homem soffresse muitas dôres, f[osse]
se expirorado pelos anciãos e condem[na]
dos á morte pelos scribas e pontifices.
Eis aqui a grande expiação; mais p[a]
ra que ella nos seja applicada, é mist[er]
que a façamos propria, juntando-lhe [a]
nossa. O mysterio da salvação consum[m]
ma-se em cada um de nós pela Cr[uz]
d'ella nos vêem conforto e graça; ne[l]
la temos socego da alma e paz do Cora[ção]
Na Cruz de Jesus Christo devemos po[-]
is gloriar-nos como o Apostolo São Pau[lo]
O mundo te deslumbra com suas alegri[-]
as apparentes, mas pensas tu que se[-]
us sectarios, ainda os mais favorecidos,
não têm nada que soffrer? Atorme[n]
tados de seus appetitos que não cresce[n]
do á medida que se satisfazem, vi[s]
te nunca um so d'elles contente?

250

Novos desejos os devoram continuamente. Além deque, não têm elles, como os outros emais que os outros, que supportar os trabalhos da vida, os cuidados, as consumissões, os disgostos, as amarguras secretas, a desgraças publicas, ea turba medonha dasinfermidades edoenças, filhas dos vicios e das inquietações da alma?! Depois d'isto vem ofim, a justica inexoravel exige oque lhe é devido; "esse rico da terra é lançado na prisão: enverdade vos digo que não sairá d'ella sem que tenha pago até o último ceitil" Alegrai-vos pois vos, aquem o Senhor purifica, e livra desde este mundo. Cumpre com amôr o sacrificio de Justiça. Dizem muitos: "Quem nos mostrará os bens? Senhor a luz di vossa face brilha emnós; destes a paz ameu coração. Por isso adormecerei empaz e discancarei porque, ó meu Deus, vós me confirmastes (?) na esperança"

Novos desejos os devoram continuamente. Além de que, não têm eles, como os outros e mais que os outros, que suportar os trabalhos da vida, os cuidados, as consumições, os desgostos, as amarguras secretas, a[s] desgraças públicas, e a turba medonha das enfermidades e doenças, filhas dos vícios e das inquietações da alma?! Depois disto vem o fim, a justiça inexorável exige o que lhe é devido; "esse rico da terra é lançado na prisão: em verdade vos digo que não sairá dela sem que tenha pago até o último ceitil".[224] Alegrai-vos pois vós, a quem o Senhor purifica, e livra desde este mundo. Cumpre com amor o sacrifício de Justiça. Dizem muitos: "Quem nos mostrará os bens? Senhor, a luz de vossa face brilha em nós; destes a paz a meu coração. Por isso adormecerei em paz e descansarei porque, ó meu Deus, vós me confirmastes na esperança".[225]

---

[224] Veja Mateus 5,26: "*Amen dico tibi, non exies inde, donec reddas novissimum quadrantem*" ["Em verdade te digo, que não sahirás de lá, até não pagares o ultimo ceitil"].

[225] Veja Salmo 4,6-7.9-10: "*Sacrificate sacrificium justitiae, et sperate in Domino. Multi dicunt: Quis ostendit nobis bona? Signatum est super nos lumen vultûs tui Domine: dedisti laetitiam in corde meo [...] In pace in idipsum dormiam, et requiescam: Quoniam tu Domine singulariter in spe constituisti*" ["Sacrificai sacrificio de justiça, e esperai no Senhor. Muitos dizem: Quem nos patenteará os bens? Gravado está, Senhor, sobre nós o lume do teu rosto: déste alegria no meu coração [...] Em paz dormirei nelle mesmo, e repousarei; Porque tu, Senhor, de huma maneira singular me tens firmado na esperança"].

— 250 —

Novos desejos as devoram continuamente. Além de que, não tem ellas, como os outros e mais que os outros que supportar os trabalhos da vida, os cuidados, os consumistes os desgostos, as amarguras secretas, a desgraças publicas, ea turba medonha das infermidades e doenças, filhas dos vicios e das inquietações da alma?! Depois d'isto vem ofim: a justiça inexoravel exige o que lhe é devido; e se rico da terra é lançado na prisão: en verdade vos digo que não sairá d'ella sem que tinha pago até o ultimo ceitil." "Alegrai-vos pois vos, a quem o Senhor purifica; livrá desde este mundo. Sempre com amôr o sacrificio de justiça. Dizem muitos: Quem nos mostrará os bens? Senhor a luz de vossa face brilha em nós: deste a paz a meu coração. Por isso a dor morrerei em az e descançarei porque, ó meu Deus, vós me firmastes na esperança."

(251)

Índice[226]

Apontamentos dos Preceitos da Divina Lei de Nosso Senhor Christo

	Páginas
Primeiro Mandamento	3
Segundo	19
Terceiro	32
Quarto	46
Quinto	62
Sexto	75
Setimo	86
Oitavo	96
Nono	108
Decimo	115
Sobre a Cruz	122
Sobre a Paixão de Nosso Senhor Jesus Christo	134
Sobre a Missa	139

Índice

Apontamentos dos Preceitos da Divina Lei de Nosso Senhor Jesus Cristo

	Páginas
Primeiro Mandamento	3
Segundo	19
Terceiro	32
Quarto	46
Quinto	62
Sexto	75
Sétimo	86
Oitavo	96
Nono	108
Décimo	115
Sobre a Cruz	122
Sobre a Paixão de Nosso Senhor Jesus Cristo	134
Sobre a Missa	139

---

[226] Não constam, aqui e nas páginas restantes, os respectivos números das páginas. Por isso as cito entre parênteses.

Indice

Apontamentos dos Preceitos da Divina Lei de Nosso Senhor Jesus Christo

	Paginas
Primeiro Mandamento	1
Segundo	15
Terceiro	32
Quarto	41
Quinto	61
Sexto	75
Setimo	86
Oitavo	96
Nono	108
Decimo	115
Sobre a Cruz	122
Sobre a Paixão de Nosso Senhor Jesus Christo	134
Sobre a Missa	139

(252)

Sobre a Justiça de Deus 143
Sobre a Fé 146
Sobre apaciencia nos trabalhos 148
Sobre a Religião 150
Sobre a confissão 153
Sobre ao bediencia 160
Sobre ofim do homem 163
Como Adam e Eva foram feito por Deus o que lhes succedeu no Paraíso até que foram disterrado delle por cauza do peccado 165
O profeta Jonas 174
Paciencia de Job 179
Vocação de Moysés 185
As dez Pragas do Egypto 188
Morte do Premogenito[227] Cordeiro Paschoal saída do Egypto 190
Passagem do mar Vermelho 193
Codornizes Maná e a Agua no Dizerto 196

Sobre a Justiça de Deus 143
Sobre a Fé 146
Sobre a Paciência nos Trabalhos 148
Sobre a Religião 150
Sobre a Confissão 153
Sobre a Obediência 160
Sobre o Fim do Homem 163
Como Adão e Eva Foram Feito[s] por Deus: o que lhes Sucedeu no Paraíso até que Foram Desterrado[s] Dele por Causa do Pecado 165
O profeta Jonas 174
Paciência de Jó 179
Vocação de Moisés 185
As Dez Pragas do Egito 188
Morte do Primogênito Cordeiro Pascoal, Saída do Egito 190
Passagem do Mar Vermelho 193
Codornizes Maná e a Água no Deserto 196

---

[227] No título da prédica, à p. 190, o termo "Premogenito" aparece no plural.

Sobre a Justiça de Deus	143
Sobre a Fé	146
Sobre a paciencia nos trabalhos	148
Sobre a Religião	150
Sobre a Confissão	153
Sobre a obediencia	160
Sobre o fim do homem	163
Como Adam e Eva foram feito por Deus o que lhes succedeu no Paraiso até que foram desterrado delle por cauza do peccado.	165
O Profeta Jonas	174
Paciencia de Job	179
Vocação de Moysés	185
As dez Pragas do Egypto	188
Morte do Premogenito Cordeiro Paschoal sahida do Egypto	190
Passagem do mar Vermelho	193
Codornizes Maná e Agua no Dirato	196

APONTAMENTOS DOS PRECEITOS DA DIVINA LEI DE NOSSO SENHOR JESUS CRISTO

(253)

Os Dez Mandamentos Aliança de Deus com Israél 199
O Bezerro de Ouro 203
Lei do Culto Divino 206
Derradeira admoestação de Moysés sua morte 211
O Juízes 214
Construcção e edificação do Templo de Salomão 217
O Diluvio 221
Reflexões 228
Textos 235
O peccado de todos os homens 248

Fim do indice

Os Dez Mandamentos Aliança de Deus com Israel 199
O Bezerro de Ouro 203
Lei do Culto Divino 206
Derradeira Admoestação de Moisés, sua Morte 211
O[s] Juízes 214
Construção e Edificação do Templo de Salomão 217
O Dilúvio 221
Reflexões 228
Textos 235
O Pecado de Todos os Homens 248

Fim do índice

Os Dez Mandamentos Aliança de Deus
com Israel.   19.
O Bezerro de Ouro   20.
Leis do Culto Divino   20
Derradeira admoestação de Moysés sua
morte   21.
O Juizes   21.
Construcção e edificação do Templo.
Salomão.   21.
O Diluvio   221
Reflecçaõs   228
Textos   235
O peccado de todos os homens   248
                Fim do indice

BIBLIOGRAFIA

DOBRORUKA, Vicente. *Antonio Conselheiro: O Beato Endiabrado de Canudos*. Rio de Janeiro: Diadorim, 1997.

HOORNAERT, Eduardo. *Os Anjos de Canudos: Uma Revisão Histórica*. Petrópolis: Vozes, 1997.

MACEDO, Nertan. *Memorial de Vilanova*. 2. ed. Rio de Janeiro / Brasília: Renes / Instituto Nacional do Livro, 1983.

MONTEIRO, Duglas Teixeira. "Um Confronto entre Canudos, Juazeiro e Contestado". In: Fausto, Boris (org.). *História Geral da Civilização Brasileira*. 4. ed. Rio de Janeiro: Bertrand Brasil, t. 3, vol. 2, 1990, p. 39-92.

NOGUEIRA, Ataliba. *Antonio Conselheiro e Canudos: Revisão Histórica*. 3. ed. São Paulo: Atlas, 1997.

OTTEN, Alexandre. *"Só Deus é Grande": A Mensagem Religiosa de Antonio Conselheiro*. São Paulo: Loyola, 1990.

SAMPAIO, Consuelo Novais (org.). *Canudos: Cartas para o Barão*. São Paulo: Edusp, 1999.

SILVA, Cândido da Costa e. "O Peregrino entre os Pastores". *Cadernos de Literatura Brasileira*, São Paulo, n. 13/14, p. 201-32, 2002.

VASCONCELLOS, Pedro Lima. *Missão de Guerra: Capuchinhos no Belo Monte de Antonio Conselheiro*. Maceió: Edufal, 2014.

_____. *O Belo Monte de Antonio Conselheiro: Uma Invenção "Biblada"*. Maceió: Edufal, 2015.